Nietzsche

COLEÇÃO DAS OBRAS DE NIETZSCHE
Coordenação de Paulo César de Souza

Além do bem e do mal — Prelúdio a uma filosofia do futuro
O Anticristo — Maldição ao cristianismo e
  Ditirambos de Dionísio
Assim falou Zaratustra — Um livro para todos e para ninguém
Aurora — Reflexões sobre os preconceitos morais
O caso Wagner — Um problema para músicos
  e Nietzsche contra Wagner — Dossiê de um psicólogo
Crepúsculo dos ídolos — ou Como se filosofa com o martelo
Ecce homo — Como alguém se torna o que é
A gaia ciência
Genealogia da moral — Uma polêmica
Humano, demasiado humano — Um livro para espíritos livres
Humano, demasiado humano — Um livro para espíritos livres — volume II
O nascimento da tragédia — ou Os gregos e o pessimismo

FRIEDRICH NIETZSCHE

HUMANO, DEMASIADO HUMANO

Um livro para espíritos livres

Tradução, notas e posfácio
Paulo César de Souza

18ª reimpressão

Copyright da tradução, notas e posfácio © 2000 by Paulo César Lima de Souza

Título original
Menschliches, Allzumenschliches. Ein Buch für freie Geister (1878, 1886)

Capa
Jeff Fisher

Preparação
Márcia Copola

Revisão
Renato Potenza Rodrigues
José Muniz Jr.

Dados Internacionais de Catalogação na Publicação (CIP)
(Câmara Brasileira do Livro, SP, Brasil)

Nietzsche, Friedrich Wilhelm, 1844-1900.
  Humano, demasiado humano: um livro para espíritos livres /
Friedrich Wilhelm Nietzsche ; tradução, notas e posfácio Paulo
César de Souza. — 1ª ed. — São Paulo : Companhia das Letras, 2005.

  Título original: Menschliches, Allzumenschliches. Ein Buch für
freie Geister (1878, 1886).
  Bibliografia.
  ISBN 978-85-359-0762-9

  1. Filosofia alemã 2. Nietzsche, Friedrich Wilhelm, 1844-1900
3. Seres humanos I. Souza, Paulo César de. II Título.

05-8712   CDD-193

Índice para catálogo sistemático:
l. Nietzsche : Obras filosóficas 193

Todos os direitos desta edição reservados à
EDITORA SCHWARCZ S.A.
Rua Bandeira Paulista, 702, cj. 32
04532-002 — São Paulo — SP
Telefone: (11) 3707-3500
www.companhiadasletras.com.br
www.blogdacompanhia.com.br

SUMÁRIO

Prólogo 7
1. Das coisas primeiras e últimas *15*
2. Contribuição à história dos sentimentos morais *41*
3. A vida religiosa *79*
4. Da alma dos artistas e escritores *107*
5. Sinais de cultura superior e inferior *142*
6. O homem em sociedade *181*
7. A mulher e a criança *199*
8. Um olhar sobre o Estado *214*
9. O homem a sós consigo *239*
   Entre amigos: um epílogo *273*

Notas *279*
Posfácio: Um livro soberano *299*
Glossário de nomes próprios *305*
Índice remissivo *307*
Sobre o autor e o tradutor *315*

PRÓLOGO[1]

1. Já me disseram com freqüência, e sempre com enorme surpresa, que uma coisa une e distingue todos os meus livros, do *Nascimento da tragédia* ao recém-publicado *Prelúdio a uma filosofia do futuro*: todos eles contêm, assim afirmaram, laços e redes para pássaros incautos, e quase um incitamento, constante e nem sempre notado, à inversão das valorações habituais e dos hábitos valorizados. Como? Tudo somente — humano, demasiado humano? Com este suspiro dizem que um leitor emerge de meus livros, não sem alguma reticência e até desconfiança frente à moral, e mesmo um tanto disposto e encorajado a fazer-se defensor das piores coisas: e se elas forem apenas as mais bem caluniadas? Já chamaram meus livros de uma escola da suspeita, mais ainda do desprezo, felizmente também da coragem, até mesmo da temeridade. De fato, eu mesmo não acredito que alguém, alguma vez, tenha olhado para o mundo com mais profunda suspeita, e não apenas como eventual advogado do Diabo, mas também, falando teologicamente, como inimigo e acusador de Deus; e quem adivinha ao menos em parte as conseqüências de toda profunda suspeita, os calafrios e angústias do isolamento, a que toda incondicional *diferença do olhar* condena quem dela sofre, compreenderá também com que freqüência, para me recuperar de mim, como para esquecer-me temporariamente, procurei abrigo em algum lugar — em alguma adoração, alguma inimizade, leviandade, cientificidade ou estupidez; e também por que, onde não encontrei o que *precisava*, tive que obtê-lo à força de artifício, de falsificá-lo e criá-lo poeticamente para mim (— que outra coisa fizeram sempre os poetas? para que serve toda a arte que há no mundo?). Mas o que sempre necessitei mais urgentemente, para minha cura e restauração própria, foi a crença de *não ser* de tal modo solitário, de não *ver* assim solitariamente — uma mágica intuição de semelhança e afinidade de olhar e desejo, um repousar na confiança da amizade, uma cegueira a dois sem interrogação nem suspeita, uma fruição de primeiros planos, de superfícies, do que é próximo e está perto, de tudo o que tem cor, pele e aparência. Talvez me censurem muita "arte" nesse ponto, muita sutil falsificação de moeda: que eu, por exemplo, de maneira consciente-caprichosa fechei os olhos à cega vontade de moral de Schopenhauer, num tempo em que já era clarividente o bastante acerca da moral; e também que me enganei quanto ao incurável romantismo de Richard Wagner, como se ele fosse um início e não um fim; também quanto aos gregos, também com os alemães e seu futuro — e talvez se fizesse toda uma lista desses tambéns... Supondo, porém, que tudo isso fosse verdadeiro e a mim censurado com razão, que sabem *vocês* disso, que *podem* vocês saber disso, da astúcia de autoconservação, da racionalidade e superior proteção que existe em tal engano de si — e da falsidade que ainda me é *necessária* para que continue a me permitir o luxo de minha veracidade?... Basta, eu ainda vivo; e a vida não é excogitação da moral: ela *quer* ilusão, *vive* da ilusão... porém, vejam só, já não começo de novo a fazer o que sempre fiz, como velho imoralista e apanhador de pássaros — falando imoralmente, amoralmente, "além do bem e do mal"?

2. — Foi assim que há tempos, quando necessitei, *inventei* para mim os "espíritos livres", aos quais é dedicado este livro melancólico-brioso que tem o título de *Humano, demasiado humano*: não existem esses "espíritos livres", nunca existiram — mas naquele tempo, como disse, eu precisava deles como companhia, para manter a alma alegre em meio a muitos males (doença, solidão, exílio, acedia, inatividade): como valentes confrades fantasmas, com os quais proseamos e rimos, quando disso temos vontade, e que mandamos para o inferno, quando se tornam entediantes — uma compensação para os amigos que faltam. Que um dia poderão existir tais espíritos livres, que a nossa Europa

terá esses colegas ágeis e audazes entre os seus filhos de amanhã, em carne e osso e palpáveis, e não apenas, como para mim, em forma de espectros e sombras de um eremita: disso serei o último a duvidar. Já os vejo que aparecem, gradual e lentamente; e talvez eu contribua para apressar sua vinda, se descrever de antemão sob que fados os vejo nascer, por quais caminhos aparecer.

3. Pode-se conjecturar que um espírito no qual o tipo do "espírito livre" deva algum dia tornar-se maduro e doce até a perfeição tenha tido seu evento decisivo numa grande liberação, e que anteriormente parecesse ainda mais atado e para sempre acorrentado a seu canto e sua coluna. O que liga mais fortemente? que laços são quase indissolúveis? Para homens de espécie mais alta e seleta serão os deveres: a reverência que é própria da juventude, a reserva e delicadeza frente ao que é digno e venerado desde muito, a gratidão pelo solo do qual vieram, pela mão que os guiou, pelo santuário onde aprenderam a adorar — precisamente os seus instantes mais altos os ligarão mais fortemente, os obrigarão da maneira mais duradoura. A grande liberação, para aqueles atados dessa forma, vem súbita como um tremor de terra: a jovem alma é sacudida, arrebatada, arrancada de um golpe — ela própria não entende o que se passa. Um ímpeto ou impulso a governa e domina; uma vontade, um anseio se agita, de ir adiante, aonde for, a todo custo; uma veemente e perigosa curiosidade por um mundo indescoberto flameja e lhe inflama os sentidos. "Melhor morrer do que viver *aqui*" — é o que diz a voz e sedução imperiosa: e esse "aqui", esse "em casa" é tudo o que ela amara até então! Um súbito horror e suspeita daquilo que amava, um clarão de desprezo pelo que chamava "dever", um rebelde, arbitrário, vulcânico anseio de viagem, de exílio, afastamento, esfriamento, enregelamento, sobriedade, um ódio ao amor, talvez um gesto e olhar profanador *para trás*, para onde até então amava e adorava, talvez um rubor de vergonha pelo que acabava de fazer, e ao mesmo tempo uma alegria *por* fazê-lo, um ébrio, íntimo, alegre tremor, no qual se revela uma vitória — uma vitória? sobre o quê? sobre quem? enigmática, plena

de questões, questionável, mas a *primeira* vitória: — tais coisas ruins e penosas pertencem à história da grande liberação. Ela é simultaneamente uma doença que pode destruir o homem, essa primeira erupção de vontade e força de autodeterminação, de determinação própria dos valores, essa vontade de *livre* vontade: e quanta doença não se exprime nos selvagens experimentos e excentricidades com que o liberado, o desprendido, procura demonstrar seu domínio sobre as coisas! Ele vagueia cruel, com avidez insaciada; o que ele captura, tem de pagar a perigosa tensão do seu orgulho; ele dilacera o que o atrai. Com riso maldoso ele revolve o que encontra encoberto, poupado por algum pudor: experimenta como se mostram as coisas, quando são reviradas. Há capricho e prazer no capricho, se ele dirige seu favor ao que até agora teve má reputação — se ele ronda, curioso e tentador, tudo o que é mais proibido. Por trás do seu agir e vagar — pois ele é inquieto, e anda sem fim como num deserto — se acha a interrogação de uma curiosidade crescentemente perigosa. "Não é possível revirar *todos* os valores? e o Bem não seria Mal? e Deus apenas uma invenção e finura do Demônio? Seria tudo falso, afinal? E se todos somos enganados, por isso mesmo não somos também enganadores? não *temos* de ser também enganadores?" — tais pensamentos o conduzem e seduzem, sempre mais além, sempre mais à parte. A solidão o cerca e o abraça, sempre mais ameaçadora, asfixiante, opressiva, terrível deusa e *mater saeva cupidinum* [selvagem mãe das paixões] — mas quem sabe hoje o que é *solidão*?...

4. Desse isolamento doentio, do deserto desses anos de experimento, é ainda longo o caminho até a enorme e transbordante certeza e saúde, que não pode dispensar a própria doença como meio e anzol para o conhecimento, até a *madura* liberdade do espírito, que é também autodomínio e disciplina do coração e permite o acesso a modos de pensar numerosos e contrários — até a amplidão e refinamento interior que vem da abundância, que exclui o perigo de que o espírito porventura se perca e se apaixone pelos próprios caminhos e fique inebriado em algum canto; até o excesso de forças plásticas, curativas, reconstrutoras e restauradoras, que é precisamente a marca da *grande* saúde, o excesso que dá ao espírito livre o perigoso privilégio de poder viver *por experiência* e oferecer-se à aventura: o privilégio de mestre do espírito livre! No entremeio podem estar longos anos de convalescença, anos plenos de transformações multicores, dolorosamente mágicas, dominadas e conduzidas por uma tenaz *vontade de saúde*, que freqüentemente ousa vestir-se e travestir-se de saúde. Há um estado intermediário, de que um homem com esse destino não se lembrará depois sem emoção: uma pálida, refinada felicidade de luz e sol que lhe é peculiar, uma sensação de liberdade de pássaro, de horizonte e altivez de pássaro, um terceiro termo, no qual curiosidade e suave desprezo se uniram. Um "espírito livre" — esta fria expressão faz bem nesse estado, aquece quase. Assim se vive, não mais nos grilhões de amor e ódio, sem Sim, sem Não, voluntariamente próximo, voluntariamente longe, de preferência escapando, evitando, esvoaçando, outra vez além, novamente para o alto; esse homem é exigente, mal-acostumado, como todo aquele que viu *abaixo* de si uma multiplicidade imensa — torna-se o exato oposto dos que se ocupam de coisas que não lhes dizem respeito. De fato, ao espírito livre dizem respeito, de ora em diante, somente coisas — e quantas coisas! — que não mais o *preocupam*...

5. Um passo adiante na convalescença: e o espírito livre se aproxima novamente à vida, lentamente, sem dúvida, e relutante, seu tanto desconfiado. Em sua volta há mais calor, mais dourado talvez; sentimento e simpatia se tornam profundos, todos os ventos tépidos passam sobre ele. É como se apenas hoje tivesse olhos para o que é próximo. Admira-se e fica em silêncio: onde *estava* então? Essas coisas vizinhas e próximas: como lhe parecem mudadas! de que magia e plumagem se revestiram! Ele olha agradecido para trás — agradecido a suas andanças, a sua dureza e alienação de si, a seus olhares distantes e vôos de pássaro em frias alturas. Como foi bom não ter ficado "em casa", "sob seu teto", como um delicado e embotado inútil! Ele estava *fora* de si: não há dúvida. Somente agora vê a si mesmo — e que surpresas não encontra! Que arrepios inusitados! Que felicidade mesmo no cansaço, na velha doença, nas recaídas do convalescente! Como lhe agrada estar quieto a sofrer, tecer paciência, jazer ao sol! Quem, como ele, compreende a felicidade do inverno, as manchas de sol no muro? São os mais agradecidos animais do mundo, e também os mais modestos, esses convalescentes e lagartos que de novo se voltam para a vida: — há entre eles os que não deixam passar o dia sem lhe pregar um hino de louvor à orla do manto que se vai. E, falando seriamente: é uma cura radical para todo pessimismo (o câncer dos velhos idealistas e heróis da mentira, como se sabe —) ficar doente à maneira desses espíritos livres, permanecer doente por um bom período e depois, durante mais tempo, durante muito tempo tornar-se sadio, quero dizer, "mais sadio". Há sabedoria nisso, sabedoria de vida, em receitar para si mesmo a saúde em pequenas doses e muito lentamente.

6. Por esse tempo pode finalmente ocorrer, à luz repentina de uma saúde ainda impetuosa, ainda mutável, que ao espírito cada vez mais livre comece a se desvelar o enigma dessa grande liberação, que até então aguardara, escuro, problemático, quase intangível, no interior de sua memória. Se por longo tempo ele mal ousou perguntar: "por que tão à parte? tão solitário? renunciando a tudo o que venerei? renunciando à própria veneração? por que essa dureza, essa suspeita, esse ódio às suas próprias virtudes?" — agora ele ousa perguntar isso em voz alta e ouve algo que seria uma resposta. "Você deve tornar-se senhor de si mesmo, senhor também de suas próprias virtudes. Antes eram *elas* os senhores; mas não podem ser mais que seus instrumentos, ao lado de outros instrumentos. Você deve ter domínio sobre o seu pró e o seu contra, e aprender a mostrá-los e novamente guardá-los de acordo com seus fins. Você deve aprender a perceber o que há de perspectivista em cada valoração — o deslocamento, a distorção e a aparente teleologia dos horizontes, e tudo o que se relaciona à perspectiva; também o quê de estupidez que há nas oposições de valores e a perda intelectual com que se paga todo pró e todo contra. Você deve apreender a injustiça *necessária* de todo pró e contra, a injustiça como indissociável da vida, a própria vida como *condicionada* pela perspectiva e sua injustiça. Você deve sobretudo ver com seus olhos onde a injustiça é maior: ali onde a vida se desenvolveu ao mínimo, do modo mais estreito, carente, incipiente, e no entanto não pode deixar de se considerar fim e medida das coisas e em nome de sua preservação despedaçar e questionar o que for mais elevado, maior e mais rico, secreta e mesquinhamente, incessantemente — você deve olhar com seus olhos o problema da *hierarquia*, e como poder, direito e amplidão das perspectivas crescem conjuntamente às alturas. Você deve" — basta, o espírito livre *sabe* agora a qual "você deve" obedecer, e também do que agora é *capaz*, o que somente agora lhe é — *permitido*...

7. Tal é a resposta que o espírito livre dá a si mesmo no tocante ao enigma de sua liberação, e, ao generalizar seu caso, emite afinal um juízo sobre a sua vivência. "Tal como sucedeu a mim", diz ele para si, "deve suceder a todo aquele no qual uma *tarefa* quer tomar corpo e 'vir ao mundo'." A secreta força e necessidade dessa tarefa estará agindo, como uma gravidez inconsciente, por trás e em cada uma das suas vicissitudes — muito antes de ele ter em vista e saber pelo nome essa tarefa. Nosso destino dispõe de nós, mesmo quando ainda não o conhecemos; é o futuro que dita as regras do nosso hoje. Supondo que nos seja permitido, a nós, espíritos livres, ver no problema da hierarquia o *nosso* problema: somente agora, no meio-dia de nossas vidas, entendemos de que preparativos, provas, desvios, disfarces e tentações o problema necessitava, antes que *pudesse* surgir diante de nós, e como tínhamos primeiro que experimentar os mais diversos e contraditórios estados de indigência e felicidade na alma e no corpo, como aventureiros e circunavegadores desse mundo interior que se chama "ser humano", como mensuradores de todo grau, de cada "mais elevado" e "um-acima-do-outro" que também se chama "ser humano" — em toda parte penetrando, quase sem temor, nada desprezando, nada perdendo, tudo saboreando, tudo limpando e como que peneirando do que seja acaso —, até que enfim pudemos dizer, nós, espíritos livres: "Eis aqui — um *novo* problema! Eis uma longa escada, em cujos degraus nós mesmos sentamos e subimos — que nós mesmos *fomos* um dia! Eis aqui um mais elevado, um mais profundo, um abaixo-de-nós, uma longa e imensa ordenação, uma hierarquia que *enxergamos*: eis aqui — o nosso problema!".

8. — Nenhum psicólogo e leitor de signos deixará de perceber por um instante em que lugar do desenvolvimento descrito se inclui (ou está colocado —) o presente livro. Mas onde existem hoje psicólogos? Na França, certamente; talvez na Rússia; não na Alemanha, com certeza. Não faltam motivos por que os alemães de hoje não pudessem tomar isso como uma distinção: muito mau para quem nesse ponto é bem pouco alemão de ânimo e de índole! Este livro alemão, que soube encontrar seus leitores num vasto círculo de povos e terras — há quase dez anos ele circula — e que deve entender de música e da arte da flauta, para seduzir também os ouvidos estrangeiros esquivos —, precisamente na Alemanha este livro foi mais negligenciado, foi menos ouvido: por que motivo? "Ele exige muito", foi a resposta, "ele se dirige a pessoas que não vivem atormentadas por uma obrigação boçal, ele pede sentidos delicados e exigentes, tem necessidade do supérfluo, da superfluidade de tempo, de clareza de céu e coração, de *otium* [ócio] no sentido mais temerário: — coisas boas, que os alemães de hoje não podem ter e portanto não podem dar." — Depois de uma resposta tão ajuizada, minha filosofia me aconselha a calar e não fazer mais perguntas; sobretudo porque em certos casos, como diz o provérbio, só se permanece filósofo — mantendo o silêncio.

Nice, primavera de 1886

Capítulo primeiro
DAS COISAS PRIMEIRAS E ÚLTIMAS

1. *Química dos conceitos e sentimentos.* — Em quase todos os pontos, os problemas filosóficos são novamente formulados tal como dois mil anos atrás: como pode algo se originar do seu oposto, por exemplo, o racional do irracional, o sensível do morto, o lógico do ilógico, a contemplação desinteressada do desejo cobiçoso, a vida para o próximo do egoísmo, a verdade dos erros? Até o momento, a filosofia metafísica superou essa dificuldade negando a gênese de um a partir do outro, e supondo para as coisas de mais alto valor uma origem miraculosa, diretamente do âmago e da essência da "coisa em si". Já a filosofia histórica, que não se pode mais conceber como distinta da ciência natural, o mais novo dos métodos filosóficos, constatou, em certos casos (e provavelmente chegará ao mesmo resultado em todos eles), que não há opostos, salvo no exagero habitual da concepção popular ou metafísica, e que na base dessa contraposição está um erro da razão: conforme sua explicação, a rigor não existe ação altruísta nem contemplação totalmente desinteressada; ambas são apenas sublimações, em que o elemento básico parece ter se volatilizado e somente se revela à observação mais aguda. — Tudo o que necessitamos, e que somente agora nos pode ser dado, graças ao nível atual de cada ciência, é uma *química* das representações e sentimentos[2] morais, religiosos e estéticos, assim como de todas as emoções que experimentamos nas grandes e pequenas relações da cultura e da sociedade, e mesmo na solidão: e se essa química levasse à conclusão de que também nesse domínio as cores mais magníficas são obtidas de matérias vis e mesmo desprezadas? Haveria muita gente disposta a prosseguir com essas pesquisas? A humanidade gosta de afastar da mente as questões acerca da origem e dos primórdios:

não é preciso estar quase desumanizado, para sentir dentro de si a tendência contrária?

2. *Defeito hereditário dos filósofos*. — Todos os filósofos têm em comum o defeito de partir do homem atual e acreditar que, analisando-o, alcançam seu objetivo. Involuntariamente imaginam "o homem" como uma *aeterna veritas* [verdade eterna], como uma constante em todo o redemoinho, uma medida segura das coisas. Mas tudo o que o filósofo declara sobre o homem, no fundo, não passa de testemunho sobre o homem de um espaço de tempo *bem limitado*. Falta de sentido histórico é o defeito hereditário de todos os filósofos; inadvertidamente, muitos chegam a tomar a configuração mais recente do homem, tal como surgiu sob a pressão de certas religiões e mesmo de certos eventos políticos, como a forma fixa de que se deve partir. Não querem aprender que o homem veio a ser, e que mesmo a faculdade de cognição veio a ser; enquanto alguns deles querem inclusive que o mundo inteiro seja tecido e derivado dessa faculdade de cognição. — Mas tudo o que é *essencial* na evolução humana se realizou em tempos primitivos, antes desses quatro mil anos que conhecemos aproximadamente; nestes o homem já não deve ter se alterado muito. O filósofo, porém, vê "instintos"[3] no homem atual e supõe que estejam entre os fatos inalteráveis do homem, e que possam então fornecer uma chave para a compreensão do mundo em geral: toda a teleologia se baseia no fato de se tratar o homem dos últimos quatro milênios como um ser *eterno*, para o qual se dirigem naturalmente todas as coisas do mundo, desde o seu início. Mas tudo veio a ser; *não existem fatos eternos*: assim como não existem verdades absolutas. — Portanto, o *filosofar histórico* é doravante necessário, e com ele a virtude da modéstia.

3. *Estima das verdades despretensiosas*. — É marca de uma cultura superior[4] estimar as pequenas verdades despretensiosas achadas com método rigoroso, mais do que os erros que nos ofuscam e alegram, oriundos de tempos e homens metafísicos e artísticos. No início as primeiras são vistas com escárnio, como se não pudesse haver comparação: umas tão modestas, simples, sóbrias, aparentemente desanimadoras, os outros tão belos, esplêndidos, encantadores, talvez extasiantes. Mas o que foi arduamente conquistado, o certo, duradouro e por isso relevante para todo o conhecimento posterior, é afinal superior; apegar-se a ele é viril e demonstra coragem, simplicidade, moderação. Aos poucos, não apenas o indivíduo, mas toda a humanidade se alçará a esta virilidade, quando enfim se habituar a uma maior estima dos conhecimentos sólidos e duráveis, e perder toda crença na inspiração e na comunicação milagrosa de verdades. — É certo que os adoradores das *formas*, com sua escala do belo e do sublime, terão boas razões para zombar inicialmente, tão logo a estima das verdades despretensiosas e o espírito científico comecem a predominar: mas apenas porque seus olhos não se abriram ainda para a atração da forma *mais simples*, ou porque os homens educados nesse espírito ainda não se acham plena e intimamente tomados por ele, de modo que continuam a imitar irrefletidamente as velhas formas (e isso bastante mal, como faz quem já não se importa muito com algo). Em tempos passados, o espírito não era solicitado pelo pensamento rigoroso; ocupava-se em urdir formas e símbolos. Isso mudou; a ocupação séria com o simbólico tornou-se distintivo da cultura inferior; assim como nossas artes mesmas se tornam cada vez mais intelectuais e nossos sentidos mais espirituais, e como atualmente julgamos, por exemplo, de maneira bem diversa da de cem anos atrás aquilo que é sensualmente harmonioso: assim também as formas de nossa vida se tornam cada vez *mais espirituais*, e para os olhos de épocas antigas talvez *mais feias*, mas apenas porque não conseguem ver como o reino da beleza interior, espiritual, continuamente se aprofunda e se amplia, e em que medida, para todos nós, o olhar inteligente[5] pode hoje valer mais que a estrutura mais bela e a construção mais sublime.

4. *Astrologia e coisas afins*. — É provável que os objetos da sensibilidade religiosa, moral e estética pertençam apenas à superfície das coisas, enquanto o ser humano gosta de crer que

pelo menos nisso ele toca no coração do mundo; ele se engana, porque essas coisas o fazem tão bem-aventurado e tão profundamente infeliz, e portanto mostra aí o mesmo orgulho que na astrologia. Esta acredita que o céu estrelado gira em torno do destino do homem; o homem moral pressupõe que aquilo que está essencialmente em seu coração deve ser também a essência e o coração das coisas.

5. *Má compreensão do sonho*. — Nas épocas de cultura tosca e primordial o homem acreditava conhecer no sonho um *segundo mundo real*; eis a origem de toda metafísica. Sem o sonho, não teríamos achado motivo para uma divisão do mundo. Também a decomposição em corpo e alma se relaciona à antiqüíssima concepção do sonho, e igualmente a suposição de um simulacro corporal da alma,[6] portanto a origem de toda crença nos espíritos e também, provavelmente, da crença nos deuses: "Os mortos continuam vivendo, *porque* aparecem em sonho aos vivos": assim se raciocinava outrora, durante muitos milênios.

6. *O espírito da ciência é poderoso na parte, não no todo*. — Os *menores* campos distintos da ciência são tratados de modo puramente objetivo: já as grandes ciências gerais, tomadas no conjunto, nos levam a pôr a seguinte questão — pouco objetiva, sem dúvida —: para quê? com que utilidade? Devido a esta consideração pela utilidade, elas são tratadas, no conjunto, menos impessoalmente que em suas partes. Na filosofia, ápice da pirâmide do saber, a questão da utilidade do conhecimento é lançada automaticamente, e toda filosofia tem a intenção inconsciente de atribuir a ele a *mais alta* utilidade. É por isso que há em todas as filosofias tanta metafísica altaneira, e tal temor das soluções aparentemente insignificantes da física; pois a importância do conhecimento para a vida *deve* parecer a maior possível. Eis aqui o antagonismo entre os campos particulares da ciência e a filosofia. Esta pretende, como a arte, dar à vida e à ação a maior profundidade e significação possível; nos primeiros se procura conhecimento e nada mais — não importando o que dele

resulte. Até agora não houve filósofo em cujas mãos a filosofia não se tivesse tornado uma apologia do conhecimento; ao menos nesse ponto cada um é otimista, ou seja, que deve ser atribuída ao conhecimento a mais alta utilidade. Todos eles são tiranizados pela lógica: e esta é, em sua essência, otimismo.

7. *O desmancha-prazeres da ciência.* — A filosofia se divorciou da ciência ao indagar com qual conhecimento da vida e do mundo o homem vive mais feliz. Isso aconteceu nas escolas socráticas: tomando o ponto de vista da *felicidade*, pôs-se uma ligadura nas veias da investigação científica — o que se faz até hoje.

8. *Explicação pneumática da natureza.*[7] — A metafísica dá para o livro da natureza uma explicação, digamos, *pneumática*, como a Igreja e seus eruditos faziam outrora com a Bíblia. É preciso grande inteligência para aplicar à natureza o mesmo tipo de rigorosa arte interpretativa que os filólogos de hoje criaram para todos os livros: com a intenção de meramente compreender o que quer dizer o texto, e não de farejar, ou mesmo pressupor, um *duplo* sentido. Mas como, mesmo em relação aos livros, a má exegese não está de modo algum superada, e como na melhor sociedade culta ainda encontramos freqüentemente resíduos de interpretação alegórica e mística, assim também ocorre no tocante à natureza — e mesmo pior ainda.

9. *Mundo metafísico.* — É verdade que poderia existir um mundo metafísico; dificilmente podemos contestar a sua possibilidade absoluta. Olhamos todas as coisas com a cabeça humana, e é impossível cortar essa cabeça; mas permanece a questão de saber o que ainda existiria do mundo se ela fosse mesmo cortada. Esse é um problema puramente científico e não muito apto a preocupar os homens; mas tudo o que até hoje tornou para eles *valiosas, pavorosas, prazerosas* as suposições metafísicas, tudo o que as criou, é paixão, erro e auto-ilusão; foram os piores, e não os melhores métodos cognitivos, que ensinaram a acreditar nelas. Quando esses métodos se revelaram o fundamento de todas as religiões e metafísicas existentes, eles foram refutados. Então resta ainda aquela possibilidade; mas com ela não se pode fazer absolutamente nada, muito menos permitir que felicidade, salvação e vida dependam dos fios de aranha de tal possibilidade. Pois do mundo metafísico nada se poderia afirmar além do seu ser-outro, um para nós inacessível, incompreensível ser-outro; seria uma coisa com propriedades negativas. — Ainda que a existência de tal mundo estivesse bem provada, o conhecimento dele seria o mais insignificante dos conhecimentos: mais ainda do que deve ser, para o navegante em meio a um perigoso temporal, o conhecimento da análise química da água.

10. *Inocuidade da metafísica no futuro.* — Logo que a religião, a arte e a moral tiverem sua gênese descrita de maneira tal que possam ser inteiramente explicadas, sem que se recorra à hipótese de *intervenções metafísicas* no início e no curso do trajeto, acabará o mais forte interesse no problema puramente teórico da "coisa em si" e do "fenômeno".[8] Pois, seja como for, com a religião, a arte e a moral não tocamos a "essência do mundo em si"; estamos no domínio da representação, nenhuma "intuição" pode nos levar adiante. Com tranqüilidade deixaremos para a fisiologia e a história da evolução dos organismos e dos conceitos a questão de como pode a nossa imagem do mundo ser tão distinta da essência inferida do mundo.[9]

11. *A linguagem como suposta ciência.* — A importância da linguagem para o desenvolvimento da cultura está em que nela o homem estabeleceu um mundo próprio ao lado do outro, um lugar que ele considerou firme o bastante para, a partir dele, tirar dos eixos o mundo restante e se tornar seu senhor. Na medida em que por muito tempo acreditou nos conceitos e nomes de coisas como em *aeternae veritates* [verdades eternas], o homem adquiriu esse orgulho com que se ergueu acima do animal: pensou ter realmente na linguagem o conhecimento do mundo. O criador da linguagem não foi modesto a ponto de crer que dava às coisas apenas denominações, ele imaginou, isto sim, exprimir com as palavras o supremo saber sobre as coisas; de fato, a linguagem é a primeira etapa no esforço da ciência. Da *crença na verdade encontrada* fluíram, aqui também, as mais poderosas fontes de energia. Muito depois — somente agora — os homens começam a ver que, em sua crença na linguagem, propagaram um erro monstruoso. Felizmente é tarde demais para que isso faça recuar o desenvolvimento da razão, que repousa nessa crença. — Também a *lógica* se baseia em pressupostos que não têm correspondência no mundo real; por exemplo, na pressuposição da igualdade das coisas, da identidade de uma mesma coisa em diferentes pontos do tempo: mas esta ciência surgiu da crença oposta (de que evidentemente há coisas assim no mundo real). O mesmo se dá com a *matemática*, que por certo não teria surgido, se desde o princípio se soubesse que na natureza não existe linha exatamente reta, nem círculo verdadeiro, nem medida absoluta de grandeza.

12. *Sonho e cultura.* — A função cerebral mais prejudicada pelo sono é a memória: não que ela cesse de todo — mas é reduzida a um estado de imperfeição, tal como deve ter sido em cada pessoa durante o dia e na vigília, nos tempos primeiros da humanidade. Arbitrária e confusa como é, confunde incessantemente as coisas, baseada nas semelhanças mais ligeiras: mas foi com essa mesma arbitrariedade e confusão que os povos inventaram suas mitologias, e ainda hoje os viajantes costumam observar como o selvagem tende ao esquecimento, como, após uma breve tensão da memória, seu espírito começa a titubear e, por simples relaxamento, produz mentiras e absurdos. Mas no sonho todos nós parecemos com o selvagem; o mau reconhecimento e a equiparação errada são a causa das inferências ruins de que nos tornamos culpados no sonho; de modo que ao recordar claramente um sonho nos assustamos com nós mesmos, por abrigarmos tanta tolice. — A perfeita clareza de todas as representações oníricas, que tem como pressuposto a crença incondicional em sua realidade, lembra-nos uma vez mais os estados da humanidade primitiva, em que a alucinação era extraordinariamente freqüente e às vezes atingia comunidades e povos inteiros. Portanto: no sono e no sonho, repetimos a tarefa da humanidade primitiva.

13. *Lógica do sonho*. — No sono, nosso sistema nervoso está constantemente em excitação por múltiplos fatores internos, quase todos os órgãos liberam substâncias e estão ativos,[10] o sangue circula impetuosamente, a posição de quem dorme pressiona determinados membros, as cobertas influem sobre as sensações de maneiras diversas, o estômago faz a digestão e perturba outros órgãos com seus movimentos, os intestinos se torcem, o posicionamento da cabeça traz posturas musculares insólitas, os pés descalços, não comprimindo o chão com a sola, causam a sensação do insólito, assim como o vestuário diferente de todo o corpo — tudo isso, com sua extraordinariedade e conforme a alteração e o grau cotidianos, excita o sistema inteiro, até a função cerebral: de modo que há muitos ensejos para o espírito se admirar e buscar *razões* para tal excitação: mas o sonho é a *busca e representação das causas* dessas sensações provocadas, isto é, das supostas causas. Quem, por exemplo, cingir os pés com duas correias, sonhará talvez que duas serpentes envolvem seus pés: primeiramente isso é uma hipótese, depois uma crença acompanhada de representação e invenção visual: "essas serpentes devem ser a *causa* desta sensação que tenho eu, que estou dormindo" — assim julga o espírito de quem dorme. O passado recente, desse modo inferido, é para ele tornado presente mediante a imaginação excitada. Todos sabem, por experiência, como o indivíduo que sonha entremeia rapidamente no sonho um ruído forte que lhe chega, como o repicar de sinos ou tiros de canhão, isto é, explica-o *depois* a partir do sonho, de forma que *pensa* experimentar primeiro as circunstâncias ocasionadoras e depois o ruído. — Mas como sucede que o espírito do sonhador se equivoque assim, quando esse mesmo espírito costuma ser tão sóbrio na vigília, tão cauteloso e cético em relação a hipóteses? de modo que a primeira hipótese para explicar uma sensação é imediatamente aceita como correta? (pois durante o sonho acreditamos nele como se fosse realidade, isto é, consideramos a nossa hipótese totalmente demonstrada). — O que quero dizer é: tal como o homem ainda hoje tira conclusões no sonho, assim também fez a humanidade *no estado da vigília*, durante milênios: a primeira *causa* que ocorresse ao espírito, para explicar qualquer coisa que exigisse explicação, bastava para ele e era tida como verdadeira. (Segundo relatos de viajantes, os selvagens procedem assim ainda hoje.) No sonho continua a agir em nós esse antiqüíssimo quê de humanidade,[11] pois ele é o fundamento sobre o qual evoluiu a razão superior, e ainda evolui em cada homem: o sonho nos reconduz a estados longínquos da cultura humana e fornece um meio de compreendê-los melhor. Se o pensamento onírico torna-se agora fácil para nós, é porque durante imensos períodos da evolução humana fomos treinados exatamente nessa forma de explicação fantástica e barata a partir da primeira idéia que nos ocorre. Nisto o sonho é um repouso para o cérebro, que durante o dia tem de satisfazer as severas exigências impostas ao pensamento pela cultura superior. — Um processo semelhante, verdadeira porta e vestíbulo do sonho, podemos observar na inteligência desperta. Se fechamos os olhos, o cérebro produz uma quantidade de impressões luminosas e de cores, provavelmente como uma espécie de poslúdio e eco de todos os efeitos luminosos que o penetram durante o dia. Mas a razão (juntamente com a imaginação) transforma de imediato esses jogos de cores, em si amorfos, em determinadas figuras, formas, paisagens, grupos animados. Aqui o processo efetivo é novamente uma espécie de dedução da causa a partir do efeito; ao perguntar de onde vêm essas cores e impressões luminosas, o espírito supõe como causa essas figuras e formas: ele as vê como determinando essas cores e luzes, porque de dia, com olhos abertos, está habituado a achar uma causa determinante para cada cor e cada impressão luminosa. A imaginação continuamente lhe oferece imagens, recorrendo às impressões visuais do dia para produzi-las, e exatamente assim faz a imaginação do sonho: — isto é, a suposta causa é inferida do efeito e representada *após* o efeito: tudo isso com extraordinária rapidez, de modo que, como diante de um prestidigitador, pode haver uma confusão do julgamento e uma sucessão se apresentar como algo simultâneo, ou mesmo como uma sucessão invertida. — Desses processos podemos concluir como se desenvolveu *tardiamente* o pensamento lógico um tanto mais agudo, a rigorosa investigação de causa e efeito, quando as nossas funções de razão e inteligência *ainda hoje* retornam involuntariamente àquelas formas primitivas de inferência, e vivemos talvez metade de nossa vida nesse estado. — Também o poeta, o artista, *atribui* a seus estados e disposições causas que não são absolutamente as verdadeiras; nisso ele nos recorda uma humanidade antiga e pode nos ajudar a compreendê-la.

14. *Ressonância simpática.* — Todos os estados de espírito *mais fortes* trazem consigo uma ressonância de sensações e estados de espírito afins: eles revolvem a memória, por assim dizer. Algo em nós se recorda e torna-se consciente de estados semelhantes e da sua origem. Assim se formam rápidas conexões familiares de sentimentos e pensamentos, que afinal, seguindo-se velozmente, já não são percebidas como complexos, mas como *unidades*. Neste sentido fala-se do sentimento moral, do sentimento religioso, como se fossem simples unidades: na verdade, são correntes com muitas fontes e afluentes. Também aí, como sucede freqüentemente, a unidade da palavra não garante a unidade da coisa.

15. *Não há interior e exterior no mundo.* — Assim como Demócrito transferiu os conceitos de "em cima" e "embaixo" para o espaço infinito, onde não têm sentido algum, os filósofos transportam o conceito de "interior e exterior" para a essência e a aparência do mundo; acham que com sentimentos profundos chegamos ao profundo interior, aproximamo-nos do coração da natureza. Mas esses sentimentos são profundos apenas na medida em que com eles, de modo quase imperceptível, se excitam regularmente determinados grupos complexos de pensamentos, que chamamos de profundos; um sentimento é profundo porque consideramos profundo o pensamento que o acompanha. Mas o pensamento profundo pode estar muito longe da verdade, como, por exemplo, todo pensamento metafísico; se retiramos do sentimento profundo os elementos intelectuais a ele misturados, resta o sentimento *forte*, e este não é capaz de garantir, para o conhecimento, nada além de si mesmo, tal como a crença forte prova apenas a sua força, não a verdade daquilo em que se crê.

16. *Fenômeno e coisa em si.* — Os filósofos costumam se colocar diante da vida e da experiência — daquilo que chamam de mundo do fenômeno — como diante de uma pintura que foi desenrolada de uma vez por todas, e que mostra invariavelmente o mesmo evento: esse evento,[12] acreditam eles, deve ser interpretado de modo correto, para que se tire uma conclusão sobre o ser que produziu a pintura: isto é, sobre a coisa em si, que sempre costuma ser vista como a razão suficiente do mundo do fenômeno. Por outro lado, lógicos mais rigorosos, após terem claramente estabelecido o conceito do metafísico como o do incondicionado, e portanto também incondicionante, contestaram qualquer relação entre o incondicionado (o mundo metafísico) e o mundo por nós conhecido: de modo que no fenômeno precisamente a coisa em si *não* aparece, e toda conclusão sobre esta a partir daquele deve ser rejeitada. Mas de ambos os lados se omite a possibilidade de que essa pintura — aquilo que para nós, homens, se chama vida e experiência — gradualmente *veio a ser*, está em pleno vir a ser, e por isso não deve ser considerada uma grandeza fixa, da qual se pudesse tirar ou rejeitar uma conclusão acerca do criador (a razão suficiente). Foi pelo fato de termos, durante milhares de anos, olhado o mundo com exigências morais, estéticas, religiosas, com cega inclinação, paixão ou medo, e termos nos regalado nos maus hábitos do pensamento ilógico, que este mundo gradualmente *se tornou* assim estranhamente variegado, terrível, profundo de significado, cheio de alma, adquirindo cores — mas nós fomos os coloristas: o intelecto humano fez aparecer o fenômeno[13] e introduziu nas coisas as suas errôneas concepções fundamentais. Tarde, bem tarde — ele cai em si: agora o mundo da experiência e a coisa em si lhe parecem tão extraordinariamente distintos e separados, que ele rejeita a conclusão sobre esta a partir daquele — ou, de maneira terrivelmente misteriosa, exorta à *renúncia* de nosso intelecto, de nossa vontade pessoal: de modo a alcançar o essencial *tornando-se essencial*. Outros, ainda, recolheram todos os traços característicos de nosso mundo do fenômeno — isto é, da representação do mundo tecida com erros intelectuais e por nós herdada — e, *em vez de apontar o intelecto como culpado*, responsabilizaram a essência das coisas como causa desse inquietante caráter efetivo do mundo, e pregaram a libertação do ser. — Todas essas concepções serão decisivamente afastadas pelo constante e laborioso processo da ciência, que enfim celebrará seu maior triunfo numa *história da gênese do pensamento*, que poderia talvez resultar na seguinte afirmação: o que agora chamamos de mundo é o resultado de muitos erros e fantasias que surgiram gradualmente na evolução total dos seres orgânicos e cresceram entremeados, e que agora herdamos como o tesouro acumulado do passado — como tesouro: pois o *valor* de nossa humanidade nele reside. Desse mundo da representação, somente em pequena medida a ciência rigorosa pode nos libertar — algo que também não seria desejável —, desde que é incapaz de romper de modo essencial o domínio de hábitos ancestrais de sentimento; mas pode, de maneira bastante lenta e gradual, iluminar a história da gênese desse mundo como representação — e, ao menos por instantes, nos elevar acima de todo o evento. Talvez reconheçamos então que a coisa em si é digna de uma gargalhada homérica: que ela *parecia* ser tanto, até mesmo tudo, e na realidade está vazia, vazia de significado.

17. *Explicações metafísicas*. — O homem jovem aprecia explicações metafísicas, porque elas lhe revelam, em coisas que ele achava desagradáveis ou desprezíveis, algo bastante significativo; e, se estiver descontente consigo mesmo, este sentimento se aliviará quando ele reconhecer o mais entranhado enigma ou miséria do mundo naquilo que tanto reprova em si. Sentir-se mais irresponsável e ao mesmo tempo achar as coisas mais interessantes — isso constitui, para ele, o duplo benefício que deve à metafísica. É certo que depois se torna desconfiado em relação a toda espécie de explicação metafísica; então compreende, talvez, que os mesmos efeitos podem ser obtidos por outro caminho, igualmente bem e de modo mais científico: que as explicações físicas e históricas produzem ao menos no mesmo grau aquele sentimento de irresponsabilidade, e talvez inflamem ainda mais o interesse pela vida e seus problemas.

18. *Questões fundamentais da metafísica*. — Quando algum dia se escrever a história da gênese do pensamento, nela também se encontrará, sob uma nova luz, a seguinte frase de um lógico eminente: "A originária lei universal do sujeito cognoscente consiste na necessidade interior de reconhecer cada objeto em si, em sua própria essência, como um objeto idêntico a si mesmo, portanto existente por si mesmo e, no fundo, sempre igual e imutável, em suma, como uma substância".[14] Também essa lei, aí denominada "originária", veio a ser — um dia será mostrado como gradualmente surge essa tendência nos organismos inferiores: como os estúpidos olhos de toupeira dessas organizações vêem apenas a mesma coisa no início; como depois, ao se tornarem mais perceptíveis os diferentes estímulos de prazer e desprazer, substâncias distintas são gradualmente diferenciadas, mas cada uma com *um* atributo, isto é, uma única relação com tal organismo. — O primeiro nível do [pensamento] lógico é o juízo, cuja essência consiste, segundo os melhores lógicos, na crença. Na base de toda crença está a *sensação do agradável ou do doloroso* em referência ao sujeito que sente. Uma terceira e nova sensação, resultado das duas precedentes, é o juízo em sua forma inferior. — A nós, seres orgânicos, nada interessa originalmente numa coisa, exceto sua relação conosco no tocante ao prazer e à dor. Entre os momentos em que nos tornamos conscientes dessa relação, entre os estados do sentir, há os de repouso, os de não sentir: então o mundo e cada coisa não têm interesse para nós, não notamos mudança neles (como ainda hoje alguém bastante interessado em algo não nota que um outro passa ao lado). Para uma planta, todas as coisas são normalmente quietas, eternas, cada coisa igual a si mesma. Do período dos organismos inferiores o homem herdou a crença de que há *coisas iguais* (só a experiência cultivada pela mais alta ciência contradiz essa tese). A crença primeira de todo ser orgânico, desde o princípio, é talvez a de que todo o mundo restante é uno e imóvel. — Nesse primeiro nível do lógico, o pensamento da *causalidade* se acha bem distante: ainda hoje acreditamos, no fundo, que todas as sensações e ações sejam atos de livre-arbítrio; quando observa a si mesmo, o indivíduo que sente considera cada sensação, cada mudança, algo *isolado*, isto é, incondicionado, desconexo, que emerge de nós sem ligação com o que é anterior ou posterior. Temos fome, mas primariamente não pensamos que o organismo queira ser conservado; esta sensação[15] parece se impor *sem razão e finalidade*, ela se isola e se considera *arbitrária*. Portanto: a crença na liberdade da vontade é erro original de todo ser orgânico, de existência tão antiga quanto as agitações iniciais da lógica;[16] a crença em substâncias incondicionadas e coisas semelhantes é também um erro original e igualmente antigo de tudo o que é orgânico. Porém, na medida em que toda a metafísica se ocupou principalmente da substância e da liberdade do querer, podemos designá-la como a ciência que trata dos erros fundamentais do homem, mas como se fossem verdades fundamentais.

19. *O número*. — A invenção das leis dos números se deu com base no erro, predominante já nos primórdios, segundo o qual existem coisas iguais (mas realmente não há nada de igual), ou pelo menos existem coisas (mas não existe nenhuma "coisa"). A hipótese da pluralidade pressupõe sempre que existe *algo* que ocorre várias vezes: mas precisamente aí já vigora o erro, aí já simulamos seres, unidades, que não existem. — Nossas sensações de espaço e tempo são falsas, porque, examinadas consistentemente, levam a contradições lógicas. Em todas as constatações científicas, calculamos inevitavelmente com algumas grandezas falsas: mas, sendo tais grandezas no mínimo *constantes*, por exemplo, nossa sensação de tempo e de espaço, os resultados da ciência adquirem perfeito rigor e segurança nas suas relações mútuas; podemos continuar a construir em cima deles — até o fim derradeiro em que a hipótese fundamental errônea, os erros constantes, entram em contradição com os resultados, por exemplo, na teoria atômica. Então ainda nos sentimos obrigados a supor uma "coisa" ou "substrato" material que é movido, enquanto todo o procedimento científico perseguiu justamente a tarefa de dissolver em movimentos tudo o que tem natureza de coisa (de matéria): também aí nossa sensação distingue entre o que se move e o que é movido, e não saímos deste círculo, porque a crença nas coisas está ligada a nosso ser desde tempos imemoriais. — Quando Kant diz que "o intelecto não cria suas leis a partir da natureza, mas as prescreve a ela",[17] isso é plenamente verdadeiro no tocante ao *conceito de natureza*, que somos obrigados a associar a ela (natureza = mundo como representação, isto é, como erro), mas que é a soma de muitos erros da razão. — A um mundo que *não* seja nossa representação, as leis dos números são inteiramente inaplicáveis: elas valem apenas no mundo dos homens.

20. *Recuando alguns degraus*. — Um grau certamente elevado de educação é atingido, quando o homem vai além de conceitos e temores supersticiosos e religiosos, deixando de acreditar em amáveis anjinhos e no pecado original, por exemplo, ou não mais se referindo à salvação das almas: neste grau de libertação ele deve ainda, com um supremo esforço de reflexão, superar a metafísica. *Então* se faz necessário, porém, um *movimento para trás*: em tais representações ele tem de compreender a justificação histórica e igualmente a psicológica, tem de reconhecer como se originou delas o maior avanço da humanidade, e como sem este movimento para trás nos privaríamos do melhor que a humanidade produziu até hoje. — No tocante à metafísica filosófica, vejo cada vez mais homens que alcançaram o alvo negativo (de que toda metafísica positiva é um erro), mas ainda poucos que se movem alguns degraus para trás; pois deve-

mos olhar a partir do último degrau da escada, mas não querer ficar sobre ele. Os mais esclarecidos chegam somente ao ponto de se libertar da metafísica e lançar-lhe um olhar de superioridade; ao passo que aqui também, como no hipódromo, é necessário virar no final da pista.

21. *Presumível vitória do ceticismo.* — Admitamos um momento o ponto de partida cético: supondo que não existisse um outro mundo, um mundo metafísico, e que não tivéssemos uso para todas as explicações metafísicas do único mundo que conhecemos, com que olhos veríamos homens e coisas? Isso podemos cogitar, é útil fazê-lo, ainda que se rejeite a questão de Kant e Schopenhauer terem cientificamente provado alguma coisa metafísica. Pois, segundo a probabilidade histórica, é bem possível que um dia os homens se tornem geralmente *céticos* nesse ponto; a questão será então: que forma terá a sociedade humana, sob a influência de um tal modo de pensar? A *prova científica* de qualquer mundo metafísico já é tão *difícil*, talvez, que a humanidade não mais se livrará de alguma desconfiança em relação a ela.[18] E quando temos desconfiança em relação à metafísica, de modo geral as conseqüências são as mesmas que resultariam se ela fosse diretamente refutada e não mais nos fosse *lícito* acreditar nela. A questão histórica relativa a um modo de pensar não metafísico da humanidade continua a mesma em ambos os casos.

22. *Descrença no "monumentum aere perennius"* [monumento mais duradouro que o bronze].[19] — Uma desvantagem essencial trazida pelo fim das convicções[20] metafísicas é que o indivíduo atenta demasiadamente para seu curto período de vida e não sente maior estímulo para trabalhar em instituições duráveis, projetadas para séculos; ele próprio quer colher a fruta da árvore que planta, e portanto não gosta mais de plantar árvores que exigem um cuidado regular durante séculos, destinadas a sombrear várias seqüências de gerações. Pois as convicções metafísicas levam a crer que nelas se encontra o fundamento último e definitivo sobre o qual se terá de assentar e construir todo o futuro da humanidade; o indivíduo promove sua salvação quando, por exemplo, funda uma igreja ou um mosteiro, ele acha que isto lhe será creditado e recompensado na eterna vida futura da alma, que é uma obra pela eterna salvação da alma. — Pode a ciência despertar uma tal crença nos seus resultados? O fato é que ela requer a dúvida e a desconfiança, como os seus mais fiéis aliados; apesar disso, com o tempo a soma de verdades intocáveis, isto é, sobreviventes a todas as tormentas do ceticismo, a toda decomposição, pode se tornar tão grande (na dietética da saúde, por exemplo), que com base nisso haja a decisão de empreender obras "eternas". Por enquanto, o *contraste* entre nossa agitada, efêmera existência e o longo sossego das eras metafísicas ainda é muito forte, pois os dois períodos se acham ainda muito próximos um do outro; o indivíduo mesmo atravessa hoje demasiadas evoluções internas e externas para ousar se estabelecer duradoura e definitivamente, ainda que seja pelo tempo de sua vida. Um homem totalmente moderno que queira, por exemplo, construir uma casa para si, sente como se quisesse se emparedar vivo num mausoléu.

23. *A era da comparação.* — Quanto menos os homens estiverem ligados pela tradição, tanto maior será o movimento interior dos motivos, e tanto maior, correspondentemente, o desassossego exterior, a interpenetração dos homens, a polifonia dos esforços. Para quem ainda existe, atualmente, a rígida obrigação de ligar a si e a seus descendentes a um lugar? Para quem ainda existe algum laço rigoroso? Assim como todos os estilos de arte são imitados um ao lado do outro, assim também todos os graus e gêneros de moralidade, de costumes e de culturas. — Uma era como a nossa adquire seu significado do fato de nela poderem ser comparadas e vivenciadas, uma ao lado da outra, as diversas concepções do mundo, os costumes, as culturas; algo que antes, com o domínio sempre localizado de cada cultura, não era possível, em conformidade com a ligação de todos os gêneros de estilo ao lugar e ao tempo. Agora uma intensificação do sentimento estético escolherá definitivamente entre as tantas formas que se oferecem à comparação; ela deixará perecer a maioria — ou seja, todas as que forem rejeitadas por este sentimento. Hoje ocorre igualmente uma seleção nas formas e hábitos da moralidade superior, cujo objetivo não pode ser outro senão o ocaso das moralidades inferiores. É a era da comparação! É este seu orgulho — mas, como é justo, também seu sofrimento. Não tenhamos medo desse sofrimento! Vamos, isto sim, compreender tão grandemente quanto possível a tarefa que nos é imposta pela era: a posteridade nos abençoará por isso — uma posteridade que se saberá tanto acima das originais culturas nacionais fechadas quanto da cultura da comparação, mas que olhará com gratidão, como veneráveis antigüidades, para ambas as formas de cultura.

24. *Possibilidade do progresso*. — Quando um estudioso da cultura antiga jura não mais lidar com pessoas que crêem no progresso, ele tem razão. Pois a cultura antiga deixou para trás sua grandeza e seus bens, e a educação histórica nos obriga a admitir que ela jamais recuperará o frescor; é preciso uma estupidez intolerável ou um fanatismo igualmente insuportável para negar isso. Mas os homens podem *conscientemente* decidir se desenvolver rumo a uma nova cultura, ao passo que antes se desenvolviam inconsciente e acidentalmente: hoje podem criar condições melhores para a procriação dos indivíduos, sua alimentação, sua educação, sua instrução, podem economicamente gerir a Terra como um todo, ponderar e mobilizar as forças dos indivíduos umas em relação às outras. Essa nova cultura consciente mata a antiga, que, observada como um todo, teve uma vida inconsciente de animal e vegetal; mata também a desconfiança frente ao progresso — ele é *possível*. Quero dizer: é precipitado e quase absurdo acreditar que o progresso deva *necessariamente* ocorrer; mas como se poderia negar que ele seja possível? Por outro lado, um progresso no sentido e pela via da cultura antiga não é sequer concebível. Se a fantasia romântica usa também a palavra "progresso" para seus objetivos (por exemplo, para as originais cul-

turas nacionais fechadas), de qualquer modo toma essa imagem do passado; seu pensamento e sua imaginação não têm qualquer originalidade nesse campo.

25. *Moral privada e moral mundial.* — Após o fim da crença de que um deus dirige os destinos do mundo e, não obstante as aparentes sinuosidades no caminho da humanidade, a conduz magnificamente à sua meta, os próprios homens devem estabelecer para si objetivos ecumênicos, que abranjam a Terra inteira. A antiga moral, notadamente a de Kant, exige do indivíduo ações que se deseja serem de todos os homens: o que é algo belo e ingênuo; como se cada qual soubesse, sem dificuldades, que procedimento beneficiaria toda a humanidade, e portanto que ações seriam desejáveis; é uma teoria como a do livre-comércio, pressupondo que a harmonia universal *tem* que produzir-se por si mesma, conforme leis inatas de aperfeiçoamento. Talvez uma futura visão geral das necessidades da humanidade mostre que não é absolutamente desejável que todos os homens ajam do mesmo modo, mas sim que, no interesse de objetivos ecumênicos, deveriam ser propostas, para segmentos inteiros da humanidade, tarefas especiais e talvez más, ocasionalmente. — Em todo caso, para que a humanidade não se destrua com um tal governo global consciente, deve-se antes obter, como critério científico para objetivos ecumênicos, *um conhecimento das condições da cultura* que até agora não foi atingido. Esta é a imensa tarefa dos grandes espíritos do próximo século.

26. *A reação como progresso.* — De vez em quando surgem espíritos ásperos, violentos e arrebatadores, e no entanto atrasados, que conjuram novamente uma fase passada da humanidade: eles servem para provar que as tendências novas a que se opõem não são ainda bastante fortes, que ainda lhes falta algo: de outra maneira elas resistiriam mais a esses conjuradores. A Reforma de Lutero, por exemplo, testemunha que em seu século todos os movimentos da liberdade de espírito eram ainda incertos, frágeis, juvenis; a ciência ainda não podia levantar a cabeça. O Renascimento inteiro aparece como uma primavera precoce, quase apagada novamente pela neve. Mas também em nosso século a metafísica de Schopenhauer provou que mesmo agora o espírito científico não é ainda forte o bastante; assim, apesar de todos os dogmas cristãos terem sido há muito eliminados, toda a concepção do mundo e percepção do homem cristã e medieval pôde ainda celebrar uma ressurreição na teoria de Schopenhauer. Muita ciência ressoa na sua teoria, mas não é a ciência que a domina, e sim a velha e conhecida "necessidade metafísica". Sem dúvida, um dos grandes e inestimáveis benefícios que nos vêm de Schopenhauer é que ele obriga nossa sensibilidade a retornar por um momento a formas antigas e potentes de ver o mundo e os homens, às quais nenhum outro caminho nos levaria tão facilmente. O ganho para a história e a justiça é muito grande: creio que ninguém hoje conseguiria facilmente, sem a ajuda de Schopenhauer, fazer justiça ao cristianismo e seus parentes asiáticos: o que é impossível, sobretudo, partindo do terreno do cristianismo existente. Somente após esse grande *êxito da justiça*, somente após termos corrigido, num ponto tão essencial, a concepção histórica que a era do Iluminismo trouxe consigo, poderemos de novo levar adiante a bandeira do Iluminismo — a bandeira com os três nomes: Petrarca, Erasmo, Voltaire. Da reação fizemos um progresso.

27. *Substituto da religião.* — Cremos dizer algo de bom sobre uma filosofia, quando a apresentamos como substituto da religião para o povo. De fato, na economia espiritual são necessários, ocasionalmente, círculos de idéias intermediários; de modo que a passagem da religião para a concepção científica é um salto violento e perigoso, algo a ser desaconselhado. Neste sentido é justificado aquele louvor. Mas deveríamos também aprender, afinal, que as necessidades que a religião satisfez e que a filosofia deve agora satisfazer não são imutáveis; podem ser *enfraquecidas* e *eliminadas*. Pensemos, por exemplo, na miséria cristã da alma, no lamento sobre a corrupção interior, na preocupação com a salvação — conceitos oriundos apenas de erros da razão, merecedores não de satisfação, mas de destruição. Uma filosofia pode ser útil *satisfazendo* também essas necessidades, ou *descartando-as*; pois são necessidades aprendidas, temporalmente limitadas, que repousam em pressupostos contrários aos da ciência. É melhor recorrer à *arte* para fazer uma transição, a fim de aliviar o ânimo sobrecarregado de sentimentos;[21] pois aquelas concepções são bem menos alimentadas pela arte do que por uma filosofia metafísica. Partindo da arte, pode-se passar mais facilmente para uma ciência filosófica realmente libertadora.

28. *Palavras de má reputação.* — Fora com as palavras "otimismo" e "pessimismo", utilizadas até à saciedade! Pois cada vez mais faltam motivos para empregá-las: apenas os tagarelas ainda têm inevitável necessidade delas. Pois por que desejaria alguém no mundo ser otimista, se não tiver que defender um deus que *deve* ter criado o melhor dos mundos, caso ele mesmo seja o bem e a perfeição — mas que ser pensante ainda necessita da hipótese de um deus? — No entanto, falta igualmente qualquer motivo para uma profissão de fé pessimista, se não houver interesse em irritar os advogados de Deus, os teólogos ou os filósofos teologizantes, afirmando vigorosamente o contrário: que o mal governa, que o desprazer é maior que o prazer, que o mundo é uma obra malfeita, a manifestação de uma perversa vontade de vida.[22] Mas quem se importa ainda com os teólogos — excetuando os teólogos? — Deixando de lado a teologia e o combate que se faz a ela, fica evidente que o mundo não é nem bom nem mau, e tampouco o melhor ou o pior, e os conceitos "bom" e "mau" só têm sentido em relação aos homens, e mesmo aí talvez não se justifiquem, do modo como são habitualmente empregados: em todo caso, devemos nos livrar tanto da concepção do mundo que o invectiva como daquela que o glorifica.

29. *Embriagado pelo aroma das flores.* — A barca da humanidade, pensamos, tem um calado cada vez maior, à medida que é mais carregada; acredita-se que quanto mais profundo o pensamento do homem, quanto mais delicado seu sentimento, quanto mais elevada sua auto-estima, quanto maior sua distância dos outros animais — quanto mais ele aparece como gênio entre os animais —, tanto mais perto chega da real essência do mundo e de seu conhecimento: isso ele realmente faz com a ciência, mas *pensa* fazê-lo mais ainda com suas religiões e suas artes. Estas são, é verdade, uma floração do mundo, mas não se acham *mais próximas da raiz do mundo* do que a haste: a partir delas não se pode em absoluto entender melhor a essência das coisas, embora quase todos o creiam. O *erro* tornou o homem profundo, delicado e inventivo a ponto de fazer brotar as religiões e as artes. O puro conhecimento teria sido incapaz disso. Quem nos desvendasse a essência do mundo, nos causaria a todos a mais incômoda desilusão. Não é o mundo como coisa em si, mas o mundo como representação (como erro) que é tão rico em significado, tão profundo, maravilhoso, portador de felicidade e infelicidade. Essa conclusão leva a uma filosofia da *negação lógica do mundo*: que, aliás, pode se unir tão bem a uma afirmação prática do mundo quanto a seu oposto.

30. *Maus hábitos de raciocínio*. — Os erros de raciocínio mais habituais dos homens são estes: uma coisa existe, portanto é legítima. Aí se deduz a pertinência a partir da capacidade de viver, e a legitimidade a partir da pertinência.[23] Em seguida: uma opinião faz feliz, portanto é verdadeira; seu efeito é bom, portanto ela mesma é boa e verdadeira. Aí se atribui ao efeito o predicado de fazer feliz, de bom, no sentido de útil, e se dota a causa com o mesmo predicado de bom, mas no sentido de válido logicamente. O reverso dessas proposições diz: uma coisa não é capaz de se impor, de se manter, portanto é injusta; uma opinião atormenta, agita, portanto é falsa. O espírito livre, que conhece bem demais o que há de errado nessa maneira de deduzir e que tem de sofrer suas conseqüências, sucumbe freqüentemente à tentação de fazer as deduções opostas, que em geral também são erradas, naturalmente: uma coisa não é capaz de se impor, portanto é boa; uma opinião causa aflição, inquieta, portanto é verdadeira.

31. *A necessidade do ilógico*. — Entre as coisas que podem levar um pensador ao desespero está o conhecimento de que o ilógico é necessário aos homens e que do ilógico nasce muita coisa boa. Ele se acha tão firmemente alojado nas paixões, na linguagem, na arte, na religião, em tudo o que empresta valor à vida, que não podemos extraí-lo sem danificar irremediavelmente essas belas coisas. Apenas os homens muito ingênuos podem acreditar que a natureza humana pode ser transformada numa natureza puramente lógica; mas, se houvesse graus de aproximação a essa meta, o que não se haveria de perder nesse caminho! Mesmo o homem mais racional precisa, de tempo em tempo, novamente da natureza, isto é, de sua *ilógica relação fundamental com todas as coisas*.

32. *Necessidade de ser injusto*. — Todos os juízos sobre o valor da vida se desenvolveram ilogicamente, e portanto são injustos. A inexatidão do juízo está primeiramente no modo como se apresenta o material, isto é, muito incompleto, em segundo lugar no modo como se chega à soma a partir dele, e em terceiro lugar no fato de que cada pedaço do material também resulta de um conhecimento inexato, e isto com absoluta necessidade. Por exemplo, nenhuma experiência relativa a alguém, ainda que ele esteja muito próximo de nós, pode ser completa a ponto de termos um direito lógico a uma avaliação total dessa pessoa; todas as avaliações são precipitadas e têm que sê-lo. Por fim, a medida com que medimos, nosso próprio ser, não é uma grandeza imutável, temos disposições e oscilações, e no entanto teríamos de conhecer a nós mesmos como uma medida fixa, a fim de avaliar com justiça a relação de qualquer coisa conosco. A conseqüência disso tudo seria, talvez, que de modo algum deveríamos julgar; mas se ao menos pudéssemos *viver* sem avaliar, sem ter aversão e inclinação! — pois toda aversão está ligada a uma avaliação, e igualmente toda inclinação. Um impulso em direção ou para longe de algo, sem o sentimento de querer o que é proveitoso ou se esquivar do que é nocivo, um impulso sem uma espécie de avaliação cognitiva sobre o valor do objetivo, não existe no homem. De antemão somos seres ilógicos e por isso injustos, e *capazes de reconhecer isto*: eis uma das maiores e mais insolúveis desarmonias da existência.

33. *O erro acerca da vida é necessário à vida*. — Toda crença no valor e na dignidade da vida se baseia num pensar inexato; é possível somente porque a empatia com a vida e o sofrimento universais da humanidade é pouco desenvolvida no indivíduo. Mesmo os homens raros, cujo pensamento vai além de si mesmos, não lançam os olhos a essa vida universal, mas somente a partes limitadas dela. Quem sabe ter em mira sobretudo as exceções, quero dizer, os talentos superiores e as almas puras, quem toma o seu surgimento como objetivo de toda a evolução do mundo e se alegra com o seu agir, pode acreditar no valor da vida, porque *não enxerga* os outros homens: portanto, pensa inexatamente. Do mesmo modo quem considera todos os homens, mas neles admite apenas *um* gênero de impulsos,[24] os menos egoístas, desculpando os homens no que toca aos outros impulsos: pode também esperar alguma coisa da humanidade como um todo, e assim acreditar no valor da vida: portanto, também nesse caso por inexatidão do pensar. Tanto ao proceder de um modo como do outro, porém, constituímos uma *exceção* entre os homens. A grande maioria dos homens suporta a vida sem muito resmungar, e *acredita* então no valor da existência, mas precisamente porque cada um quer e afirma somente a si mesmo, e não sai de si mesmo como aquelas exceções: tudo extrapessoal, para eles, ou não é perceptível ou o é, no máximo, como uma frágil sombra. Portanto, para o homem comum, cotidiano, o valor da vida baseia-se apenas no fato de ele se tomar por mais importante que o mundo. A grande falta de imaginação de que sofre faz com que não possa colocar-se na pele de outros seres, e em virtude disso participa o menos possível de seus destinos e dissabores. Mas quem pudesse realmente deles participar, teria que desesperar do valor da vida; se conseguisse apreender e sentir a consciência total da humanidade, sucumbiria, amaldiçoando a existência, — pois no conjunto a humanidade não tem objetivo *nenhum*, e por isso, considerando todo o seu percurso, o homem não pode nela encontrar consolo e apoio, mas sim desespero. Se ele vê, em tudo o que faz, a falta de objetivo último dos homens, seu próprio agir assume a seus olhos caráter de desperdício. Mas sentir-se *desperdiçado* enquanto humanidade (e não apenas enquanto indivíduo), tal como vemos um broto desperdiçado pela natureza, é um sentimento acima de todos os sentimentos. — Mas quem é capaz dele? Claro que apenas um poeta:[25] e os poetas sempre sabem se consolar.

34. *Para tranqüilizar.* — Mas nossa filosofia não se torna assim uma tragédia? A verdade não se torna hostil à vida, ao que é melhor? Uma pergunta parece nos pesar na língua e contudo não querer sair: é *possível* permanecer conscientemente na inverdade? Ou, caso *tenhamos* de fazê-lo, não seria preferível a morte? Pois já não existe "dever"; a moral, na medida em que era "dever", foi destruída por nossa maneira de ver, exatamente como a religião. O conhecimento só pode admitir como motivos o prazer e o desprazer, o proveitoso e o nocivo: mas como se arrumarão esses motivos com o senso da verdade? Pois eles também se ligam a erros (na medida em que, como foi dito, a inclinação e a aversão, e suas injustas medições, determinam essencialmente nosso prazer e desprazer). Toda a vida humana está profundamente embebida na inverdade; o indivíduo não pode retirá-la de tal poço sem irritar-se com seu passado por profundas razões, sem achar descabidos os seus motivos presentes, como os da honra, e sem opor zombaria e desdém às paixões que impelem ao futuro e a uma felicidade neste. Sendo isso verdadeiro, restaria apenas um modo de pensar que traz o desespero como conclusão pessoal e uma filosofia da destruição como conclusão teórica? — Creio que o *temperamento* de um homem decidirá quanto ao efeito posterior do conhecimento: eu poderia imaginar um outro efeito que não o descrito, igualmente possível em naturezas individuais, mediante o qual surgiria uma vida muito mais simples e mais pura de paixões que a atual: de modo que inicialmente os velhos motivos do cobiçar violento ainda teriam força, em conseqüência do velho costume herdado, mas aos poucos se tornariam mais fracos, sob influência do conhecimento purificador. Afinal se viveria, entre os homens e consigo, tal como na *natureza*, sem louvor, censura ou exaltação, deleitando-se com muitas coisas, como um espetáculo do qual até então se tinha apenas medo. Estaríamos livres da ênfase,[26] e não mais seríamos aguilhoados pelo pensamento de ser apenas natureza ou mais que natureza. Certamente, como disse, isto exigiria um temperamento bom, uma alma segura, branda e no fundo alegre, uma disposição que não precisasse estar alerta contra perfídias e erupções repentinas, e em cujas manifestações não houvesse traço de resmungo e teimosia — essas características notórias e desagradáveis de cães e homens velhos que ficaram muito tempo acorrentados. Um homem do qual caíram os costumeiros grilhões da vida, a tal ponto que ele só continua a viver para conhecer sempre mais, deve poder renunciar, sem inveja e desgosto, a muita coisa, a quase tudo o que tem valor para os outros homens; deve-lhe *bastar*, como a condição mais desejável, pairar livre e destemido sobre os homens, costumes, leis e avaliações tradicionais das coisas. Com prazer ele comunica a alegria dessa condição, e talvez *não tenha* outra coisa a comunicar — o que certamente envolve uma privação, uma renúncia a mais. Se não obstante quisermos mais dele, meneando a cabeça com indulgência ele indicará seu irmão, o livre homem de ação, e não ocultará talvez um pouco de ironia: pois a "liberdade" deste é um caso à parte.

Capítulo segundo
CONTRIBUIÇÃO À HISTÓRIA DOS SENTIMENTOS MORAIS

35. *Vantagens da observação psicológica.* — Que a reflexão sobre o humano, demasiado humano — ou, segundo a expressão mais erudita: a observação psicológica — seja um dos meios que nos permitem aliviar o fardo da vida, que o exercício dessa arte proporcione presença de espírito em situações difíceis e distração num ambiente enfadonho, que mesmo das passagens mais espinhosas e desagradáveis de nossa vida possamos colher sentenças, e assim nos sentir um pouco melhor: nisto se acreditava, isto se sabia — em séculos passados. Por que foi esquecido neste século, quando, ao menos na Alemanha, e mesmo na Europa, a pobreza da observação psicológica se mostra em tantos signos? Não particularmente em romances, novelas e considerações filosóficas — estas são obras de homens de exceção; um pouco mais no julgamento dos eventos e personalidades públicos; mas sobretudo falta a arte da dissecação e composição psicológica na vida social de todas as classes, onde talvez se fale muito das pessoas, mas não do ser humano. Por que se deixa de lado o mais rico e inofensivo tema de conversa? Por que não se lêem mais os grandes mestres da sentença psicológica? — pois, sem qualquer exagero: o homem culto que tenha lido La Rochefoucauld e seus pares em espírito e arte é coisa rara na Europa; e ainda mais raro aquele que os conheça e não os insulte. Mas é provável que mesmo esse leitor incomum tenha com eles menos satisfação do que deveria lhe dar a forma desses artistas; pois nem o espírito mais refinado é capaz de apreciar devidamente a arte de polir sentenças, se não foi educado para ela, se nela não competiu. Sem tal instrução prática, consideramos esse criar e formar algo mais fácil do que é na verdade, não sentimos com suficiente agudeza o que nele é bem realizado e atraente. Por isso os atuais leitores de sentenças têm com elas um prazer relativamente insignificante, mal chegam a saboreá-las; de modo que lhes sucede o mesmo que às pessoas que examinam camafeus: as quais elogiam porque não sabem amar, e prontamente se dispõem a admirar, e ainda mais prontamente a se esquivar.

36. *Objeção.* — Ou haveria um contrapeso à tese de que a observação psicológica se inclui entre os atrativos e meios de salvação e alívio da existência? Não deveríamos estar bastante convencidos das desagradáveis conseqüências dessa arte, para dela afastar intencionalmente o olhar dos que se educam? De fato, uma fé cega na bondade da natureza humana, uma arraigada aversão à análise das ações humanas, uma espécie de pudor frente à nudez da alma podem realmente ser mais desejáveis para a felicidade geral de um homem do que o atributo da penetração psicológica, vantajoso em casos particulares; e talvez a crença no bem, em homens e ações virtuosas, numa abundância de boa vontade impessoal no mundo, tenha tornado os homens melhores, na medida em que os tornou menos desconfiados. Quando imitamos com entusiasmo os heróis de Plutarco e relutamos em indagar suspeitosamente sobre as motivações de seu agir, não é a verdade, mas o bem-estar da sociedade humana que lucra com isso: o erro psicológico e a insensibilidade nesse campo ajudam a humanidade a avançar, enquanto o conhecimento da verdade talvez ganhe mais com a força estimulante de uma hipótese como a que La Rochefoucauld antepôs à primeira edição das suas *Sentences et maximes morales*: *Ce que le monde nomme vertu n'est d'ordinaire qu'un fantôme formé par nos passions, à qui on donne un nom honnête pour faire impunément ce qu'on veut* [Aquilo que o mundo chama de virtude não é, via de regra, senão um fantasma formado por nossas paixões, ao qual damos um nome honesto para impunemente fazer o que quisermos]. La Rochefoucauld e outros mestres franceses do estudo da alma (aos quais recentemente se juntou um alemão, o autor das *Observações psicológicas*)[27] parecem atiradores de boa mira que acertam sempre no ponto escuro — mas no escuro da natureza humana. Sua destreza provoca admiração, mas afinal um espectador que seja conduzido não pelo espírito da ciência, mas pelo espírito humanitário, amaldiçoará uma arte que parece plantar na alma humana o gosto pela diminuição e pela suspeita.

37. *Não obstante.* — Seja qual for o resultado dos prós e dos contras: no presente estado de uma determinada ciência, o ressurgimento da observação moral se tornou necessário, e não pode ser poupada à humanidade a visão cruel da mesa de dissecação psicológica e de suas pinças e bisturis. Pois aí comanda a ciência que indaga a origem e a história dos chamados sentimentos morais, e que, ao progredir, tem de expor e resolver os emaranhados problemas sociológicos: — a velha filosofia não conhece em absoluto estes últimos, e com precárias evasivas sempre escapou à investigação sobre a origem e a história dos sentimentos morais. As conseqüências podem hoje ser vistas claramente, depois que muitos exemplos provaram que em geral os erros dos maiores filósofos têm seu ponto de partida numa falsa explicação de determinados atos e sentimentos humanos; que, com base numa análise errônea, por exemplo, das ações ditas altruístas, constrói-se uma ética falsa; que depois, em favor desta, recorre-se de novo à religião e à barafunda mitológica e que, por fim, as sombras desses turvos espíritos se projetam até mesmo na física e em toda a nossa consideração do mundo. Mas se é certo que a superficialidade da observação psicológica estendeu e continua a estender ao julgamento e ao raciocínio humanos as mais perigosas armadilhas, então é necessária agora a persistência que não cansa de amontoar pedra sobre pedra, pedrinha sobre pedrinha, é necessária uma austera valentia, para não nos envergonharmos de trabalho tão modesto e afrontarmos todo desdém de que for objeto. É verdade: numerosas observações particulares sobre o humano e o demasiado humano foram primeiramente descobertas e enunciadas em círculos sociais habituados a oferecer toda espécie de sacrifício não ao conhecimento científico, mas a uma espirituosa coqueteria; e o aroma deste velho berço da sentença moral — um aroma muito sedutor — aderiu quase que inseparavelmente a todo o gênero: de modo que por causa dele o homem de ciência manifesta involuntariamente alguma desconfiança face ao gênero e a sua seriedade. Mas basta apontar as conseqüências: pois já se começa a ver que produtos da mais séria natureza crescem no solo da observação psicológica. Qual a principal tese a que chegou um dos mais frios e ousados pensadores, o autor do livro *Sobre a origem dos sentimentos morais*,[28] graças às suas cortantes e penetrantes análises da conduta humana? "O homem moral" — diz ele — "não está mais próximo do mundo inteligível (metafísico) que o homem físico." Esta proposição, temperada e afiada sob os golpes de martelo do conhecimento histórico, talvez possa um dia, em algum futuro, servir como o machado que cortará pela raiz a "necessidade metafísica" do homem — se para a bênção ou para a maldição do bem-estar geral, quem saberia dizê-lo? — mas, em todo o caso, como uma tese das mais graves conseqüências, simultaneamente fecunda e horrenda, e olhando para o mundo com aquela dupla face que possuem todos os grandes conhecimentos.

38. *Em que medida é útil.* — Portanto: se a observação psicológica traz mais utilidade ou desvantagem aos homens permanece ainda sem resposta; mas certamente é necessária, pois a ciência não pode passar sem ela. Mas a ciência não tem consideração pelos fins últimos, e tampouco a natureza; e como esta ocasionalmente produz coisas da mais elevada pertinência, sem tê-las querido, também a verdadeira ciência, sendo *a imitação da natureza em conceitos*, promoverá ocasionalmente, e mesmo com freqüência, vantagem e bem-estar para os homens, e alcançará o que é pertinente — mas igualmente *sem tê-lo querido*. Quem, na atmosfera de tal modo de ver, sentir o ânimo demasiado frio, talvez tenha muito pouco fogo em si: se olhar à sua volta, no entanto, perceberá doenças que requerem compressas de gelo, e homens de tal maneira "moldados" com ardor e espírito que mal encontram lugar em que o ar lhes seja suficientemente frio e cortante. Além disso, verá como indivíduos e povos muito sérios necessitam de frivolidades, como outros muito excitáveis e inconstantes precisam temporariamente, para sua saúde, de fardos pesados e opressores: não deveremos nós, os homens *mais espirituais* de uma época que visivelmente se inflama cada vez mais, recorrer a todos os meios de extinção e refrigeração existentes, de modo a continuar ao menos tão firmes, inofensivos e moderados como hoje ainda somos, e talvez um dia servir a esta época como espelho e autoconsciência?

39. *A fábula da liberdade inteligível.*[29] — A história dos sentimentos em virtude dos quais tornamos alguém responsável por seus atos, ou seja, a história dos chamados sentimentos morais, tem as seguintes fases principais. Primeiro chamamos as ações isoladas de boas ou más, sem qualquer consideração por seus motivos, apenas devido às conseqüências úteis ou prejudiciais que tenham. Mas logo esquecemos a origem dessas designações e achamos que a qualidade de "bom" ou "mau" é inerente às ações, sem consideração por suas conseqüências: o mesmo erro que faz a língua designar a pedra como dura, a árvore como verde — isto é, apreendendo o que é efeito como causa. Em seguida, introduzimos a qualidade de ser bom ou mau nos motivos e olhamos os atos em si como moralmente ambíguos. Indo mais longe, damos o predicado bom ou mau não mais ao motivo isolado, mas a todo o ser de um homem, do qual o motivo brota como a planta do terreno. De maneira que sucessivamente tornamos o homem responsável por seus efeitos, depois por suas ações, depois por seus motivos e finalmente por seu próprio ser. E afinal descobrimos que tampouco este ser pode ser responsável, na medida em que é inteiramente uma conseqüência necessária e se forma[30] a partir dos elementos e influxos de coisas passadas e presentes: portanto, que não se pode tornar o homem responsável por nada, seja por seu ser, por seus motivos, por suas ações ou por seus efeitos. Com isso chegamos ao conhecimento[31] de que a história dos sentimentos morais é a história de um erro, o erro da responsabilidade, que se baseia no erro do livre-arbítrio. — Schopenhauer, por outro lado, raciocinou assim: desde que certas ações acarretam mal-estar ("consciência de culpa"), deve existir responsabilidade, pois *não haveria razão* para esse mal-estar se não apenas todo o agir do homem ocorresse por necessidade — como de fato ocorre, e também segundo a visão desse filósofo —, mas se o próprio homem adquirisse o seu inteiro *ser*[32] pela mesma necessidade — o que Schopenhauer nega. Partindo do fato desse mal-estar, Schopenhauer acredita poder demonstrar uma liberdade que o homem deve ter tido de algum modo, não no que toca às ações, é certo, mas no que toca ao ser: liberdade, portanto, de *ser* desse ou daquele modo, não de *agir* dessa ou daquela maneira. Do *esse* [ser], da esfera da liberdade e da responsabilidade decorre, segundo ele, o *operari* [operar], a esfera da estrita causalidade, necessidade e irresponsabilidade. É certo que aparentemente o mal-estar diz respeito ao *operari* — na medida em que assim faz é errôneo —, mas na verdade se refere ao *esse*, que é o ato de uma vontade livre, a causa fundamental da existência de um indivíduo; o homem se torna o que ele *quer* ser, seu querer precede sua existência. — Aí o erro de raciocínio está em, partindo do fato do mal-estar, inferir a justificação, a *admissibilidade racional* desse mal-estar; com essa dedução falha, Schopenhauer chega à fantástica conclusão da chamada liberdade inteligível. Mas o mal-estar após o ato não precisa absolutamente ser racional: e não o é, de fato, pois se baseia no errôneo pressuposto de que o ato *não* tinha que se produzir necessariamente. Logo: porque o homem se considera livre, não porque é livre, ele sofre arrependimento e remorso. — Além disso, esse mal-estar é coisa que podemos deixar para trás; em muitas pessoas ele não existe em absoluto, com respeito a ações pelas quais muitas outras o sentem. É algo bastante variável, ligado à evolução dos costumes e da cultura, só existente num período relativamente breve da história do mundo, talvez. — Ninguém é responsável por suas ações, ninguém responde por seu ser; julgar significa ser injusto. Isso também vale para quando o indivíduo julga a si mesmo. Essa tese é clara como a luz do sol; no entanto, todos preferem retornar à sombra e à inverdade: por medo das conseqüências.

40. *O superanimal.* — A besta que existe em nós quer ser enganada; a moral é mentira necessária, para não sermos por ela dilacerados. Sem os erros que se acham nas suposições da moral, o homem teria permanecido animal. Mas assim ele se tomou por algo mais elevado, impondo-se leis mais severas. Por isso ele tem ódio aos estágios que ficaram mais próximos da animalidade: de onde se pode explicar o antigo desprezo pelo escravo, como sendo um não-humano, uma coisa.

41. *O caráter imutável.* — Que o caráter seja imutável não é uma verdade no sentido estrito; esta frase estimada significa apenas que, durante a breve duração da vida de um homem, os motivos que sobre ele atuam não arranham com profundidade suficiente para destruir os traços impressos por milhares de anos. Mas, se imaginássemos um homem de oitenta mil anos, nele teríamos um caráter absolutamente mutável: de modo que dele se desenvolveria um grande número de indivíduos diversos, um após o outro. A brevidade da vida humana leva a muitas afirmações erradas sobre as características do homem.

42. *A ordem dos bens e a moral.* — A hierarquia dos bens aceita, baseada em como um egoísmo pequeno, elevado ou supremo deseja uma ou outra coisa, decide atualmente acerca da moralidade ou imoralidade. Preferir um bem pequeno (por exemplo, o prazer dos sentidos) a um altamente valorizado (por exemplo, a saúde) é tido como imoral, tanto quanto preferir a boa vida à liberdade. Mas a hierarquia dos bens não é fixa e igual em todos os tempos; quando alguém prefere a vingança à justiça, ele é moral segundo a medida de uma cultura passada, imoral segundo a atual. "Imoral" designa, portanto, que um indivíduo ainda não sente, ou não sente ainda com força bastante, os motivos mais elevados, mais sutis e mais espirituais trazidos pela nova cultura: designa um ser atrasado, mas apenas numa diferença de grau. — A própria hierarquia dos bens não é estabelecida ou alterada segundo pontos de vista morais; mas com base na sua determinação vigente é decidido se uma ação é moral ou imoral.

43. *Homens cruéis, homens atrasados.* — Devemos pensar nos homens que hoje são cruéis como estágios remanescentes de *culturas passadas*: a cordilheira da humanidade mostra abertamente as formações mais profundas, que em geral permanecem ocultas. São homens atrasados, cujo cérebro, devido a tantos acasos possíveis na hereditariedade, não se desenvolveu de forma vária e delicada. Eles mostram o que todos nós *fomos*, e nos infundem pavor: mas eles próprios são tão responsáveis como um pedaço de granito é responsável pelo fato de ser granito. Em nosso cérebro também devem se achar sulcos e sinuosidades que correspondem àquela mentalidade, assim como na forma de alguns órgãos humanos podem se achar lembranças do estado de peixe. Mas esses sulcos e sinuosidades já não são o leito por onde rola atualmente o curso de nosso sentimento.

44. *Gratidão e vingança.* — A razão por que o homem poderoso é grato é esta. Mediante seu benefício, o benfeitor como que violou a esfera do poderoso e nela se introduziu: em represália, este viola a esfera do benfeitor com seu ato de gratidão. É uma forma suave de vingança. Se não tivesse a compensação da gratidão, o poderoso teria se mostrado sem poder e depois seria visto como tal. Por isso toda sociedade de bons, ou seja, originariamente de poderosos, situa a gratidão entre os primeiros deveres. — Swift afirmou que os homens são gratos na mesma proporção em que nutrem a vingança.[33]

45. *A dupla pré-história do bem e do mal.* — O conceito de bem e mal tem uma dupla pré-história: *primeiro*, na alma das tribos e castas dominantes. Quem tem o poder de retribuir o bem com o bem, o mal com o mal, e realmente o faz, ou seja, quem é grato e vingativo, é chamado de bom; quem não tem poder e não pode retribuir é tido por mau. Sendo bom, o homem pertence aos "bons", a uma comunidade que tem sentimento comunal, pois os indivíduos se acham entrelaçados mediante o sentido da retribuição. Sendo mau, o homem pertence aos "maus", a um bando de homens submissos e impotentes que não têm sentimento comunitário. Os bons são uma casta; os maus, uma massa como o pó. Durante algum tempo, bom e mau equivalem a nobre e baixo, senhor e escravo. Mas o inimigo não é considerado mau: ele pode retribuir. Em Homero, tanto os troianos como os gregos são bons. Não aquele que nos causa dano, mas aquele desprezível, é tido por mau. Na comunidade dos bons o bem é herdado: é impossível que um mau cresça em terreno tão bom. Apesar disso, se um dos bons faz algo que seja indigno dos bons, recorre-se a expedientes; por exemplo, atribui-se a culpa a um deus: diz-se que ele golpeou o bom com a cegueira e a loucura. — *Depois*, na alma dos oprimidos, dos impotentes. Qualquer *outro* homem é considerado hostil, inescrupuloso, explorador, cruel, astuto, seja ele nobre ou baixo. "Mau" é a palavra que caracteriza o homem e mesmo todo ser vivo que se suponha existir, um deus, por exemplo; humano, divino significam o mesmo que diabólico, mau. Os signos da bondade, da solicitude, da compaixão são vistos medrosamente como perfídia, prelúdio de um desfecho terrível, entorpecimento e embuste, como maldade refinada, em suma. Com tal mentalidade no indivíduo, dificilmente pode surgir uma comunidade, no máximo a sua forma mais rude: de modo que em toda a parte onde predomina essa concepção de bem e mal o declínio dos indivíduos, de suas tribos e raças está próximo. — Nossa moralidade atual cresceu no solo das tribos e castas *dominantes*.

46. *Compadecer, mais forte que padecer*.[34] — Existem casos em que o compadecer é mais forte do que o próprio padecer. Quando um de nossos amigos é culpado de algo vergonhoso, por exemplo, sentimos uma dor maior do que quando nós mesmos o somos. Pois acreditamos mais do que ele na pureza de seu caráter: então o amor que temos a ele, provavelmente devido a essa crença, é mais forte do que seu amor a si mesmo. Embora seu egoísmo realmente sofra com isso mais do que o nosso, na medida em que ele deve suportar mais as conseqüências ruins de sua falta, o que há em nós de altruísta — palavra que nunca deve ser entendida rigorosamente, mas apenas como facilitadora da expressão — é mais afetado por sua culpa do que o que há nele de altruísta.

47. *Hipocondria*. — Existem homens que se tornam hipocondríacos por empatia e preocupação com outra pessoa; a espécie de compaixão que daí nasce não é outra coisa que uma doença. De modo que há também uma hipocondria cristã, que ataca as pessoas solitárias e movidas pela religião, que continuamente têm diante dos olhos a paixão e a morte de Cristo.

48. *Economia da bondade*. — A bondade e o amor, as ervas e forças mais salutares no trato com seres humanos, são achados tão preciosos que bem desejaríamos que se procedesse o mais economicamente possível, na aplicação desses meios balsâmicos: mas isto é impossível. A economia da bondade é o sonho dos mais arrojados utopistas.

49. *Benevolência*. — Entre as coisas pequenas, mas bastante freqüentes, e por isso muito eficazes, às quais a ciência deve atentar mais do que às coisas grandes e raras, deve-se incluir também a benevolência; refiro-me às expressões de ânimo amigável nas relações, ao sorriso dos olhos, aos apertos de mão, à satisfação que habitualmente envolve quase toda ação humana. Não há professor, não há funcionário que não junte esse ingrediente àquilo que é seu dever; é a atividade contínua da humanidade, como que as ondas de sua luz, nas quais tudo cresce; sobretudo no círculo mais estreito, no interior da família, a vida só verdeja e floresce mediante essa benevolência. A boa índole, a amabilidade, a cortesia do coração são permanentes emanações do impulso altruísta, e contribuíram mais poderosamente para a cultura do que as expressões mais famosas do mesmo impulso, chamadas de compaixão, misericórdia e sacrifício. Mas costumamos menosprezá-las, e realmente: nelas não há muito de altruísta. A *soma* dessas doses mínimas é no entanto formidável, sua força total é das mais potentes. — De modo semelhante, no mundo se acha muito mais felicidade do que vêem os olhos turvos: isto é, se calculamos direito e não esquecemos todos os momentos de satisfação de que todo dia humano, mesmo na vida mais atormentada, é rico.

50. *O desejo de suscitar compaixão.* — La Rochefoucauld acerta no alvo quando, na passagem mais notável de seu auto-retrato (impresso pela primeira vez em 1658), previne contra a compaixão todos os que possuem razão, quando aconselha a deixá-la para as pessoas do povo, que necessitam das paixões (não sendo guiadas pela razão) para chegarem ao ponto de ajudar os que sofrem e de intervir energicamente em caso de infortúnio; enquanto a compaixão, no seu julgamento (e no de Platão), enfraquece a alma. Deveríamos, sem dúvida, *manifestar* compaixão, mas guardarmo-nos de tê-la: pois, sendo os infelizes tão *tolos*, demonstrar compaixão é para eles o maior bem do mundo. — Talvez possamos alertar mais ainda contra a compaixão, se entendermos tal necessidade dos infelizes não exatamente como tolice e deficiência intelectual, como uma espécie de perturbação mental que a infelicidade ocasiona (assim parece entendê-la La Rochefoucauld), mas como algo totalmente diverso e mais digno de reflexão. Observemos as crianças que choram e gritam *a fim* de inspirar compaixão, e por isso aguardam o momento em que seu estado pode ser visto; tenhamos contato com doentes e pessoas mentalmente afligidas, e perguntemos a nós mesmos se os eloqüentes gemidos e queixumes, se a ostentação da infelicidade não tem o objetivo, no fundo, de *causar dor* nos espectadores: a compaixão que eles então expressam é um consolo para os fracos e sofredores, na medida em que estes percebem ter ao menos *um poder ainda*, apesar de toda a sua fraqueza: *o poder de causar dor*. O infeliz obtém uma espécie de prazer com o sentimento de superioridade que a demonstração de compaixão lhe traz à consciência; sua imaginação se exalta, ele é ainda importante o suficiente para causar dores ao mundo. De modo que a sede de compaixão é uma sede de gozo de si mesmo, e isso à custa do próximo; ela mostra o homem na total desconsideração de seu querido Eu, não exatamente em sua "tolice", como quer

La Rochefoucauld. — Na conversa em sociedade, a maioria das perguntas é feita e a maioria das respostas é dada com o objetivo de causar um pequeno mal ao interlocutor; por isso tantos têm sede de sociedade: ela lhes dá o sentimento de sua força. Nessas doses incontáveis, mas muito pequenas, em que a maldade se faz valer, ela é um poderoso estimulante da vida: assim como a benevolência, que, de igual forma disseminada no mundo dos homens, é um remédio sempre disponível. — Mas haverá muitos indivíduos honestos que admitam ser prazeroso causar dor? que não raro nos distraímos — nos distraímos bem — criando desgosto para outros homens, ao menos em pensamento, e disparando contra eles os grãozinhos de chumbo da pequena maldade? A maioria é desonesta demais, e alguns são bons demais, para saber algo sobre esse *pudendum* [parte vergonhosa]; portanto, eles sempre negarão que Prosper Mérimée esteja certo ao dizer: *Sachez aussi qu'il n'y a rien de plus commun que de faire le mal pour le plaisir de le faire* [Saibam também que não há nada mais comum do que fazer o mal pelo prazer de fazê-lo].[35]

51. *Como o parecer vira ser*. — Mesmo na dor mais profunda o ator não pode deixar de pensar na impressão produzida por sua pessoa e por todo o efeito cênico, até no enterro de seu filho, por exemplo: ele chorará por sua própria dor e as manifestações dela, como sua própria platéia. O hipócrita que representa sempre o mesmo papel deixa enfim de ser hipócrita; por exemplo, padres que quando jovens costumam ser hipócritas, consciente ou inconscientemente, tornam-se enfim naturais e são, sem nenhuma afetação, padres realmente; ou, se o pai não vai tão longe, talvez então o filho, aproveitando os passos do pai, venha a lhe herdar o costume. Se alguém quer *parecer* algo, por muito tempo e obstinadamente, afinal lhe será difícil *ser* outra coisa. A profissão de quase todas as pessoas, mesmo a do artista, começa com hipocrisia, com uma imitação do exterior, com uma cópia daquilo que produz efeito. Aquele que sempre usa a máscara do rosto amável terá enfim poder sobre os ânimos benévolos, sem os quais não pode ser obtida a expressão da amabilidade — e estes por fim adquirem poder sobre ele, ele *é* benévolo.

52. *A marca da honestidade no embuste.* — Em todos os grandes embusteiros é digno de nota um fato a que devem seu poder. No próprio ato do embuste, com todos os preparativos, o tom comovedor da voz, da expressão, dos gestos, em meio ao cenário de efeitos, são tomados da *crença em si mesmos*: é ela que fala de modo miraculoso e convincente aos que estão à sua volta. Os fundadores de religiões se distinguem desses grandes embusteiros por não saírem desse estado de auto-ilusão: ou muito raramente têm os instantes claros em que a dúvida os domina; em geral se consolam, atribuindo esses momentos de clareza ao adversário maligno. É preciso que haja o engano de si mesmo, para estes e aqueles produzirem um grande *efeito*. Pois os homens crêem na verdade daquilo que visivelmente é objeto de uma forte crença.

53. *Pretensos graus da verdade.* — Um dos mais freqüentes erros de raciocínio é este: se alguém é verdadeiro e sincero conosco, então ele diz a verdade. Assim a criança acredita nos julgamentos de seus pais, o cristão nas afirmações dos fundadores da Igreja. De igual maneira, não se quer admitir que tudo o que os homens defenderam com o sacrifício da felicidade e da vida, em séculos passados, eram apenas erros: talvez se diga que eram estágios da verdade. Mas no fundo as pessoas acham que, se alguém acreditou honestamente em algo e lutou e morreu por sua crença, seria bastante *injusto* se apenas um erro o tivesse animado. Tal acontecimento parece contradizer a justiça eterna: eis por que o coração dos homens sensíveis sempre decreta, em oposição a sua cabeça, que entre as ações morais e as percepções intelectuais deve necessariamente existir uma ligação. Infelizmente não é assim; pois não há justiça eterna.

54. *A mentira.* — Por que, na vida cotidiana, os homens normalmente dizem a verdade? — Não porque um deus tenha proibido a mentira, certamente. Mas, em primeiro lugar, porque é mais cômodo; pois a mentira exige invenção, dissimulação e memória. (Eis por que, segundo Swift, quem conta uma mentira raramente nota o fardo que assume; pois para sustentar uma mentira ele tem que inventar outras vinte.) Depois, porque é vantajoso, em circunstâncias simples, falar diretamente "quero isto, fiz isto" e coisas assim; ou seja, porque a via da imposição e da autoridade é mais segura que a da astúcia. — Mas se uma criança foi educada em circunstâncias domésticas complicadas, então manipula a mentira naturalmente, e involuntariamente sempre diz o que corresponde a seu interesse; um sentido para a verdade, uma aversão à mentira lhe é estranha e inacessível, e ela mente com toda a inocência.

55. *Suspeitar da moral por causa da fé.* — Nenhum poder se impõe, se tiver apenas hipócritas como representantes; por mais elementos "mundanos" que possua a Igreja católica, sua força está naquelas naturezas sacerdotais, ainda hoje numerosas, que tornam a vida difícil e profunda para si mesmas, e nas quais o olhar e o corpo consumido testemunham vigílias, jejuns, orações candentes, e talvez até flagelações. Tais naturezas abalam e amedrontam as pessoas: como? e se fosse *necessário* viver assim? — eis a terrível pergunta que a visão desses homens suscita. Ao propagar essa dúvida, eles erguem continuamente mais um pilar para seu poder; mesmo os que pensam livremente não ousam contrariar um ser assim abnegado, dizendo-lhe, com duro sentido de verdade: "Ó enganado, não engane!". — Apenas a diferença das concepções os separa dele, de modo algum uma diferença de bondade ou maldade; mas aquilo de que não gostamos, costumamos tratar com injustiça. Fala-se da astúcia e da arte infame dos jesuítas, mas não se vê a auto-superação a que todo jesuíta se obriga, e como o regime facilitado de vida, pregado nos manuais jesuíticos, deve beneficiar não a eles, mas aos leigos. E podemos indagar se, com tática e organização semelhante, nós, esclarecidos, seríamos instrumentos tão bons, tão dignos de admiração pela vitória sobre si mesmo, pela infatigabilidade, pela dedicação.

56. *Vitória do conhecimento sobre o mal radical.* — Para quem deseja se tornar sábio é bastante proveitoso haver concebido o ser humano, durante algum tempo, como basicamente mau e degenerado: esta concepção é falsa, tal como aquela oposta; mas ela predominou por épocas inteiras, e suas raízes se ramificaram em nós e em nosso mundo. Para nos compreendermos, temos de compreendê-la; mas para depois irmos mais alto, teremos que ir além dela. Então reconheceremos que não existem pecados no sentido metafísico; mas que também, no mesmo sentido, não existem virtudes; que todo esse âmbito das concepções morais está continuamente oscilando, que existem noções mais elevadas e mais profundas de bem e mal, moral e imoral. Quem não deseja das coisas senão conhecê-las, facilmente atinge a paz com sua alma e erra (ou peca, como diz o mundo) no máximo por ignorância, dificilmente por avidez. Esse alguém já não quer excomungar e extirpar os desejos; o único objetivo que o domina por completo, o de sempre *conhecer* tanto quanto for possível, o tornará frio e abrandará toda a selvageria de sua natureza. Além disso, terá se libertado de muitas concepções tormentosas, nada mais sentirá, ao ouvir palavras como castigo do inferno, pecaminosidade, incapacidade para o bem: nelas reconhecerá apenas as sombras evanescentes de considerações erradas sobre o mundo e a vida.

57. *A moral como autodivisão do homem.* — Um bom autor, que realmente põe o coração no seu tema, desejará que alguém apareça e o anule, que exponha o mesmo tema de modo mais claro e responda inteiramente as questões nele contidas. A jovem apaixonada pretende que a devota fidelidade de seu amor seja testada pela infidelidade do amado. O soldado deseja cair no campo de batalha por sua pátria vitoriosa: pois na vitória de sua pátria também triunfa seu maior desejo. A mãe dá ao filho aquilo de que ela mesma se priva, o sono, a melhor comida, às vezes sua saúde, sua fortuna. — Mas serão todos esses estados altruístas? Serão *milagres* esses atos da moral, já que, na expressão de Schopenhauer, são "impossíveis e contudo reais"? Não está claro que em todos esses casos o homem tem mais amor a *algo de si*, um pensamento, um anseio, um produto, do que a *algo diferente de si*, e que ele então *divide* seu ser, sacrificando uma parte à outra? Será algo *essencialmente* distinto, quando um homem cabeça-dura diz: "Prefiro ser morto com um tiro a me afastar um passo do caminho desse homem"? — *A inclinação por algo* (desejo, impulso, anseio) está presente em todos os casos mencionados; ceder a ela, com todas as conseqüências, não é, em todo caso, "altruísta". Na moral o homem não trata a si mesmo como *individuum*, mas como *dividuum*.[36]

58. *O que se pode prometer.* — Pode-se prometer atos, mas não sentimentos; pois estes são involuntários. Quem promete a alguém amá-lo sempre, ou sempre odiá-lo ou ser-lhe sempre fiel, promete algo que não está em seu poder; mas ele pode prometer aqueles atos que normalmente são conseqüência do amor, do ódio, da fidelidade, mas também podem nascer de outros motivos: pois caminhos e motivos diversos conduzem a um ato. A promessa de sempre amar alguém significa, portanto: enquanto eu te amar, demonstrarei com atos o meu amor; se eu não mais te amar, continuarei praticando esses mesmos atos, ainda que por outros motivos: de modo que na cabeça de nossos semelhantes permanece a ilusão de que o amor é imutável e sempre o mesmo. — Portanto, prometemos a continuidade da aparência do amor quando, sem cegar a nós mesmos, juramos a alguém amor eterno.

59. *Intelecto e moral.* — É preciso ter boa memória, para poder cumprir as promessas feitas. É preciso ter grande força de imaginação, para poder sentir compaixão. De tal modo a moral está unida à qualidade do intelecto.

60. *Querer se vingar e se vingar.* — Pensar em se vingar e fazê-lo significa ter um violento acesso febril, que no entanto passa; mas pensar em se vingar e não ter força nem coragem para fazê-lo é carregar consigo um sofrimento crônico, um envenenamento do corpo e da alma. A moral, que vê apenas as intenções, avalia igualmente os dois casos; habitualmente o primeiro é visto como o pior (pelas más conseqüências que o ato de vingança pode trazer). Ambas as avaliações têm vista curta.

61. *Saber esperar.* — Saber esperar é algo tão difícil, que os maiores escritores não desdenharam fazer disso um tema de suas criações. Assim fizeram Shakespeare em *Otelo* e Sófocles em *Ajax*; se este tivesse deixado o sentimento esfriar por um dia apenas, seu suicídio já não lhe teria parecido necessário, como indica a fala do oráculo; provavelmente teria zombado das terríveis insinuações da vaidade ferida e teria dito a si mesmo: quem, no meu lugar, já não tomou uma ovelha por um herói? será uma coisa tão monstruosa? Pelo contrário, é algo humano e comum; dessa forma Ajax poderia se consolar. A paixão não quer esperar; o trágico na vida de grandes homens está, freqüentemente, não no seu conflito com a época e a baixeza de seus semelhantes, mas na sua incapacidade de adiar por um ou dois anos a sua obra; eles não sabem esperar. — Em todos os duelos, os amigos que dão conselhos devem verificar apenas uma coisa: se as pessoas envolvidas podem esperar; se este não for o caso, um duelo é razoável, pois cada um diz a si mesmo: "Ou eu continuo a viver, e então ele deve morrer imediatamente, ou o contrário". Em tal caso, esperar significaria sofrer por muito tempo ainda o horrendo martírio da honra ferida, diante de quem a feriu; o que pode constituir mais sofrimento do que o que vale a própria vida.

62. *Regalando-se na vingança.* — Homens grosseiros que se sentem ofendidos costumam ver o grau da ofensa como o mais alto possível, e relatam a sua causa em termos bastante exagerados, apenas para poder se regalar no sentimento de ódio e vingança despertado.

63. *Valor da diminuição.* — Não poucos, talvez a maioria dos homens, têm necessidade de rebaixar e diminuir na sua imaginação todos os homens que conhecem, para manter sua auto-estima e uma certa competência no agir. E, como as naturezas mesquinhas são em número superior, e é muito importante elas terem essa competência...

64. *O enfurecido.* — Diante de um homem que se enfurece conosco devemos tomar cuidado, como diante de alguém que já tenha atentado contra a nossa vida; pois o fato de ainda vivermos se deve à ausência do poder de matar; se os olhares bastassem, há muito estaríamos liquidados. É traço de uma cultura grosseira fazer calar alguém tornando visível a brutalidade, suscitando o medo. — Do mesmo modo, o olhar frio que os nobres têm para seus criados é resíduo daquela separação dos homens em castas, um traço de antigüidade grosseira; as mulheres, essas conservadoras do antigo, também conservaram mais fielmente essa *survival* [sobrevivência].

65. *Aonde pode levar a franqueza.* — Alguém tinha o mau hábito de se expressar com total franqueza sobre os motivos pelos quais agia, que eram tão bons ou ruins como os de todas as pessoas. Primeiro causou estranheza, depois suspeita, foi então afastado e proscrito, até que a justiça se lembrou de um ser tão abjeto, em ocasião em que normalmente não tinha olhos ou os fechava. A falta de discrição quanto ao segredo de todos e o irresponsável pendor de ver o que ninguém quer ver — a si mesmo — levaram-no à prisão e à morte prematura.

66. *Punível, jamais punido.* — Nosso crime em relação aos criminosos consiste em tratá-los como patifes.

67. *"Sancta simplicitas"*[37] *da virtude.* — Toda virtude tem privilégios: por exemplo, o de levar seu próprio feixezinho de lenha para a fogueira do condenado.

68. *Moralidade e sucesso.* — Não são apenas os espectadores de um ato que com freqüência medem o que nele é moral ou imoral conforme o seu êxito: não, o seu próprio autor faz isso. Pois os motivos e intenções raramente são bastante claros e simples, e às vezes a própria memória parece turvada pelo sucesso do ato, de modo que a pessoa atribui ao próprio ato motivos falsos ou trata motivos secundários como essenciais. É freqüente o sucesso dar a um ato o brilho honesto da boa consciência, e o fracasso lançar a sombra do remorso sobre uma ação digna de respeito. Daí resulta a conhecida prática do político que pensa: "Dêem-me apenas o sucesso: com ele terei a meu lado todas as almas honestas — e me tornarei honesto diante de mim mesmo". — De modo semelhante, o sucesso pode tomar o lugar do melhor argumento. Muitos homens cultos acham, ainda hoje, que a vitória do cristianismo sobre a filosofia grega seria uma prova da maior verdade do primeiro — embora nesse caso o mais grosseiro e violento tenha triunfado sobre o mais espiritual e delicado. Para ver onde se acha a verdade maior, basta notar que as ciências que nasciam retomaram ponto a ponto a filosofia de Epicuro, mas rejeitaram ponto a ponto o cristianismo.

69. *Amor e justiça.* — Por que superestimamos o amor em detrimento da justiça e dizemos dele as coisas mais belas, como se fosse algo muito superior a ela? Não será ele visivelmente mais estúpido? — Sem dúvida, mas justamente por isso mais agradável para todos. O amor é estúpido e possui uma abundante cornucópia; dela retira os dons que distribui a cada pessoa, ainda que ela não os mereça, nem sequer os agradeça. Ele é imparcial como a chuva, que, segundo a Bíblia e a experiência, molha até os ossos não apenas o injusto, mas ocasionalmente também o justo.

70. *Execuções.* — O que faz com que toda execução nos ofenda mais que um assassinato? É a frieza dos juízes, a penosa preparação, a percepção de que um homem é ali utilizado como um meio para amedrontar outros. Pois a culpa não é punida, mesmo que houvesse uma; esta se acha nos educadores, nos pais, no ambiente, em nós, não no assassino — refiro-me às circunstâncias determinantes.

71. *A esperança.* — Pandora trouxe o vaso[38] que continha os males e o abriu. Era o presente dos deuses aos homens, exteriormente um presente belo e sedutor, denominado "vaso da felicidade". E todos os males, seres vivos alados, escaparam voando: desde então vagueiam e prejudicam os homens dia e noite. Um único mal ainda não saíra do recipiente; então, seguindo a vontade de Zeus, Pandora repôs a tampa, e ele permaneceu dentro. O homem tem agora para sempre o vaso da felicidade, e pensa maravilhas do tesouro que nele possui; este se acha à sua disposição: ele o abre quando quer; pois não sabe que Pandora lhe trouxe o recipiente dos males, e para ele o mal que restou é o maior dos bens — é a esperança. — Zeus quis que os homens, por mais torturados que fossem pelos outros males, não rejeitassem a vida, mas continuassem a se deixar torturar. Para isso lhes deu a esperança: ela é na verdade o pior dos males, pois prolonga o suplício dos homens.

72. *O grau de inflamabilidade moral é desconhecido.* — Do fato de termos tido ou não certas visões ou impressões abaladoras, por exemplo, um pai injustamente condenado, morto ou martirizado, uma mulher infiel, um cruel ataque inimigo, depende que as nossas paixões atinjam a incandescência e dirijam ou não a nossa vida inteira. Ninguém sabe a que podem levar os acontecimentos, a compaixão, a indignação, ninguém conhece o seu grau de inflamabilidade. Pequenas circunstâncias miseráveis tornam miserável; geralmente não é a qualidade, mas a quantidade das vivências que determina o homem baixo ou elevado, no bem e no mal.

73. *O mártir contra a vontade.* — Em certo partido havia um homem que era covarde e medroso demais para contradizer seus camaradas: usavam-no para todo serviço, dele alcançavam tudo, porque temia a má opinião de seus companheiros mais do que a morte; era uma alma fraca e miserável. Eles perceberam isso e, devido às características mencionadas, dele fizeram um herói e até mesmo um mártir, por fim. Embora esse homem covarde sempre dissesse intimamente não, com os lábios falava sempre sim, mesmo no patíbulo, quando morreu pelas idéias de seu partido: pois a seu lado estava um de seus velhos companheiros, que o tiranizou de tal modo, com a palavra e o olhar, que ele sofreu a morte da maneira mais decorosa e desde então é festejado como mártir e grande caráter.

74. *Medida para todos os dias.* — Raramente se erra, quando se liga as ações extremas à vaidade, as medíocres ao costume e as mesquinhas ao medo.

75. *Mal-entendido acerca da virtude.* — Quem conheceu o vício sempre ligado ao prazer, como a pessoa que teve uma juventude ávida de prazeres, imagina que a virtude deve estar ligada ao desprazer. Mas quem foi muito atormentado por paixões e vícios anseia encontrar na virtude o sossego e a felicidade da alma. Daí ser possível que dois virtuosos não se entendam absolutamente.

76. *O asceta.* — O asceta faz da virtude uma necessidade.[39]

77. *A honra transferida da pessoa para a causa.* — Geralmente reverenciamos os atos de amor e de sacrifício em favor do próximo, onde quer que eles se mostrem. Com isso aumentamos a *apreciação das coisas* que dessa maneira são amadas, ou pelas quais se faz um sacrifício: embora elas talvez não tenham muito valor em si. Um exército bravo nos convence da causa pela qual luta.

78. *A ambição como substituta do sentimento moral.* — O sentimento moral não pode faltar nas naturezas que não têm ambição. Os ambiciosos se arrumam sem ele, quase com o mesmo sucesso. Por isso os filhos de famílias modestas, alheias à ambição, costumam transformar-se rapidamente em consumados cafajestes, quando perdem o sentimento moral.

79. *A vaidade enriquece.* — Como seria pobre o espírito humano sem a vaidade! Com ela, no entanto, ele semelha um empório repleto e sempre reabastecido, que atrai compradores de toda espécie: quase tudo eles podem achar e adquirir, desde que tragam a moeda válida (a admiração).

80. *O ancião e a morte.* — Deixando à parte as exigências da religião, é lícito perguntar: por que seria mais louvável para um homem envelhecido, que sente a diminuição de suas forças, esperar seu lento esgotamento e dissolução, em vez de, em clara consciência, fixar um termo para si? Neste caso o suicídio é uma ação perfeitamente natural e próxima, que, sendo uma vitória da razão, deveria suscitar respeito: e realmente o suscitava, naqueles tempos em que os grandes da filosofia grega e os mais valentes patriotas romanos costumavam recorrer ao suicídio. Já o anseio de prolongar dia a dia a existência, com angustiante assistência médica e as mais penosas condições de vida, sem força para se aproximar do verdadeiro fim, é algo muito menos respeitável. — As religiões são ricas em expedientes contra a necessidade do suicídio: com isto elas se insinuam junto aos que são enamorados da vida.

81. *Enganos do sofredor e do perpetrador.* — Quando um homem rico toma um bem ao pobre (por exemplo, um príncipe rouba a amada ao plebeu), produz-se um engano no pobre; ele acha que o outro deve ser um infame, para tomar-lhe o pouco que tem. Mas o outro não percebe tão profundamente o valor de *um* determinado bem, pois está acostumado a ter muitos; por isso não é capaz de se pôr no lugar do pobre, e de modo algum lhe faz tanta injustiça como ele crê. Cada um tem do outro uma idéia falsa. A injustiça do poderoso, o que mais causa revolta na história, de modo algum é tão grande como parece. Já o sentimento hereditário de ser alguém superior, com pretensões superiores, torna a pessoa fria e deixa a consciência tranqüila: nada percebemos de injusto, quando a diferença entre nós e outro ser é muito grande, e matamos um mosquito, por exemplo, sem qualquer remorso. De maneira que não há sinal de maldade em Xerxes (que mesmo os gregos descrevem como extraordinariamente nobre), quando ele toma a um pai seu filho e o faz esquartejar, porque havia manifestado desconfiança medrosa e agourenta quanto à expedição militar:[40] nesse caso o indivíduo é eliminado como um inseto irritante, ele se encontra baixo demais para que lhe seja permitido provocar, num conquistador do mundo, sentimentos que o aflijam por muito tempo. Sim, nenhum homem cruel é cruel *como* acredita o homem maltratado; a idéia da dor não é a mesma coisa que o sofrimento dela. O mesmo se dá com o juiz injusto, ou com o jornalista que engana a opinião pública mediante pequenas desonestidades. Em todos esses casos, causa e efeito estão envoltos em grupos de idéias e sentimentos muito distintos; enquanto inadvertidamente se pressupõe que o perpetrador e o sofredor pensam e sentem do mesmo modo, e conforme esse pressuposto se mede a culpa de um pela dor do outro.

82. *A pele da alma.* — Assim como os ossos, a carne, as entranhas e os vasos sangüíneos são envolvidos por uma pele que torna a visão do homem suportável, também as emoções e paixões da alma são revestidas de vaidade: ela é a pele da alma.

83. *O sono da virtude.* — Depois de dormir, a virtude acorda revigorada.

84. *A sutileza da vergonha.* — Os homens não se envergonham de pensar coisas sujas, mas ao imaginar que lhes são atribuídos esses pensamentos sujos.

85. *A maldade é rara.* — Os homens, em sua maioria, estão ocupados demais consigo mesmos para serem malvados.

86. *O fiel da balança.* — Elogiamos ou censuramos, a depender de qual nos dá mais oportunidade de fazer brilhar nosso julgamento.

87. *Lucas 18,14 corrigido.* — Quem se rebaixa quer ser exaltado.

88. *Impedimento do suicídio.* — Há um direito segundo o qual podemos tirar a vida de um homem, mas nenhum direito que nos permita lhe tirar a morte: isso é pura crueldade.

89. *Vaidade.* — Cuidamos da boa opinião das pessoas, primeiro porque ela nos é útil, depois porque queremos lhes dar contentamento (os filhos aos pais, os alunos aos mestres e as pessoas benévolas a todas as demais). Apenas quando alguém acha importante a boa opinião alheia sem considerar o proveito ou o desejo de contentar é que falamos de vaidade. Nesse caso o indivíduo quer contentar a si mesmo, mas à custa de seus semelhantes, induzindo-os a uma falsa opinião a seu respeito ou visando um grau de "boa opinião" em que esta vem a ser penosa para todos os demais (ao suscitar inveja). Normalmente a pessoa deseja, com a opinião alheia, atestar e reforçar para si a opinião que tem de si mesma; mas o poderoso hábito de autoridade — hábito tão velho quanto o ser humano — leva muitos a basear também na autoridade a fé em si mesmos, isto é, a recebê-la tão-só das mãos de outros: confiam mais no julgamento alheio do que no próprio. — O interesse em si mesmo, o desejo de dar satisfação a si mesmo atinge no vaidoso um tal nível, que ele induz os outros a uma avaliação falsa e muito elevada de si e depois se atém à autoridade dos outros: ou seja, introduz o erro e acredita nele. — Devemos então admitir que os vaidosos querem agradar não tanto aos demais quanto a si mesmos, e nisso chegam a negligenciar o proveito próprio; pois freqüentemente cuidam em despertar nos seus semelhantes um ânimo desfavorável, hostil, invejoso, e portanto prejudicial, apenas para ter satisfação consigo, fruição de si mesmos.

90. *Limites do amor ao próximo.* — Todo homem que declarou ser outro um estúpido, um mau companheiro, irrita-se quando afinal ele demonstra não sê-lo.

91. *Moralité larmoyante* [Moralidade lacrimosa].⁴¹ — Quanto prazer causa a moralidade! Pensemos apenas no mar de lágrimas agradáveis que já fluiu nos relatos de ações nobres e generosas! Esse encanto da vida desapareceria, se predominasse a crença na irresponsabilidade total.

92. *Origem da justiça.* — A justiça (eqüidade) tem origem entre homens de aproximadamente *o mesmo poder*, como Tucídides (no terrível diálogo entre os enviados atenienses e mélios)⁴² corretamente percebeu: quando não existe preponderância claramente reconhecível, e um combate resultaria em prejuízo inconseqüente para os dois lados, surge a idéia de se entender e de negociar as pretensões de cada lado: a *troca* é o caráter inicial da justiça. Cada um satisfaz o outro, ao receber aquilo que estima mais que o outro. Um dá ao outro o que ele quer, para tê-lo como seu a partir de então, e por sua vez recebe o desejado. A justiça é, portanto, retribuição e intercâmbio sob o pressuposto de um poderio mais ou menos igual: originalmente a vingança pertence ao domínio da justiça, ela é um intercâmbio. Do mesmo modo a gratidão. — A justiça remonta naturalmente ao ponto de vista de uma perspicaz autoconservação, isto é, ao egoísmo da reflexão que diz: "por que deveria eu prejudicar-me inutilmente e talvez não alcançar a minha meta?". — Isso quanto à *origem* da justiça. Dado que os homens, conforme o seu hábito intelectual, *esqueceram* a finalidade original das ações denominadas justas e eqüitativas, e especialmente porque durante milênios as crianças foram ensinadas a admirar e imitar essas ações, aos poucos formou-se a aparência de que uma ação justa é uma ação altruísta; mas nesta aparência se baseia a alta valorização que ela tem, a qual, como todas as valorizações, está sempre em desenvolvimento: pois algo altamente valorizado é buscado, imitado, multiplicado com sacrifício, e se desenvolve porque o valor do esforço e do zelo de cada indivíduo é também acrescido ao valor da coisa estimada. — Quão pouco moral pareceria o mundo sem o esquecimento! Um poeta poderia dizer que Deus instalou o esquecimento como guardião na soleira do templo da dignidade humana.

93. *Do direito do mais fraco.* — Quando alguém se sujeita sob condições a um outro mais poderoso, o caso de uma cidade sitiada, por exemplo, a condição que opõe a isso é poder destruir a si mesmo, incendiar a cidade, causando assim ao poderoso uma grande perda. Por isso ocorre uma espécie de *paridade*, com base na qual se podem estabelecer direitos. O inimigo enxerga vantagem na conservação. — Nesse sentido há também direitos entre escravos e senhores, isto é, exatamente na medida em que a posse do escravo é útil e importante para o seu senhor. O *direito* vai originalmente *até onde* um *parece* ao outro valioso, essencial, indispensável, invencível e assim por diante. Nisso o mais fraco também tem direitos, mas menores. Daí o famoso *unusquisque tantum juris habet, quantum potentia vale* [cada um tem tanta justiça quanto vale seu poder] (ou, mais precisamente: *quantum potentia valere creditur* [quanto se acredita valer seu poder]).[43]

94. *As três fases da moralidade até agora.* — O primeiro sinal de que o animal se tornou homem ocorre quando seus atos já não dizem respeito ao bem-estar momentâneo, mas àquele duradouro, ou seja, quando o homem busca a *utilidade*, a *adequação a um fim*: então surge pela primeira vez o livre domínio da razão. Um grau ainda mais elevado se alcança quando ele age conforme o princípio da *honra*, em virtude do qual ele se enquadra socialmente, sujeita-se a sentimentos comuns, o que o eleva bem acima da fase em que apenas a utilidade entendida pessoalmente o guiava: ele respeita e quer ser respeitado, ou seja: ele concebe o útil como dependente daquilo que pensa dos outros e daquilo que os outros pensam dele. Por fim, no mais alto grau da moralidade *até agora*, ele age conforme a *sua* medida das coisas e dos homens, ele próprio define para si e para outros o que é honroso e o que é útil; torna-se o legislador das opiniões, segundo a noção cada vez mais desenvolvida do útil e do honroso. O conhecimento o capacita a preferir o mais útil, isto é, a utilidade geral duradoura, à utilidade pessoal, o honroso reconhecimento de valor geral e duradouro àquele momentâneo: ele vive e age como indivíduo coletivo.

95. *Moral do indivíduo maduro*. — Até agora a impessoalidade foi vista como a verdadeira característica da ação moral; e demonstrou-se que no início foi a consideração pela utilidade geral que fez todas as ações impessoais serem louvadas e distinguidas. Mas não estaria iminente uma significativa transformação dessa maneira de ver, agora que cada vez mais se percebe que justamente na consideração mais *pessoal* possível se acha também a maior utilidade para o conjunto; de modo que precisamente o agir estritamente pessoal corresponde ao conceito atual de moralidade (entendida como utilidade geral)? Fazer de si uma *pessoa inteira*, e em tudo quanto se faz ter em vista o seu *bem supremo* — isso leva mais longe do que as agitações e ações compassivas em favor de outros. Sem dúvida, todos nós sofremos ainda com a pouquíssima atenção dada ao que é pessoal em nós; ele está mal desenvolvido — confessemos que dele subtraímos violentamente nosso interesse, sacrificando-o ao Estado, à ciência, ao carente de ajuda, como se fosse a parte ruim, que tivesse de ser sacrificada. E agora queremos trabalhar para o próximo, mas apenas enquanto vemos nesse trabalho nossa vantagem suprema, nem mais, nem menos. Trata-se apenas de saber o que se entende por *vantagem própria*; justamente o indivíduo imaturo, não desenvolvido e grosseiro entenderá isso no sentido mais grosseiro.

96. *Costumes e moral*. — Ser moral, morigerado, ético[44] significa prestar obediência a uma lei ou tradição há muito estabelecida. Se alguém se sujeita a ela com dificuldade ou com prazer é indiferente, bastando que o faça. "Bom" é chamado aquele que, após longa hereditariedade e quase por natureza, pratica facilmente e de bom grado o que é moral, conforme seja (por exemplo, exerce a vingança quando exercê-la faz parte do bom costume, como entre os antigos gregos). Ele é denominado bom porque é bom "para algo"; mas como, na mudança dos costumes, a benevolência, a compaixão e similares sempre foram sentidos como "bons para algo", como úteis, agora sobretudo o benevolente, o prestativo, é chamado de "bom". Mau é ser "não moral" (imoral), praticar o mau costume, ofender a tradição, seja ela racional ou estúpida; especialmente prejudicar o próximo foi visto nas leis morais das diferentes épocas como nocivo, de modo que hoje a palavra "mau" nos faz pensar sobretudo no dano voluntário ao próximo. "Egoísta" e "altruísta" não é a oposição fundamental que levou os homens à diferenciação entre moral e imoral, bom e mau, mas sim estar ligado a uma tradição, uma lei, ou desligar-se dela. Nisso não importa saber como *surgiu* a tradição, de todo modo ela o fez sem consideração pelo bem e o mal, ou por algum imperativo categórico imanente, mas antes de tudo a fim de conservar uma *comunidade*, um povo; cada hábito supersticioso, surgido a partir de um acaso erroneamente interpretado, determina uma tradição que é moral seguir; afastar-se dela é perigoso, ainda mais nocivo para a *comunidade* que para o indivíduo (pois a divindade pune a comunidade pelo sacrilégio e por toda violação de suas prerrogativas, e apenas ao fazê-lo pune também o indivíduo). Ora, toda tradição se torna mais respeitável à medida que fica mais distante a sua origem, quanto mais esquecida for esta; o respeito que lhe é tributado aumenta a cada geração, a tradição se torna enfim sagrada, despertando temor e veneração; assim, de todo modo a moral da piedade é muito mais antiga do que a que exige ações altruístas.

97. *O prazer no costume.* — Um importante gênero de prazer, e com isso importante fonte de moralidade, tem origem no hábito. Fazemos o habitual mais facilmente, melhor, e por isso de mais bom grado; sentimos prazer nisso, e sabemos por experiência que o habitual foi comprovado, e portanto é útil; um costume com o qual podemos viver demonstrou ser salutar, proveitoso, ao contrário de todas as novas tentativas não comprovadas. O costume é, assim, a união do útil ao agradável, e além disso não pede reflexão. Sempre que pode exercer coação, o homem a exerce para impor e introduzir seus *costumes*, pois para ele são comprovada sabedoria de vida. Do mesmo modo, uma comunidade de indivíduos força todos eles a adotar o mesmo costume. Eis a conclusão errada: porque nos sentimos bem com um costume, ou ao menos levamos nossa vida com ele, esse costume é necessário, pois vale como a *única* possibilidade na qual nos sentimos bem; o bem-estar da vida parece vir apenas dele. Essa concepção do habitual como condição da existência é aplicada aos mínimos detalhes do costume: como a percepção da causalidade real é muito escassa entre os povos e as culturas de nível pouco elevado, um medo supersticioso cuida para que todos sigam o mesmo caminho; e até quando o costume é difícil, duro, pesado, ele é conservado por sua utilidade aparentemente superior. Não sabem que o mesmo grau de bem-estar pode existir com outros costumes, e que mesmo graus superiores podem ser alcançados. Mas certamente notam que todos os costumes, inclusive os mais duros, tornam-se mais agradáveis e mais brandos com o tempo, e que também o mais severo modo de vida pode se tornar hábito e com isso um prazer.

98. *Prazer e instinto social.* — De suas relações com os outros homens o homem adquire um novo tipo de *prazer*, além das sensações prazerosas que retira de si mesmo; e com isso aumenta significativamente o âmbito das sensações de prazer. Nisso ele talvez tenha herdado muita coisa dos animais, que visivelmente sentem prazer ao brincar uns com os outros, sobretudo uma mãe com seus filhotes. E lembremos as relações sexuais, que fazem quase toda fêmea parecer interessante a todo macho e vice-versa, tendo em vista o prazer. Em geral, a sensação de prazer com base nas relações humanas torna o homem melhor; a alegria comum, o prazer desfrutado em conjunto a aumenta, dá segurança ao indivíduo, torna-o mais afável, dissolve a desconfiança e a inveja: pois ele se sente bem e vê que o mesmo sucede ao outro. As *manifestações de prazer semelhantes* despertam a fantasia da empatia, o sentimento de ser igual: o mesmo fazem os sofrimentos comuns, as mesmas tormentas, os mesmos perigos e inimigos. Com base nisso se constrói depois a mais antiga aliança: cujo sentido é defender-se e eliminar conjuntamente um desprazer ameaçador, em proveito de cada indivíduo. E assim o instinto social nasce do prazer.

99. *O que há de inocente nas chamadas más ações.* — Todas as "más" ações são motivadas pelo impulso de conservação ou, mais exatamente, pelo propósito individual de buscar o prazer e evitar o desprazer; são, assim, motivadas, mas não são más. "Causar dor em si" *não existe*, salvo no cérebro dos filósofos, e tampouco "causar prazer em si" (compaixão no sentido schopenhaueriano). Na condição *anterior* ao Estado, matamos o ser, homem ou macaco, que queira antes de nós apanhar uma fruta da árvore, quando temos fome e corremos para a árvore: como ainda hoje faríamos com um animal, ao andar por regiões inóspitas. — As más ações que atualmente mais nos indignam baseiam-se no erro de [imaginar] que o homem que as comete tem livre-arbítrio, ou seja, de que dependeria do seu *bel-prazer* não nos fazer esse mal. Esta crença no bel-prazer suscita o ódio, o desejo de vingança, a perfídia, toda a deterioração da fantasia, ao passo que nos irritamos muito menos com um animal, por considerá-lo irresponsável. Causar sofrimento não pelo impulso de conservação, mas por represália — é conseqüência de um juízo errado, e por isso também inocente. O indivíduo pode, na condição que precede o Estado, tratar outros seres de maneira dura e cruel, visando *intimidá-los*: para garantir sua existência, através de provas intimidantes de seu poder. Assim age o homem violento, o poderoso, o fundador original do Estado, que subjuga os mais fracos. Tem o direito de fazê-lo, como ainda hoje o Estado o possui; ou melhor: não há direito que possa impedir que o faça. Só então pode ser preparado o terreno para toda moralidade, quando um indivíduo maior ou um indivíduo coletivo, como a sociedade, o Estado, submete os indivíduos, retirando-os de seu isolamento e os reunindo em associação. A moralidade é antecedida pela *coerção*, e ela mesma é ainda por algum tempo coerção, à qual a pessoa se acomoda para evitar o desprazer. Depois ela se torna costume, mais tarde obediência livre, e finalmente quase instinto: então, como tudo o que há muito tempo é habitual e natural, acha-se ligada ao prazer — e se chama *virtude*.

100. Pudor. — O pudor existe em toda parte onde há um "mistério"; e este é um conceito religioso, que tinha grande alcance na época mais antiga da cultura humana. Em toda parte havia áreas circunscritas, às quais o direito divino negava o acesso, a não ser em determinadas condições: puramente espaciais, antes de tudo, na medida em que certos lugares não podiam ser pisados pelos pés dos não-iniciados, que também sentiam horror e medo na sua vizinhança. De maneiras diversas este sentimento foi transferido para outras relações, por exemplo, para as relações sexuais, que, sendo privilégio e ádito[45] da idade madura, deviam ser subtraídas à visão da juventude, para seu próprio bem: acreditava-se que muitos deuses cuidavam de proteger e manter sagradas essas relações, postados como sentinelas na câmara nupcial. (Em turco essa câmara se chama harém, "santuário", é designada pela mesma palavra que se usa para os átrios das mesquitas.) Assim também a realeza, como um centro que irradia poder e esplendor, é para o súdito um mistério cheio de pudor e de sigilo: ainda hoje podemos sentir muitos efeitos disso, em povos que não se incluem absolutamente entre os pudicos. De modo semelhante, todo o mundo dos estados interiores, isto que se chama "alma", é ainda hoje um mistério para os não-filósofos, depois de por um tempo infinito a considerarem digna de procedência divina e de relações divinas: ela é um ádito, portanto, e suscita pudor.

101. *Não julgueis*.[46] — Devemos ter o cuidado de não incorrer na censura injusta, ao refletir sobre épocas passadas. A injustiça da escravidão, a crueldade na sujeição de pessoas e povos não deve ser medida pelos nossos critérios. Pois naquele tempo o instinto de justiça não estava ainda desenvolvido. Quem pode censurar o genebrês Calvino por fazer queimar o doutor Serveto? Foi um ato coerente, que decorreu de suas convicções, e do mesmo modo a Inquisição tinha suas razões; sucede que as idéias dominantes eram erradas e tiveram uma conseqüência que nos parece dura, porque se tornaram estranhas para nós. E o que é o suplício de um homem, comparado aos eternos castigos do inferno para quase todos? Entretanto esta concepção dominou o mundo inteiro da época, sem que o seu horror muito maior prejudicasse essencialmente a concepção de um deus. Em nosso meio, também os sectários políticos são tratados de maneira dura e cruel, mas, tendo aprendido a crer na necessidade do Estado, não sentimos a crueldade tanto como no caso em que reprovamos as idéias. A crueldade com os animais, entre as crianças e os italianos, tem origem na incompreensão; devido aos interesses doutrinários da Igreja, os animais foram colocados bem abaixo dos homens. — Muitas coisas terríveis e desumanas na história, nas quais dificilmente se crê, são amenizadas pela consideração de que o sujeito que ordena e o que executa são pessoas diferentes: o primeiro não vê o fato, logo não tem a imaginação impressionada; o segundo obedece a um superior, não se sente responsável. Por falta de imaginação, os príncipes e chefes militares parecem cruéis e duros em sua maioria, e não o são. — *O egoísmo não é mau*, porque a idéia de "próximo" — a palavra é de origem cristã e não corresponde à verdade — é muito fraca em nós; e nos sentimos, em relação a ele, quase tão livres e irresponsáveis quanto em relação a pedras e plantas. Saber que o outro sofre é algo que se *aprende*, e que nunca pode ser aprendido inteiramente.

102. *"O homem sempre age bem"*. — Não acusamos a natureza de imoral quando ela nos envia uma tempestade e nos molha; por que chamamos de imoral o homem nocivo? Porque neste caso supomos uma vontade livre, operando arbitrariamente, e naquele uma necessidade. Mas tal diferenciação é um erro. Além disso, nem a ação propositadamente nociva é considerada sempre imoral; por exemplo, matamos um mosquito intencionalmente e sem hesitação, porque o seu zumbido nos desagrada; condenamos o criminoso intencionalmente e o fazemos sofrer, para proteger a nós e à sociedade. No primeiro caso é o indivíduo que, para conservar a si mesmo ou apenas evitar um desprazer, faz sofrer intencionalmente; no segundo é o Estado. Toda moral admite ações intencionalmente prejudiciais em caso de *legítima defesa*: isto é, quando se trata da *autoconservação*! Mas esses dois pontos de vista são *suficientes* para explicar todas as más ações que os homens praticam uns contra os outros: o indivíduo quer para si o prazer ou quer afastar o desprazer; a questão é sempre, em qualquer sentido, a autoconservação. Sócrates e Platão estão certos: o que quer que o homem faça, ele sempre faz o bem, isto é: o que lhe parece bom (útil) segundo o grau de seu intelecto, segundo a eventual medida de sua racionalidade.

103. *O que há de inocente na maldade.* — A maldade não tem por objetivo o sofrimento do outro em si, mas nosso próprio prazer, em forma de sentimento de vingança ou de uma mais forte excitação nervosa, por exemplo. Já um simples gracejo demonstra como é prazeroso exercitar nosso poder sobre o outro e chegar ao agradável sentimento da superioridade. Então o *imoral* consiste em *ter prazer a partir do desprazer alheio*? É diabólica a satisfação com o mal alheio,[47] como quer Schopenhauer? Na natureza obtemos prazer quebrando galhos, removendo pedras, lutando com animais selvagens, para nos tornarmos conscientes de nossa força. *Saber* que outro sofre por nosso intermédio tornaria imoral a mesma coisa pela qual normalmente não nos sentimos responsáveis? Se não o soubéssemos, contudo, também não teríamos prazer em nossa própria superioridade, que justamente só se pode *dar a conhecer* no sofrimento alheio, no gracejo, por exemplo. Em si mesmo o prazer não é bom nem mau; de onde viria a determinação de que, para ter prazer consigo, não se deveria suscitar o desprazer alheio? Unicamente do ponto de vista da utilidade, ou seja, considerando as *conseqüências*, o desprazer eventual, quando o prejudicado ou o Estado que o representa leva a esperar punição e vingança: apenas isso, originalmente, pode ter fornecido o fundamento para negar a si mesmo tais ações. — Assim como a maldade não visa ao sofrimento alheio em si, como já disse, também a compaixão não tem por objetivo o prazer do outro. Pois ela abriga no mínimo dois (talvez muitos mais) elementos de prazer pessoal, e é, desta forma, fruição de si mesma: primeiro como prazer da emoção, a espécie de compaixão que há na tragédia, e depois, quando impele à ação, como prazer da satisfação no exercício do poder. Além disso, se uma pessoa que sofre nos é bastante próxima, livramos a nós mesmos de um sofrimento, ao realizar atos compassivos. — À parte alguns filósofos, os homens sempre situaram a compaixão num nível baixo, na hierarquia dos sentimentos morais; e com razão.

104. *Legítima defesa*. — Se admitimos a legítima defesa como moral, devemos também admitir todas as expressões do chamado egoísmo imoral: causamos a dor, roubamos ou matamos a fim de nos conservar ou nos proteger, a fim de prevenir uma desgraça pessoal; mentimos, quando a astúcia e o fingimento são meios corretos para a autoconservação. *Causar dano intencionalmente*, quando está em jogo nossa existência ou segurança (conservação de nosso bem-estar), é admitido como sendo moral; desse ponto de vista o próprio Estado causa danos, ao decretar penas. Na causação involuntária de danos não pode, naturalmente, haver o imoral; nela governa o acaso. Há então uma espécie de dano intencional em que *não* esteja em jogo a nossa existência, a conservação de nosso bem-estar? Existe um comportamento danoso por pura *maldade*, na crueldade, por exemplo? Quando não sabemos o mal que faz uma ação, ela não é uma ação maldosa; a criança não é maligna nem perversa com os animais: ela os investiga e os destrói como um brinquedo. Mas alguma vez se *sabe* inteiramente quanto mal faz uma ação a um outro ser? Até onde se estende o nosso sistema nervoso, nós nos protegemos contra a dor: se o seu alcance fosse maior, isto é, se incluísse nossos semelhantes, não faríamos mal a ninguém (a não ser nos casos em que o fazemos a nós mesmos, isto é, quando nos cortamos para nos curar, nos esforçamos e nos fatigamos em prol da saúde). Nós *inferimos* por analogia que uma coisa faz mal a alguém, e por meio da lembrança e da força da imaginação podemos nós mesmos passar mal com aquilo. Mas que diferença persiste entre uma dor de dente e a dor (compaixão) provocada pela visão de uma dor de dente? Ou seja: no comportamento danoso por aquilo que se chama maldade, o *grau* da dor produzida é para nós desconhecido, em todo caso; mas na medida em que há um *prazer* na ação (sentimento do próprio poder, da intensidade da própria excitação), a ação ocorre para conservar o bem-estar do indivíduo, sob um ponto de vista similar ao da legítima defesa, ao da mentira por necessidade. Sem prazer não há vida; a luta pelo prazer é a luta pela vida. Se o indivíduo trava essa luta de maneira que o chamem de *bom* ou de maneira que o chamem de *mau*, é algo determinado pela medida e a natureza de seu intelecto.

105. *A justiça premiadora*. — Quem compreendeu plenamente a teoria da completa irresponsabilidade já não pode incluir a chamada justiça punitiva e premiadora no conceito de justiça; se esta consiste em dar a cada um o que é seu. Pois aquele que é punido não merece a punição: é apenas usado como meio para desencorajar futuramente certas ações; também aquele que é premiado não merece o prêmio: ele não podia agir de outro modo. O prêmio tem apenas o sentido, portanto, de um encorajamento para ele e para outros, a fim de proporcionar um motivo para ações futuras; o louvor é dirigido àquele que corre na pista, não àquele que atingiu a meta. Nem o castigo nem o prêmio são algo devido a uma pessoa como *seu*; são-lhe dados por razões de utilidade, sem que ela possa reivindicá-los justamente. Deve-se dizer que "o sábio não premia porque se agiu bem", tal como já se disse que "o sábio não castiga porque se agiu mal, mas para que não se aja mal". Se desaparecessem o castigo e o prêmio, acabariam os motivos mais fortes que nos afastam de certas ações e nos impelem a outras; o interesse dos homens requer a permanência dos dois; e, na medida em que o castigo e o prêmio, a censura e o louvor afetam sensivelmente a vaidade, o mesmo interesse requer também a permanência da vaidade.

106. *Junto à cachoeira.* — À vista de uma cachoeira, acreditamos ver nas inúmeras curvas, serpenteios, quebras de ondas, o arbítrio da vontade e do gosto; mas tudo é necessário, cada movimento é matematicamente calculável. Assim também com as ações humanas; deveríamos poder calcular previamente cada ação isolada, se fôssemos oniscientes, e do mesmo modo cada avanço do conhecimento, cada erro, cada maldade. É certo que mesmo aquele que age se prende à ilusão do livre-arbítrio; se num instante a roda do mundo parasse, e existisse uma inteligência onisciente, calculadora, a fim de aproveitar essa pausa, ela poderia relatar o futuro de cada ser até as mais remotas eras vindouras, indicando cada trilha por onde essa roda passará. A ilusão acerca de si mesmo daquele que age, a suposição do livre-arbítrio, é parte desse mecanismo que seria calculado.

107. *Irresponsabilidade e inocência.* — A total irresponsabilidade do homem por seus atos e seu ser é a gota mais amarga que o homem do conhecimento tem de engolir, se estava habituado a ver na responsabilidade e no dever a carta de nobreza de sua humanidade. Todas as suas avaliações, distinções, aversões, são assim desvalorizadas e se tornam falsas: seu sentimento mais profundo, que ele dispensava ao sofredor, ao herói, baseava-se num erro; ele já não pode louvar nem censurar, pois é absurdo louvar e censurar a natureza e a necessidade. Tal como ele ama a boa obra de arte, mas não a elogia, pois ela não pode senão ser ela mesma, tal como ele se coloca diante das plantas, deve se colocar diante dos atos humanos e de seus próprios atos. Neles pode admirar a força, a beleza, a plenitude, mas não lhes pode achar nenhum mérito: o processo químico e a luta dos elementos, a dor do doente que anseia pela cura, possuem tanto mérito quanto os embates psíquicos e as crises em que somos arrastados para lá e para cá por motivos diversos, até enfim nos decidirmos pelo mais forte — como se diz (na verdade, até o motivo mais forte decidir acerca de nós). Mas todos esses motivos, por mais elevados que sejam os nomes que lhes damos, brotaram das mesmas raízes que acreditamos conter os maus venenos; entre as boas e as más ações não há uma diferença de espécie, mas de grau, quando muito. Boas ações são más ações sublimadas; más ações são boas ações embrutecidas, bestificadas. O desejo único de autofruição do indivíduo (junto com o medo de perdê-la) satisfaz-se em todas as circunstâncias, aja o ser humano como possa, isto é, como tenha de agir: em atos de vaidade, de vingança, prazer, utilidade, maldade, astúcia, ou em atos de sacrifício, de compaixão, de conhecimento. Os graus da capacidade de julgamento decidem o rumo em que alguém é levado por esse desejo; toda sociedade, todo indivíduo guarda continuamente uma hierarquia de bens, segundo a qual determina suas ações e julga as dos outros. Mas ela muda continuamente, muitas ações são chamadas de más e são apenas estúpidas, porque o grau de inteligência que se decidiu por elas era bastante baixo. E em determinado sentido *todas* as ações são ainda estúpidas, pois o mais elevado grau de inteligência humana que pode hoje ser atingido será certamente ultrapassado: então *todos* os nossos atos e juízos parecerão, em retrospecto, tão limitados e precipitados como nos parecem hoje os atos e juízos de povos selvagens e atrasados. — Compreender tudo isso pode causar dores profundas, mas depois há um consolo: elas são as dores do parto. A borboleta quer romper seu casulo, ela o golpeia, ela o despedaça: então é cegada e confundida pela luz desconhecida, pelo reino da liberdade. Nos homens que são *capazes* dessa tristeza — poucos o serão! — será feita a primeira experiência para saber se a humanidade pode *se transformar, de moral em sábia*. O sol de um novo evangelho lança seu primeiro raio sobre o mais alto cume, na alma desses indivíduos: aí se acumulam as névoas, mais densas do que nunca, e lado a lado se encontram o brilho mais claro e a penumbra mais turva. Tudo é necessidade — assim diz o novo conhecimento: e ele próprio é necessidade. Tudo é inocência: e o conhecimento é a via para compreender essa inocência. Se o prazer, o egoísmo, a vaidade *são necessários* para a geração dos fenômenos morais e do seu rebento mais elevado, o sentido para a verdade e justiça no conhecimento; se o erro e o descaminho da imaginação foram o único meio pelo qual a humanidade pôde gradualmente se erguer até esse grau de autoiluminação e libertação — quem poderia desprezar esses meios? Quem poderia ficar triste, percebendo a meta a que levam esses caminhos? Tudo no âmbito da moral veio a ser, é mutável, oscilante, tudo está em fluxo, é verdade: — mas *tudo se acha também numa corrente*: em direção a uma meta. Pode continuar a nos reger o hábito que herdamos de avaliar, amar, odiar erradamente, mas sob o influxo do conhecimento crescente ele se tornará mais fraco: um novo hábito, o de compreender, não amar, não odiar, abranger com o olhar, pouco a pouco se implanta em nós no mesmo chão, e daqui a milhares de anos talvez seja poderoso o bastante para dar à humanidade a força de criar o homem sábio e inocente (consciente da inocência), da mesma forma regular como hoje produz o homem tolo, injusto, consciente da culpa[48] — *que é, não o oposto, mas o precursor necessário daquele.*

Capítulo terceiro
A VIDA RELIGIOSA

108. *A dupla luta contra o infortúnio.* — Quando um infortúnio nos atinge, podemos superá-lo de dois modos: eliminando a sua causa ou modificando o efeito que produz em nossa sensibilidade; ou seja, reinterpretando o infortúnio como um bem, cuja utilidade talvez se torne visível depois. A religião e a arte (e também a filosofia metafísica) se esforçam em produzir a mudança da sensibilidade, em parte alterando nosso juízo sobre os acontecimentos (por exemplo, com ajuda da frase: "Deus castiga a quem ama"), em parte despertando prazer na dor, na emoção mesma (ponto de partida da arte trágica). Quanto mais alguém se inclina a reinterpretar e ajustar, tanto menos pode perceber e suprimir as causas do infortúnio; o alívio e a anestesia momentâneos, tal como se faz na dor de dente, por exemplo, bastam-lhe mesmo nos sofrimentos mais graves. Quanto mais diminuir o império das religiões e de todas as artes da narcose, tanto mais os homens se preocuparão em realmente eliminar os males: o que, sem dúvida, é mau para os poetas trágicos — pois há cada vez menos matéria para a tragédia, já que o reino do destino inexorável e invencível cada vez mais se estreita, — mas é ainda pior para os sacerdotes: pois até hoje eles viveram da anestesia dos males humanos.

109. *Sofrimento é conhecimento.* — Como gostaríamos de trocar essas falsas afirmações dos sacerdotes, segundo as quais existe um Deus que de nós exige o bem, que é guardião e testemunha de toda ação, todo momento, todo pensamento, que nos ama, que em toda desgraça deseja o melhor para nós — como gostaríamos de trocá-las por verdades que fossem tão salutares, calmantes e benfazejas como esses erros! Mas tais verdades não existem; a filosofia pode lhes opor, no máximo, aparências metafísicas (também inverdades, no fundo). A tragédia é que não podemos acreditar nesses dogmas da religião e da metafísica, quando trazemos no coração e na cabeça o rigoroso método da verdade, e que por outro lado, graças à evolução da humanidade, tornamo-nos tão delicados, suscetíveis e sofredores a ponto de precisar de meios de cura e de consolo da mais alta espécie; daí surge o perigo de o homem se esvair em sangue ao conhecer a verdade. Byron exprimiu isso em versos imortais:

> *Sorrow is knowledge: they who know the most*
> *Must mourn the deepest o'er the fatal truth,*
> *The tree of knowledge is not that of life.*
> [Sofrimento é conhecimento: aqueles que mais sabem
> Devem prantear mais profundamente a verdade fatal,
> A árvore do conhecimento não é a da vida.]⁴⁹

Para tais preocupações não há melhor remédio que evocar a solene frivolidade de Horácio, ao menos para os piores instantes e eclipses da alma, e juntamente com ele dizer para si:

> *quid aeternis minorem*
> *consiliis animum fatigas?*
> *cur non sub alta platano vel hac*
> *pinu jacentes —*
> [por que afadigas a alma pequena
> com desígnios eternos?
> por que não deitar sob o alto plátano
> ou sob este pinheiro...]⁵⁰

Mas certamente a frivolidade ou a melancolia, em qualquer grau, é melhor do que uma meia-volta ou deserção romântica, do que uma aproximação ao cristianismo sob qualquer forma: pois no presente estado do conhecimento já não é possível nos relacionarmos com ele sem manchar irremediavelmente nossa *consciência intelectual* e abandoná-la diante de nós mesmos e dos outros. Essas dores podem ser bastante penosas: mas sem dores não é possível tornar-se guia e educador da humanidade; e coitado daquele que quisesse sê-lo e não mais tivesse essa pura consciência!

110. *A verdade na religião.* — Durante o Iluminismo não se fez justiça à importância da religião, não há como duvidar disso: mas igualmente é certo que na reação subseqüente ao Iluminismo se foi além da justiça, ao tratar as religiões com amor e até com paixão, e ao lhes atribuir uma profunda, mesmo a mais profunda, compreensão do mundo; compreensão que a ciência teria apenas que despir do hábito dogmático, para de forma mística possuir a "verdade". As religiões devem, portanto — esta era a afirmação de todos os adversários do Iluminismo —, expressar *sensu allegorico* [em sentido alegórico], em consideração à inteligência da massa, aquela antiqüíssima sabedoria que é a sabedoria em si, na medida em que toda verdadeira ciência dos tempos modernos nos teria sempre levado em direção a ela, em vez de para longe dela: de modo que entre os sábios mais antigos e todos os que os sucederam reinaria harmonia e mesmo identidade de opiniões, e o progresso dos conhecimentos — querendo-se falar de um progresso — não diria respeito à essência, mas à comunicação dela. Tal concepção da religião e da ciência é inteiramente errada; e ninguém ousaria ser partidário dela hoje em dia, se a eloqüência de Schopenhauer não a tivesse tomado sob sua guarda: essa eloqüência altissonante, mas que somente após uma geração alcançou seus ouvintes. Do mesmo modo que da interpretação moral-religiosa que Schopenhauer fez dos homens e do mundo podemos tirar muitíssimo para a compreensão do cristianismo e de outras religiões, é certo também que ele se enganou quanto ao *valor da religião para o conhecimento.* Nisso foi apenas um discípulo extremamente dócil dos mestres da ciência de seu tempo, que estimavam o Romantismo e haviam abjurado o espírito das Luzes; se tivesse nascido em nosso tempo, não poderia falar do *sensus allegoricus* da religião; prestaria antes homenagens à verdade, como costumava fazer, com estas palavras: *até hoje nenhuma religião, seja direta ou indiretamente, como dogma ou como alegoria, conteve uma só verdade*. Pois foi do medo e da necessidade que cada uma delas nasceu, e por desvios da razão insinuou-se na existência; um dia, talvez, estando em perigo por causa da ciência, introduziu mentirosamente em seu sistema uma doutrina filosófica qualquer, de modo que mais tarde ela fosse ali encontrada: mas esse é um truque teológico, do tempo em que uma religião já duvida de si mesma. Esses artifícios da teologia, que de fato foram praticados muito cedo no cristianismo, religião de uma época erudita e impregnada de filosofia, conduziram à superstição do *sensus allegoricus*; mais ainda, porém, o hábito de os filósofos (especialmente os místicos, os filósofos poetizantes e os artistas filosofantes) tratarem todos os sentimentos que encontravam *em si mesmos* como essência fundamental do homem, permitindo a seus sentimentos religiosos terem uma influência significativa na estrutura intelectual de seus sistemas. Como os filósofos muitas vezes filosofaram sob a influência da tradição religiosa ou, no mínimo, sob o poder antigo e hereditário daquela "necessidade metafísica", chegaram a teorias que de fato eram bem semelhantes às teorias religiosas judaicas, cristãs ou indianas — semelhantes tal como os filhos costumam semelhar as mães, exceto que nesse caso os pais não tinham ciência da maternidade, como às vezes acontece —, mas, na inocência de sua admiração, inventaram fábulas a respeito da semelhança de família entre as religiões e a ciência. Na realidade, entre a religião e a verdadeira ciência não existe parentesco, nem amizade ou inimizade: elas habitam planetas diversos. Toda filosofia que deixa brilhar, na escuridão de suas últimas perspectivas, uma cauda de cometa religiosa, torna suspeito aquilo que apresenta como ciência: tudo é, presumivelmente, também religião, ainda que sob os enfeites da ciência. De resto, se todos os povos concordassem acerca de determinadas coisas religiosas, por exemplo, acerca da existência de um deus (o que não sucede neste ponto particular, diga-se de passagem), isso seria apenas um *argumento contrário* às coisas afirmadas, por exemplo, a existência de um deus: o *consensus gentium* [consenso entre os povos] e mesmo *hominum* [entre os homens] só pode justamente ser tido como uma tolice. Não existe absolutamente um *consensus omnium sapientium* [consenso de todos os sábios] em relação a uma coisa sequer, exceto aquilo de que falam os versos de Goethe:

> *Alle die Weisesten aller der Zeiten*
> *Lächeln und winken und stimmen mit ein:*
> *Töricht, auf Bessrung der Toren zu harren!*
> *Kinder der Klugheit, o habet die Narren*
> *Eben zum Narren auch, wie sichs gehört!*
> [Os mais sábios de todos os tempos
> Sorriem, acenam e estão de acordo:
> É tolice esperar a melhora dos tolos!
> Filhos da sabedoria, façam tolos
> Dos tolos, como deve ser!][51]

Dito sem verso nem rima, e aplicado a nosso caso: o *consensus sapientium* consiste em que o *consensus gentium* é uma tolice.

111. *Origem do culto religioso*. — Se remontarmos aos tempos em que a vida religiosa florescia com toda a força, acharemos uma convicção fundamental que já não partilhamos, e devido à qual vemos fechadas definitivamente para nós as portas da vida religiosa: tal convicção diz respeito à natureza e à relação com ela. Naqueles tempos nada se sabia sobre as leis da natureza; seja na terra, seja no céu, *nada* tinha que suceder; uma estação, o sol, a chuva podiam vir ou faltar. Não havia qualquer noção de causalidade *natural*. Quando se remava, não era o remo que movia o barco; remar era apenas uma cerimônia mágica, pela qual se forçava um demônio a mover o barco. Todas as enfermidades, a própria morte eram resultado de influências mágicas. O adoecer e o morrer não sobrevinham naturalmente; não existia a idéia de "ocorrência natural" — que surgiu apenas com os antigos gregos, ou seja, numa fase bem tardia da humanidade, na concepção da Moira que reina acima dos deuses. Quando alguém atirava com o arco, havia sempre uma mão e uma força irracionais; se as fontes secavam de repente, pensava-se primeiro em demônios subterrâneos e suas maldades; se um homem caía, era certamente o efeito invisível da flecha de um deus. Na Índia (segundo Lubbock)[52] o carpinteiro costuma oferecer sacrifícios a seu martelo, a sua machadinha e às ferramentas; o brâmane trata do mesmo modo o lápis com que escreve, o soldado as armas que usa em campanha, o pedreiro sua trolha, o lavrador seu arado. Na imaginação dos homens religiosos, toda a natureza é uma soma de atos de seres conscientes e querentes, um enorme complexo de *arbitrariedades*. Em relação a tudo o que nos é exterior não é permitida a conclusão de que algo *será* deste ou daquele modo, de que *deverá* acontecer dessa ou daquela maneira; o que existe de aproximadamente seguro, calculável, somos nós: o homem é a *regra*, a natureza, a *ausência de regras* — este princípio contém a convicção fundamental que domina as grosseiras culturas primitivas, criadoras de religião. Nós, homens modernos, sentimos precisamente o inverso: quanto mais interiormente rico o homem se sente hoje, quanto mais polifônica a sua subjetividade,[53] tanto mais poderosamente age sobre ele o equilíbrio da natureza; juntamente com Goethe, todos nós reconhecemos na natureza o grande meio de tranqüilização da alma moderna, ouvimos a batida do pêndulo desse grande relógio com nostalgia de sossego, de recolhimento e silêncio, como se pudéssemos absorver esse equilíbrio e somente por meio dele chegar à fruição de nós mesmos. Antigamente era o inverso: se recordamos as rudes condições primitivas dos povos ou vemos de perto os selvagens atuais, achamo-los determinados da maneira mais rigorosa pela *lei*, pela *tradição*: o indivíduo está quase que automaticamente ligado a ela e se move com a uniformidade de um pêndulo. Para ele a natureza — a incompreendida, terrível, misteriosa natureza — deve parecer o *reino da liberdade*, do arbítrio, do poder superior, como que um estágio sobre-humano da existência, Deus mesmo. Mas então cada indivíduo, em tais épocas e condições, sente como sua vida, sua felicidade, a de sua família, a do Estado, o sucesso de todos os empreendimentos, dependem dessas arbitrariedades da natureza: alguns fenômenos naturais devem sobrevir no tempo certo, e outros deixar de ocorrer no tempo certo. Como ter influência sobre essas temíveis incógnitas, como subjugar o reino da liberdade? Eis o que ele se pergunta, eis o que busca ansiosamente: não há como tornar essas potências regulares mediante uma lei ou tradição, assim como você próprio é regular? — As reflexões daqueles que acreditam em magia e milagres levam a *impor uma lei à natureza* —: e, em poucas palavras, o culto religioso é produto dessas reflexões. O problema que esses homens se colocam é intimamente aparentado ao seguinte: como pode a tribo *mais fraca* ditar leis para a *mais forte*, decidir a respeito dela, dirigir suas ações (na relação com a mais fraca)? Recordemos primeiro a espécie mais inócua de coação, aquela que exercitamos ao conquistar a *afeição* de alguém. Logo, por meio de súplicas e orações, por meio da submissão, do compromisso de tributos e presentes regulares, de exaltações lisonjeiras, é possível também exercer uma coação sobre os poderes da natureza, na medida em que os tornamos afeiçoados a nós: o amor vincula e é vinculado. Em seguida podemos fechar *acordos* em que nos obrigamos mutuamente a determinada conduta, estabelecemos penhores e trocamos juramentos. Muito mais importante, porém, é uma espécie de coação mais violenta, mediante a magia e a feitiçaria. Assim como o homem, com a ajuda de um feiticeiro, pode prejudicar um inimigo mais forte e mantê-lo amedrontado, assim como o feitiço do amor age à distância, assim também o homem fraco acredita poder guiar até mesmo os espíritos poderosos da natureza. O meio principal de toda magia é termos em nosso poder algo que seja próprio de alguém: cabelos, unhas, um pouco da comida de sua mesa e mesmo sua imagem, seu nome. Com tal aparato se pode então praticar a magia, pois o pressuposto fundamental é de que a todo ser espiritual pertence algum elemento corporal; com o auxílio deste se pode vincular o espírito, prejudicá-lo, destruí-lo; o elemento corporal fornece a alça com que podemos apreender o espiritual. Do mesmo modo que um homem influencia outro homem, também influencia qualquer espírito da natureza; pois este também tem seu elemento corporal, pelo qual pode ser apreendido. A árvore e, comparado a ela, o broto do qual surgiu — essa enigmática coexistência parece provar que nas duas formas se corporificou um único espírito, ora pequeno, ora grande. Uma pedra que rola subitamente é o corpo em que age um espírito; se numa charneca solitária se encontra uma rocha, parece impossível imaginar uma força humana que a tenha trazido até ali; então ela deve ter se movido por si própria, ou seja: deve hospedar um espírito. Tudo o que possui um corpo é acessível ao encantamento, também os espíritos da natureza. Se um deus está vinculado à sua imagem, pode-se também exercer sobre ele uma coação direta (ao lhe negar o alimento sacrificial, açoitá-lo, acorrentá-lo e assim por diante). A fim de obter as graças de um deus que as abandonou, as pessoas pobres, na China, amarram com cordas a sua imagem, arrastam-na pelas ruas através de montes de lama e estrume, e dizem: "Ó tu, cão de espírito, nós te fizemos habitar um magnífico templo, te douramos esplendidamente, te alimentamos bem, te oferecemos sacrifícios, e contudo és tão ingrato". Semelhantes medidas de violência contra imagens dos santos e da mãe de Deus, quando eles não quiseram cumprir sua obrigação em casos de peste ou de seca, por exemplo, ocorreram ainda neste século em países católicos. — Todas essas relações mágicas com a natureza deram origem a inúmeras cerimônias; por fim, quando sua confusão se tornou muito grande houve esforços para ordená-las, sistematizá-las, de modo que se acreditou garantir o desenrolar favorável de todo o curso da natureza, isto é, do grande ciclo anual das estações, mediante o correspondente desenrolar de um sistema de procedimentos. O sentido do culto religioso é influenciar e esconjurar a natureza em benefício do homem, ou seja, *imprimir-lhe uma regularidade*[54] *que a princípio ela não tem*; enquanto na época atual queremos *conhecer* as regras da natureza para nos adaptarmos a elas. Em suma, o culto religioso baseia-se nas idéias de feitiço entre um homem e outro; e o feiticeiro é mais antigo que o sacerdote. Mas *igualmente* se baseia em concepções outras, mais nobres; pressupõe um laço de simpatia entre os homens, a existência de boa vontade, gratidão, atendimento aos suplicantes, acordos entre inimigos, concessão de garantias, direito à proteção da propriedade. Mesmo em baixos níveis de cultura o homem não se acha frente à natureza como um escravo impotente, *não é* necessariamente o seu servo desprovido de vontade: no nível religioso dos gregos, sobretudo na relação com os deuses olímpicos, deve-se mesmo pensar na convivência de duas castas, uma mais nobre, mais poderosa, e outra menos nobre; mas por sua origem elas de algum modo estão ligadas e são de uma única espécie; não precisam se envergonhar uma da outra. Eis o que há de nobre na religiosidade grega.

112. *À vista de certos instrumentos de sacrifício antigos.* — Na união da farsa ou mesmo da obscenidade com o senso religioso, por exemplo, podemos ver como alguns sentimentos se perderam para nós: desaparece o sentimento da possibilidade dessa mistura, não apreendemos senão historicamente que ela tenha existido nas festas de Deméter e Dionísio, nos mistérios e peças pascais dos cristãos; mas ainda conhecemos a união do sublime ao burlesco e coisas afins, o comovente associado ao ridículo: o que talvez uma época futura não mais compreenda.

113. *O cristianismo como antigüidade.* — Quando, numa manhã de domingo, ouvimos repicarem os velhos sinos, perguntamos a nós mesmos: mas será possível? isto se faz por um judeu crucificado há dois mil anos, que se dizia filho de Deus. Não existe prova para tal afirmação. — Em nossos tempos, a religião cristã é certamente uma antigüidade que irrompe de um passado remoto, e o fato de crermos nessa afirmação — quando normalmente somos tão rigorosos no exame de qualquer pretensão — é talvez a parte mais antiga dessa herança. Um deus que gera filhos com uma mortal; um sábio que exorta a que não se trabalhe, que não mais se julgue, mas que se atente aos sinais do iminente fim do mundo; uma justiça que aceita o inocente como vítima substituta; alguém que manda seus discípulos beberem seu sangue; preces por intervenções miraculosas; pecados cometidos contra um deus expiados por um deus; medo de um Além cuja porta de entrada é a morte; a forma da cruz como símbolo, num tempo que já não conhece a destinação e a ignomínia da cruz — que estremecimento nos causa tudo isso, como o odor vindo de um sepulcro antiqüíssimo! Deveríamos crer que ainda se crê nessas coisas?

114. *O elemento não grego do cristianismo.* — Os gregos não viam os deuses homéricos como senhores acima deles, nem a si mesmos como servos abaixo dos deuses, como faziam os judeus. Eles viam apenas o reflexo, por assim dizer, dos exemplares mais bem-sucedidos de sua própria casta, um ideal, portanto, e não um oposto de seu próprio ser. Sentiam-se aparentados uns aos outros, havia um interesse mútuo, uma espécie de simaquia.[55] O homem faz uma idéia nobre de si, quando dá a si mesmo deuses assim, e se coloca numa relação como aquela entre a baixa e a alta nobreza; enquanto os povos itálicos têm uma verdadeira religião de camponeses, com um medo permanente de poderosos malvados e caprichosos. Onde os deuses olímpicos não estavam presentes, a vida grega era também mais sombria e medrosa. — Já o cristianismo esmagou e despedaçou o homem por completo, e o mergulhou como num lodaçal profundo: então, nesse sentimento de total abjeção, de repente fez brilhar o esplendor de uma misericórdia divina, de modo que o homem surpreendido, aturdido pela graça, soltou um grito de êxtase e por um momento acreditou carregar o céu dentro de si. Sobre este excesso doentio do sentimento, sobre a profunda corrupção de mente e coração que lhe é necessária, agem todas as invenções[56] psicológicas do cristianismo: ele quer negar, despedaçar, aturdir, embriagar, e só uma coisa não quer: *a medida*; por isso é, no sentido mais profundo, bárbaro, asiático, pouco nobre e nada helênico.

115. *Vantagem de ter religião.* — Existem pessoas sóbrias e eficientes, às quais a religião está pregada como uma orla de humanidade superior: estas fazem muito bem em permanecer religiosas, pois isso as embeleza. — Todos os homens que não entendem de um ofício qualquer das armas — a boca e a pena contam como armas — se tornam servis: para eles a religião cristã é útil, pois nela o servilismo toma o aspecto de uma virtude cristã e fica espantosamente embelezado. — Pessoas para quem a vida cotidiana é muito vazia e monótona se tornam facilmente religiosas: isto é compreensível e perdoável, mas elas não têm o direito de exigir religiosidade daquelas para quem a vida não transcorre cotidianamente vazia e monótona.

116. *O cristão comum.* — Se o cristianismo tivesse razão em suas teses acerca de um Deus vingador, da pecaminosidade universal, da predestinação e do perigo de uma danação eterna, seria um indício de imbecilidade e falta de caráter *não* se tornar padre, apóstolo ou eremita e trabalhar, com temor e tremor, unicamente pela própria salvação; pois seria absurdo perder assim o benefício eterno, em troca da comodidade temporal. Supondo que se *creia* realmente nessas coisas, o cristão comum é uma figura deplorável, um ser que não sabe contar até três, e que, justamente por sua incapacidade mental, não mereceria ser punido tão duramente quanto promete o cristianismo.

117. *Da inteligência do cristianismo.* — É artimanha do cristianismo ensinar a total indignidade, pecaminosidade e abjeção do homem, em voz tão alta que o desprezo ao semelhante já não é possível. "Ele pode pecar quanto queira, contudo não se diferencia essencialmente de mim: eu é que sou, em todos os graus, indigno e abjeto", assim diz o cristão. Mas mesmo esse sentimento perdeu seu aguilhão mais agudo, pois o cristão não crê em sua abjeção individual: ele é mau por ser homem simplesmente, e se tranqüiliza um pouco dizendo: "Somos todos da mesma espécie".

118. *Mudança de pessoal.* — Quando uma religião começa a dominar, tem como adversários os que foram seus primeiros adeptos.

119. *Destino do cristianismo*. — O cristianismo nasceu para aliviar o coração; mas agora deve primeiro oprimi-lo, para mais adiante poder aliviá-lo. Em conseqüência, perecerá.

120. *A prova do prazer*. — A opinião agradável é aceita como verdadeira: esta é a prova do prazer (ou, como diz a Igreja, a prova da força), da qual todas as religiões se orgulham, quando deveriam dela se envergonhar. Se a fé não trouxesse felicidade, nela não se acreditaria: portanto, quão pouco valor ela deve ter!

121. *Jogo perigoso*. — Hoje em dia, quem dentro de si dá novamente lugar ao sentimento religioso deve também deixá-lo crescer, não pode fazer de outro modo. Então o seu ser pouco a pouco se transforma, favorece o que é dependente ou vizinho do elemento religioso, todo o âmbito do julgar e sentir fica nublado, atravessado por sombras religiosas. O sentimento não pode ficar parado; portanto, tome-se cuidado.

122. *Os discípulos cegos*. — Enquanto alguém conhece muito bem a força e a fraqueza de sua doutrina, de sua arte, de sua religião, a força delas ainda é pequena. O discípulo e apóstolo que, cegado pelo prestígio do mestre e pelo respeito a ele devido, não enxerga a fraqueza da doutrina, da religião e assim por diante, geralmente tem, graças a isso, mais poder do que o mestre. Sem os discípulos cegos, a influência de um homem e de sua obra nunca se tornou grande. Ajudar no triunfo de um conhecimento significa muitas vezes apenas isto: irmaná-lo à estupidez de modo tal que o peso desta consiga também a vitória daquele.

123. *Demolição das igrejas*. — No mundo não existe religião bastante nem mesmo para destruir as religiões.

124. *Ausência de pecado no homem*. — Quando se compreende como "o pecado chegou ao mundo", ou seja, através de erros da razão, em virtude dos quais os homens entre si, e mesmo o indivíduo, se consideram muito mais negros e maus do que são de fato, então todo este sentimento é muito aliviado, e os homens e o mundo aparecem por vezes numa aura de inocência, de forma que o indivíduo se sente profundamente bem. Em meio à natureza, o homem é sempre a criança. Esta criança tem às vezes um sonho pesado e angustiante, mas ao abrir os olhos está sempre de volta ao Paraíso.

125. *Irreligiosidade dos artistas*. — Homero está tão à vontade entre seus deuses, e tem, como poeta, tamanha satisfação com eles, que deve ter sido profundamente irreligioso; com o que a crença popular lhe oferecia — uma superstição mesquinha, grosseira e às vezes terrível —, ele lidava tão livremente quanto o escultor com sua argila, ou seja, com a mesma desenvoltura que possuíam Ésquilo e Aristófanes, e mediante a qual, nos tempos modernos, distinguiram-se os grandes artistas do Renascimento, assim como Shakespeare e Goethe.

126. *Arte e força da falsa interpretação*. — Todas as visões, terrores, esgotamentos e êxtases do santo são estados patológicos conhecidos, que ele, a partir de arraigados erros religiosos e psicológicos, apenas *interpreta* de modo totalmente diverso, isto é, não como doença. — Assim o demônio de Sócrates talvez seja também uma doença do ouvido, que ele apenas *explica* conforme seu pensamento moral dominante, de maneira diversa de como se faria hoje. Não acontece de outro modo com as loucuras e os delírios dos profetas e sacerdotes oraculares; foi sempre o grau de saber, fantasia, empenho, moralidade na cabeça e no coração dos *intérpretes* que tanto *fez* a partir dessas coisas. Entre as maiores realizações daqueles que chamamos de gênios e santos se inclui a de conquistar intérpretes que os *compreendem mal* para o bem da humanidade.

127. *Veneração da loucura*. — Tendo-se notado que freqüentemente uma emoção tornava a mente mais clara e provocava idéias felizes, pensou-se que através das emoções mais intensas participaríamos das mais felizes idéias e inspirações: e assim se veneraram os loucos como sábios e oráculos. Na base disso está um raciocínio errado.

128. *Promessas da ciência.* — A ciência moderna tem por meta o mínimo de dor possível e a vida mais longa possível — ou seja, uma espécie de eterna beatitude, sem dúvida bastante modesta, se comparada às promessas religiosas.

129. *Liberalidade proibida.* — Não há no mundo amor e bondade bastantes, para que ainda possamos dá-los a seres imaginários.

130. *Sobrevivência do culto religioso no coração.* — A Igreja católica, e antes dela todos os cultos antigos, dominava todos os meios pelos quais o homem é colocado em inusitados estados de espírito e subtraído ao frio cálculo do interesse ou ao puro pensamento racional. Uma igreja que treme com profundos sons; apelos surdos, regulares, contidos, de uma hoste de padres que involuntariamente transmite à comunidade sua própria tensão e a mantém numa escuta quase angustiante, como se um milagre estivesse a ponto de ocorrer; a atmosfera de uma arquitetura que, sendo a habitação de uma divindade, se estende até o indefinido, e em todos os espaços escuros faz temer a presença dessa divindade — quem desejaria devolver aos homens coisas semelhantes, se já não existe crença nos seus pressupostos? Os resultados de tudo isso não estão perdidos, todavia: o mundo interior dos estados de espírito sublimes, comovidos, plenos de pressentimentos, profundamente contritos, ditosos de esperança, tornou-se inato aos homens através do culto, especialmente; o que dele existe agora na alma foi largamente cultivado quando o culto brotava, crescia e florescia.

131. *Seqüelas religiosas.* — Por mais que alguém creia ter se desabituado da religião, isso não sucedeu a ponto de não ter alegria em experimentar sentimentos e disposições religiosas sem conteúdo intelectual, como na música, por exemplo; e quando uma filosofia procura justificar as esperanças metafísicas e a profunda paz de espírito que delas se pode obter, e quando nos fala, por exemplo, de "todo o Evangelho seguro que há no olhar das Madonas de Rafael",[57] acolhemos tais sentenças e explicações com uma disposição particularmente efusiva: aqui é mais fácil para o filósofo demonstrar; o que ele quer dar encontra um coração que tem prazer em aceitar. Nisto se percebe que os espíritos livres menos ponderados se chocam apenas com os dogmas, na realidade, e conhecem bem o encanto do sentimento religioso; é doloroso para eles perder este por causa daqueles. — A filosofia científica deve estar alerta para não introduzir erros com base em tal necessidade — uma necessidade adquirida e, portanto, também passageira —: mesmo os lógicos falam de "intuições"[58] da verdade na moral e na arte (por exemplo, da intuição de que "a essência das coisas é uma"): o que lhes deveria ser proibido. Entre as verdades diligentemente deduzidas[59] e semelhantes coisas "intuídas" permanece o abismo intransponível de que devemos aquelas ao intelecto e estas à necessidade. A fome não demonstra que *existe* um alimento para saciá-la; ela deseja esse alimento. "Intuir" não significa reconhecer num grau qualquer a existência de uma coisa, mas sim tê-la como possível, na medida em que por ela ansiamos ou a ela tememos; a "intuição" não faz avançar um passo na terra da certeza. — Acreditamos naturalmente que as partes de uma filosofia tingidas pela religião estão mais bem demonstradas que as outras; mas no fundo é o contrário, temos apenas o desejo íntimo de que *possa* ser assim — isto é, de que o que torna feliz seja também verdadeiro. Esse desejo nos faz ver como bons motivos ruins.

132. *Da necessidade cristã de redenção*. — Refletindo cuidadosamente, deve ser possível obter uma explicação isenta de mitologia para esse fenômeno da alma do cristão que é denominado necessidade de redenção: ou seja, uma explicação puramente psicológica. É verdade que até hoje as explicações psicológicas de estados e processos religiosos foram alvo de algum descrédito, na medida em que uma teologia pretensamente livre atuava inutilmente nesse campo: pois com ela visava-se desde o princípio, como permite supor o espírito de seu fundador, Schleiermacher, a preservação da religião cristã e a permanência dos teólogos cristãos; os quais deveriam ganhar, na análise psicológica dos "fatos" religiosos, um novo ancoradouro e sobretudo uma nova ocupação. Sem nos deixar perturbar por tais antecessores, ousamos a seguinte interpretação do fenômeno. O ser humano está consciente de certas ações que, na hierarquia corrente das ações, acham-se num nível bastante baixo, e descobre em si mesmo um pendor para essas ações, que lhe parece quase tão imutável quanto o seu ser. Como gostaria de experimentar aquela outra espécie de ações que no conceito geral são reconhecidas como as mais elevadas e sublimes, como gostaria de se sentir pleno da boa consciência que deve acompanhar um modo de pensar desinteressado! Mas infelizmente permanece no desejo: o descontentamento por não satisfazê-lo se soma a todos os outros tipos de descontentamento que nele despertaram a sua sina ou as conseqüências daquelas ações chamadas más; de forma que nasce um profundo mal-estar, juntamente com a busca por um médico que possa suprimir este e suas causas. — Esse estado não seria sentido com tanta amargura se o homem apenas se comparasse a outros com imparcialidade; pois então não teria razão de ficar especialmente descontente consigo mesmo, carregaria apenas uma parte do fardo geral da insatisfação e imperfeição humana. Mas ele se compara com um ser que sozinho é capaz de todas as ações chamadas altruístas, e que vive na contínua consciência de um modo de pensar desinteressado: Deus; é porque olha nesse espelho claro que o seu ser lhe parece tão turvo, tão incomumente deformado. Depois o angustia o pensamento do mesmo ser, na medida em que este paira ante sua imaginação como a justiça punidora: em todas as vivências possíveis, grandes ou pequenas, acredita reconhecer a cólera e as ameaças dele, e mesmo pressentir os golpes de açoite de seu juiz e carrasco. Quem o ajudará nesse perigo, que, em vista de uma duração imensurável da pena, supera em atrocidade todos os outros terrores da imaginação?

133. Antes de expormos as outras conseqüências desse estado, confessemos a nós mesmos que o homem não caiu nele por sua "culpa" ou "pecado", mas por uma série de erros da razão; que foi uma falha do espelho, se sua natureza lhe pareceu obscura e odiável a esse ponto, e que esse espelho foi obra *sua*, a obra muito imperfeita da imaginação e do juízo humanos. Em primeiro lugar, um ser que fosse capaz apenas de ações altruístas é mais fabuloso do que o pássaro Fênix; não seria sequer imaginável, porque num exame rigoroso o conceito de "ação altruísta" se pulveriza no ar. Jamais um homem fez algo apenas para outros e sem qualquer motivo pessoal; e como *poderia* mesmo fazer algo que fosse sem referência a ele, ou seja, sem uma necessidade interna (que sempre teria seu fundamento numa necessidade pessoal)? Como poderia o *ego* agir sem ego?[60] — Por outro lado, um Deus que é *todo* amor, como às vezes se supõe, não seria capaz de uma única ação altruísta; nisso devemos lembrar um pensamento de Lichtenberg, o qual certamente foi tomado de uma esfera um pouco mais modesta: "É impossível *sentir* pelos outros, como se costuma dizer; sentimos apenas por nós mesmos. A frase soa dura, mas não o é, se for corretamente entendida. Não amamos pai, mãe, esposa ou filho, mas os sentimentos agradáveis que nos causam", ou, como diz La Rochefoucauld: *Si on croit aimer sa maîtresse pour l'amour d'elle, on est bien trompé* [Se cremos amar nossa amante por amor a ela, estamos bem iludidos].[61] Quanto à razão por que atos de amor são mais *estimados* que os outros, não devido à sua essência, mas à sua utilidade, lembremos as investigações "sobre a origem dos sentimentos morais", já mencionadas. Se um homem desejasse ser todo amor como aquele Deus, fazer e querer tudo para os outros e nada para si, tal já seria impossível porque ele teria de fazer *muitíssimo* para si mesmo, a fim de poder fazer algo pelos outros. Depois isto pressupõe que o outro seja egoísta o bastante para sempre aceitar esse sacrifício, esse viver para ele: de modo que os homens do amor e do sacrifício têm interesse em que continuem existindo os egoístas sem amor e incapazes de sacrifício, e a suprema moralidade, para poder subsistir, teria de *requerer* a existência da imoralidade (com o que, então, suprimiria a si mesma). — Mais ainda: a idéia de um Deus inquieta e humilha, enquanto nela se crê, mas no estágio atual da ciência etnológica não há mais dúvida quanto à sua *gênese*; e, quando a percebemos, aquela crença se desfaz. Ao cristão que compara a sua natureza com a de Deus sucede o mesmo que ao Dom Quixote, que subestima sua valentia porque tem na cabeça os feitos maravilhosos dos heróis de romances de cavalaria: o metro com que em ambos os casos se mede pertence ao reino das fábulas. Acabando a idéia de Deus, acaba também o sentimento do "pecado", da violação de preceitos divinos, da mácula numa criatura consagrada a Deus. E provavelmente restará ainda aquele pesar que é aparentado e se acha misturado ao medo das punições da justiça profana ou do desprezo dos homens; ao menos o pesar dos remorsos, o aguilhão mais agudo do sentimento de culpa, é atenuado, quando percebemos que com nossos atos violamos a tradição humana, as leis e ordenações humanas, mas ainda não colocamos em perigo "a eterna salvação da alma" e sua relação com a divindade. Se, por fim, a pessoa conquistar e incorporar totalmente a convicção filosófica da necessidade incondicional de todas as ações e de sua completa irresponsabilidade, desaparecerá também esse resíduo de remorso.

134. Se o cristão, como disse, foi levado ao sentimento de autodesprezo por alguns erros, isto é, por uma interpretação falsa, não científica, de suas ações e sentimentos, deverá perceber com assombro que esse estado de desprezo, de remorso, de desprazer, não persiste, e que ocasionalmente tudo isso é afastado de sua alma e ele se sente livre e corajoso novamente. O prazer consigo mesmo, o bem-estar com a própria força, aliados ao enfraquecimento necessário de toda emoção profunda, levaram a melhor; o homem sente que de novo ama a si mesmo — mas justamente esse amor, essa nova auto-estima lhe parecem inacreditáveis, neles só pode ver o totalmente imerecido descenso de um raio de graça. Se antes ele acreditava distinguir em todos os acontecimentos avisos, ameaças, castigos e toda espécie de sinais da ira divina, agora interpreta suas experiências de modo a lhes introduzir a bondade divina: tal evento lhe parece pleno de amor; aquele outro, uma indicação benfazeja; um terceiro, e a sua própria disposição alegre, demonstração de que Deus é piedoso. Se antes, no estado de pesar, interpretava falsamente suas ações, agora faz isso com suas vivências; apreende o seu consolo como o efeito de uma força externa; o amor, com que no fundo ama a si mesmo, aparece como amor divino; aquilo que chama de graça e prelúdio da redenção é, na verdade, graça para consigo e redenção de si mesmo.

135. Portanto: determinada psicologia falsa, certa espécie de fantasia na interpretação dos motivos e vivências são o pressuposto necessário para que alguém se torne cristão e sinta necessidade de redenção. Percebendo a aberração do raciocínio e da imaginação, deixa-se de ser cristão.

136. *Ascetismo e santidade cristãos*. — Quanto mais certos pensadores se empenharam em ver nesses raros fenômenos da moralidade que se costuma chamar de ascetismo e santidade uma coisa milagrosa, ante a qual seria quase sacrilégio e profanação manter o lume de uma explicação racional, tanto mais forte é a tentação desse sacrilégio. Em todos os tempos, um poderoso impulso da natureza levou a protestar contra esses fenômenos; a ciência, na medida em que é, como foi dito, imitação da natureza, permite-se ao menos levantar objeção à pretendida inexplicabilidade e mesmo inacessibilidade desses fenômenos. Sem dúvida, até agora ela não teve sucesso: eles permanecem inexplicados, para grande prazer dos mencionados adoradores do moralmente milagroso. Pois, expresso em termos gerais: o inexplicado deve ser totalmente inexplicável; o inexplicável, totalmente antinatural, sobrenatural, miraculoso — assim reza a exigência da alma de todos os religiosos e metafísicos (dos artistas também, quando são ao mesmo tempo pensadores); enquanto o homem científico vê nessa exigência o "mau princípio". — A primeira probabilidade geral a que se chega, ao examinar a santidade e a ascese, é a de que sua natureza é *complexa*: pois em quase toda parte, tanto no mundo físico como no moral, houve sucesso em reduzir o pretensamente miraculoso ao complexo e multiplamente condicionado. Ousemos, portanto, isolar inicialmente alguns impulsos da alma dos santos e ascetas, e por fim imaginá-los intimamente entrelaçados.

137. Existe um *desafio de si mesmo*, cujas expressões mais sublimadas incluem várias formas de ascese. Alguns homens têm uma necessidade tão grande de exercer seu poder e sua ânsia de domínio que, na falta de outros objetos, ou porque de outro modo sempre falharam, recorrem afinal à tiranização de partes de seu próprio ser, como que segmentos ou estágios de si mesmos. Assim, alguns pensadores defendem pontos de vista que claramente não servem para aumentar ou melhorar sua reputação; alguns chamam expressamente para si o desprezo alheio, quando lhes seria mais fácil, guardando o silêncio, permanecerem respeitados; outros renegam suas antigas opiniões e não temem ser chamados de inconseqüentes; ao contrário, empenham-se nisso e comportam-se como animosos cavaleiros, que amam o cavalo sobretudo quando ele se torna bravo, arisco e está coberto de suor. É assim que o homem escala por vias perigosas as mais altas cordilheiras, para rir de seu próprio medo e de seus joelhos trêmulos; é assim que o filósofo defende idéias de ascese, humildade e santidade, cujo brilho faz sua própria imagem parecer terrivelmente feia. Esse despedaçar de si mesmo, esse escárnio de sua própria natureza, esse *spernere si sperni* [responder ao desprezo com o desprezo],[62] a que as religiões deram tamanha importância, é na verdade um grau bastante elevado da vaidade. Toda a moral do Sermão da Montanha está relacionada a isto: o homem tem autêntica volúpia em se violentar por meio de exigências excessivas, e depois endeusar em sua alma esse algo tirânico. Em toda moral ascética o homem venera uma parte de si como Deus, e para isso necessita demonizar a parte restante.

138. O homem não é igualmente moral em todas as horas, isso é sabido: julgando sua moralidade segundo a capacidade de grandes decisões de sacrifício e abnegação (que, tornando-se duradoura e habitual, é santidade), então é no *afeto* que ele é mais moral; a excitação forte lhe oferece motivos inteiramente novos, dos quais ele, estando frio e sóbrio como de costume, talvez não acreditasse ser capaz. Como ocorre isso? Provavelmente devido à vizinhança de tudo o que é grande e que excita fortemente; levado a uma tensão extraordinária, o homem pode se decidir tanto por uma vingança terrível quanto por uma terrível refração[63] de sua necessidade de vingança. Sob a influência da emoção violenta, ele quer de todo modo o que é grande, poderoso, monstruoso, e se por acaso ele nota que o sacrifício de si mesmo o satisfaz tanto ou ainda mais que o sacrifício do outro, escolhe aquele. O que realmente lhe importa, portanto, é a descarga de sua emoção; para aliviar sua tensão, pode juntar as lanças dos inimigos e enterrá-las no próprio peito. Que haja grandeza na negação de si mesmo, e não apenas na vingança, é algo que deve ter sido inculcado na humanidade por um longo período; uma divindade que sacrifica a si mesma foi o símbolo mais forte e mais eficaz dessa espécie de grandeza. Como a vitória sobre o inimigo mais difícil de vencer, a dominação repentina de um afeto — é assim que *aparece* essa negação; e nisso é tida como o ápice da moral. O que sucede, na verdade, é a substituição de uma idéia pela outra, enquanto o ânimo mantém sua mesma altura, seu mesmo nível. Estando novamente sóbrios, recuperados do afeto, os homens não mais compreendem a moralidade daqueles momentos, mas a admiração de todos aqueles que também os viveram os sustenta; o orgulho é seu consolo, quando o afeto e a compreensão de seu ato se debilitam. Ou seja: no fundo, tampouco são morais aqueles atos de abnegação, na medida em que não são feitos estritamente pelos outros; ocorre, isto sim, que o outro dá ao ânimo em alta tensão apenas uma oportunidade de se aliviar através da abnegação.

139. Em muitos aspectos, também o asceta procura tornar leve a sua vida, geralmente por meio da completa subordinação a uma vontade alheia, ou a uma lei e um ritual abrangentes; mais ou menos como um brâmane não deixa nada à sua própria determinação e a cada minuto é guiado por um preceito sagrado. Esta subordinação é um meio poderoso para se tornar senhor de si mesmo; o indivíduo está ocupado, portanto não se entedia, e não experimenta qualquer estímulo da vontade e da paixão; após a ação realizada, não há sentimento de responsabilidade, nem a tortura do arrependimento. De uma vez por todas se renunciou à própria vontade, e isso é mais fácil do que renunciar ocasionalmente; assim como é mais fácil renunciar de todo a um desejo do que mantê-lo moderado. Se nos lembrarmos da posição atual do homem em relação ao Estado, achamos aí também que a obediência incondicional é mais cômoda que a condicionada. Logo, o santo facilita a própria vida pelo completo abandono da personalidade, e é um engano admirar nesse fenômeno o supremo heroísmo da moralidade. Em todo caso, é mais difícil afirmar a personalidade sem hesitação e sem obscuridade do que dela se libertar de tal modo; além disso, requer muito mais espírito e reflexão.

140. Depois que encontrei, em muitas das ações mais difíceis de explicar, expressões daquele prazer na *emoção em si*, gostaria de reconhecer também no autodesprezo, que se inclui entre as características da santidade, e igualmente nos atos de tortura de si mesmo (jejum e açoitamento, deslocação dos membros, simulação da loucura), um meio pelo qual essas naturezas lutam contra a fadiga geral de sua vontade de viver (de seus nervos): elas se servem dos estímulos e crueldades mais dolorosos, para ao menos temporariamente emergir do torpor e do tédio em que sua grande indolência espiritual e a mencionada subordinação a uma vontade alheia as fazem cair com tanta freqüência.

141. O meio mais comumente empregado pelo santo e asceta, para tornar a própria vida ainda suportável e interessante, consiste na guerra ocasional e na alternância de vitória e derrota. Para isso precisa de um adversário, e o encontra no chamado "inimigo interior". Pois ele utiliza sua própria tendência à vaidade, a sede de glória e domínio, e também seus apetites sensuais, para poder considerar sua vida uma contínua batalha e a si mesmo um campo de batalha, no qual lutam, com êxito variado, bons e maus espíritos. Sabe-se que a fantasia sensual é moderada ou quase suprimida pela regularidade das relações sexuais, e inversamente se torna desenfreada e dissoluta com a abstinência ou a desordem nessas relações. A fantasia de muitos santos cristãos foi incomumente obscena; graças à teoria de que esses apetites eram verdadeiros demônios que lhes assolavam o íntimo, não se sentiam muito responsáveis por eles; a este sentimento devemos a franqueza tão instrutiva de suas confissões. Era de seu interesse que tal luta sempre fosse entretida em algum nível, pois era ela, como disse, que entretinha suas vidas desoladas. Mas, a fim de que a luta parecesse importante o bastante para suscitar nos não-santos uma simpatia e uma admiração permanentes, a sensualidade teve de ser cada vez mais difamada e estigmatizada, e mesmo o perigo de uma danação eterna foi ligado tão estreitamente a essas coisas, que é bem provável que durante épocas inteiras os cristãos tenham gerado filhos de má consciência; o que certamente fez um grande mal à humanidade. E, no entanto, aqui a verdade está de cabeça para baixo: o que para ela é especialmente indecoroso. Sem dúvida o cristianismo afirmou que todo homem é concebido e gerado em pecado, e no insuportável cristianismo superlativo de Calderón essa idéia foi mais uma vez atada e entrançada, de modo que ele ousou o mais estapafúrdio paradoxo nestes versos conhecidos:

*a maior culpa do homem
é a de ter nascido*[64]

Em todas as religiões pessimistas, o ato da procriação é experimentado como ruim em si, mas esse não é de modo algum um sentimento universal humano, e nem o juízo de todos os pessimistas é igual neste ponto. Empédocles, por exemplo, nada conhece de vergonhoso, diabólico ou pecaminoso nas coisas eróticas; ele vê, no grande prado do infortúnio, uma única aparição que traz salvação e esperança: Afrodite; esta é, para ele, a garantia de que a discórdia não dominará eternamente, mas um dia entregará o cetro a um demônio mais suave. Os pessimistas cristãos praticantes tinham, como afirmei, interesse em que outra opinião predominasse; para a solidão e o deserto espiritual de suas vidas precisavam de um inimigo sempre vivo; e também reconhecido por todos, de modo que, combatendo e vencendo-o, eles continuamente se apresentassem aos não-santos como seres um tanto incompreensíveis, sobrenaturais. Quando afinal, em conseqüência de seu modo de vida e de sua saúde destruída, esse inimigo fugiu para sempre, eles imediatamente souberam ver seu íntimo povoado por novos demônios. A subida e a descida dos pratos da balança, Orgulho e Humildade, entretinha suas cabeças ruminadoras tanto quanto a alternância de desejo e serenidade. Naquele tempo a psicologia servia não só para tornar suspeito tudo o que é humano, mas também para difamá-lo, açoitá-lo, crucificá-lo; as pessoas *queriam* se achar tão más e perversas quanto possível, procuravam o temor pela salvação da alma, o desespero em relação à própria força. Toda coisa natural a que o homem associa a idéia de mau, de pecaminoso (como até hoje costuma fazer em relação ao erótico, por exemplo), incomoda, obscurece a imaginação, dá um olhar medroso, faz o homem brigar consigo mesmo e o torna inseguro e desconfiado; até os seus sonhos adquirem um ressaibo de consciência atormentada. No entanto, esse sofrimento pelo que é natural é, na realidade das coisas, totalmente infundado: é apenas conseqüência de opiniões *acerca* das coisas. É fácil ver como os homens se tornam piores por qualificarem de mau o que é inevitavelmente natural e depois o sentirem sempre como tal. É artifício da religião, e dos metafísicos que querem o homem mau e pecador por natureza, suspeitar-lhe a natureza e assim *torná-lo* ele mesmo ruim: pois assim ele aprende a se perceber como ruim, já que não pode se despir do hábito da natureza. Aos poucos, no curso de uma longa vida no interior do natural, ele se sente tão oprimido por esse fardo de pecados, que são necessários poderes sobrenaturais para lhe tirar esse fardo; e com isto surge em cena a já referida necessidade de redenção, que não corresponde em absoluto a uma pecaminosidade real, e sim a uma imaginária. Examinando uma a uma as teses morais dos documentos do cristianismo, veremos que os requisitos são exagerados, de modo que o homem não *possa* satisfazê-los; a intenção não é que ele se *torne* mais moral, mas que se sinta *o mais possível pecador*. Se este sentimento não tivesse sido *agradável* ao homem — para que teria produzido ele tal noção e aderido a ela por tanto tempo? Assim como no mundo antigo foi empregada uma incomensurável força de espírito e engenho para aumentar a alegria de viver mediante cultos festivos, no tempo do cristianismo um incomensurável montante de espírito foi sacrificado em outra aspiração: de toda maneira o homem deveria se sentir pecador e com isso ser estimulado, vivificado, animado. Estimular, vivificar, animar a qualquer preço — não é esta a divisa de uma época amolecida, demasiado madura e cultivada? O ciclo de todas as sensações naturais fora percorrido uma centena de vezes, a alma se fatigara com isso; então o santo e o asceta inventaram um novo gênero de estímulos para a vida. Expunham-se ao olhar de todos, não propriamente para que muitos os imitassem, mas como um espetáculo terrível e ao mesmo tempo encantador, representado nos limites entre o mundo e o supramundo, onde cada pessoa acreditava vislumbrar ora raios de luz celestiais ora sinistras línguas de fogo a brotar da profundeza. O olhar do santo, dirigido ao significado, terrível em todo aspecto, da breve existência terrena, à proximidade da decisão final sobre infinitos espaços de novas vidas, esse olhar em brasa, num corpo semi-aniquilado, fazia tremer os homens antigos em todas as profundezas; olhar, desviar o olhar com horror, de novo sentir o encanto do espetáculo, abandonar-se a ele, saciar-se com ele até a alma estremecer em ardor e calafrio — este foi o último *prazer que a Antigüidade inventou*, após ter se tornado insensível até mesmo à visão das lutas entre homens e animais.

142. Para resumir o que foi dito: aquele estado de alma de que goza o santo ou o aspirante à santidade compõe-se de elementos que nós todos conhecemos muito bem, mas que sob a influência de idéias não religiosas se mostram em cores diversas e costumam experimentar a censura dos homens, tanto quanto podem contar, adornados de religião e de sentido último da existência, com admiração e mesmo adoração — ao menos podiam contar com isso em tempos passados. Num momento o santo pratica o desafio de si mesmo, que é um parente próximo da ânsia de domínio e que mesmo ao homem mais solitário dá a sensação do poder; noutro, seu sentimento inflado salta do desejo de dar rédea livre a suas paixões para o desejo de fazê-las sucumbir como cavalos selvagens, sob a pressão potente de uma alma orgulhosa; ora deseja uma cessação completa de todos os sentimentos que o perturbam, torturam e excitam, um sono desperto, um descansar duradouro no seio de uma pesada indolência de animal e planta; ora procura a luta e a desperta em si mesmo, porque o tédio lhe mostra o seu rosto bocejante: ele flagela seu auto-endeusamento com autodesprezo e crueldade, se alegra com o selvagem tumulto de seus apetites, com a dor aguda do pecado e mesmo com a idéia da perdição, sabe armar ciladas para o seu afeto, para o extremo anseio de domínio, por exemplo, de modo que ele passe a extrema humilhação, e sua alma atiçada é subvertida por esse contraste; por fim, quando anseia por visões, diálogos com os mortos ou seres divinos, o que no fundo deseja é uma espécie rara de volúpia, talvez aquela volúpia na qual todas as outras se acham atadas como num feixe. Novalis, uma autoridade em questões de santidade, por experiência e por instinto, expressou todo o segredo com ingênua alegria: "É espantoso que a associação de volúpia, religião e crueldade já não tenha há muito chamado a atenção dos homens para seu íntimo parentesco e tendência comum".[65]

143. O que dá ao santo valor histórico-universal não é aquilo que ele é, mas o que *significa* aos olhos dos não-santos. Porque nos enganamos a seu respeito, porque interpretamos erradamente seus estados de alma e o separamos o máximo possível de nós, como algo inteiramente incomparável, de natureza estranha e sobre-humana: por isso é que ele alcançou a força extraordinária com que pôde dominar a imaginação de povos e épocas inteiras. Ele mesmo não se conhecia; ele mesmo entendia a escrita de suas disposições, tendências e ações conforme uma arte de interpretações que era tão exagerada e artificial quanto a interpretação pneumática da Bíblia. O excêntrico e doentio de sua natureza, com sua junção de pobreza espiritual, saber precário, saúde arruinada, nervos superexcitados, permanecia oculto tanto a seu olhar como ao de seu espectador. Não era um homem particularmente bom, menos ainda um homem particularmente sábio: mas *significava* algo que ultrapassava a medida humana em bondade e sabedoria. A crença nele sustentava a crença no divino e miraculoso, num sentido religioso de toda a existência, num iminente Juízo Final. No esplendor vespertino do sol de fim de mundo que iluminava os povos cristãos, a sombra do santo cresceu monstruosamente; e atingiu altura tal que mesmo em nosso tempo, que não mais crê em Deus, ainda existem pensadores que crêem nos santos.

144. Claro que a esse retrato do santo, esboçado segundo a média de toda a espécie, pode-se contrapor vários outros retratos, que despertariam sentimentos mais agradáveis. Há exceções que se destacam na espécie, seja por uma imensa brandura e simpatia com os homens, seja pelo encanto de uma energia incomum; outras são atraentes em altíssimo grau, porque certos delírios lançam torrentes de luz sobre todo o seu ser: é o caso do célebre fundador do cristianismo, que acreditava ser o filho de Deus, e portanto isento de pecado; de modo que através de uma ilusão — que não devemos julgar duramente, pois em toda a Antigüidade pululam filhos de Deus — ele alcançou o mesmo objetivo, o sentimento da completa isenção de pecado, da plena irresponsabilidade, que hoje qualquer homem pode adquirir através da ciência. — Igualmente não considerei os santos hindus, que se acham num nível intermediário entre o santo cristão e o filósofo grego, e portanto não representam um tipo puro: o conhecimento, a ciência — na medida em que existia —, a elevação acima dos demais homens pela disciplina e educação lógica do pensamento, eram exigidos como sinal de santidade entre os budistas, enquanto os mesmos atributos, no mundo cristão, são rejeitados e denegridos como sinal de impiedade.

Capítulo quarto
DA ALMA DOS ARTISTAS E ESCRITORES

145. *O que é perfeito não teria vindo a ser.*[66] — Diante de tudo o que é perfeito, estamos acostumados a omitir a questão do vir a ser e desfrutar sua presença como se aquilo tivesse brotado magicamente do chão. É provável que nisso ainda estejamos sob o efeito de um sentimento mitológico arcaico. *Quase* sentimos ainda (num templo grego como o de Paestum, por exemplo) que certa manhã um deus, por brincadeira, construiu sua morada com aqueles blocos imensos; ou que subitamente uma alma entrou por encanto numa pedra, e agora deseja falar por meio dela. O artista sabe que a sua obra só tem efeito pleno quando suscita a crença numa improvisação, numa miraculosa instantaneidade da gênese; e assim ele ajuda essa ilusão e introduz na arte, no começo da criação, os elementos de inquietação entusiástica, de desordem que tateia às cegas, de sonho atento, como artifícios enganosos para dispor a alma do espectador ou ouvinte de forma que ela creia no brotar repentino do perfeito. — Está fora de dúvida que a ciência da arte deve se opor firmemente a essa ilusão e apontar as falsas conclusões e maus costumes do intelecto, que o fazem cair nas malhas do artista.

146. *O senso da verdade no artista.* — No que toca ao conhecimento das verdades, o artista tem uma moralidade mais fraca do que o pensador; ele não quer absolutamente ser privado das brilhantes e significativas interpretações da vida, e se guarda contra métodos e resultados sóbrios e simples. Aparentemente luta pela superior dignidade e importância do ser humano; na verdade, não deseja abrir mão dos pressupostos *mais eficazes* para a sua arte, ou seja, o fantástico, mítico, incerto, extremo, o sentido para o simbólico, a superestimação da pessoa, a crença em algo miraculoso no gênio: considera o prosseguimento de seu modo de criar mais importante que a devoção científica à verdade em qualquer forma, por mais simplesmente que ela se manifeste.

147. *A arte conjurando os mortos*. — A arte exerce secundariamente a função de conservar, e mesmo recolorir um pouco, representações apagadas, empalidecidas; ao cumprir essa tarefa, tece um vínculo entre épocas diversas e faz os seus espíritos retornarem. Sem dúvida é apenas uma vida aparente que surge desse modo, como aquela sobre os túmulos, ou como o retorno de mortos queridos no sonho; mas ao menos por instantes o antigo sentimento é de novo animado, e o coração bate num ritmo que fora esquecido. Por causa desse benefício geral da arte devemos perdoar o próprio artista, se ele não figura nas primeiras filas da ilustração[67] e da progressiva *virilização* da humanidade: toda a sua vida ele permaneceu um menino ou um adolescente, e parou no ponto em que foi tomado por seu impulso artístico; mas sentimentos dos primeiros estágios da vida estão reconhecidamente mais próximos dos de épocas passadas que daqueles do século presente. Sem que ele queira, torna-se sua tarefa infantilizar a humanidade; eis a sua glória e o seu limite.

148. *Os poetas tornando a vida mais leve*. — Na medida em que também querem aliviar a vida dos homens, os poetas desviam o olhar do árduo presente ou, com uma luz que fazem irradiar do passado, proporcionam novas cores ao presente. Para poderem fazer isso, eles próprios devem ser, em alguns aspectos, seres voltados para trás: de modo que possamos usá-los como pontes para tempos e representações longínquas, para religiões e culturas agonizantes ou extintas. Na realidade, são sempre e necessariamente *epígonos*. Certamente há coisas desfavoráveis a dizer sobre os seus meios de aliviar a vida: eles acalmam e curam apenas provisoriamente, apenas no instante; e até mesmo impedem que os homens trabalhem por uma real melhoria de suas condições, ao suprimir e purgar paliativamente a paixão dos insatisfeitos, dos que impelem à ação.

149. *A lenta flecha da beleza.* — A mais nobre espécie de beleza é aquela que não arrebata de vez, que não se vale de assaltos tempestuosos e embriagantes (uma beleza assim desperta facilmente o nojo), mas que lentamente se infiltra, que levamos conosco quase sem perceber e deparamos novamente num sonho, e que afinal, após ter longamente ocupado um lugar modesto em nosso coração, se apodera completamente de nós, enchendo-nos os olhos de lágrimas e o coração de ânsias. — O que ansiamos, ao ver a beleza? Ser belos: imaginamos que haveria muita felicidade ligada a isso. — Mas isto é um erro.

150. *Vivificação da arte.* — A arte ergue a cabeça quando as religiões perdem terreno. Ela acolhe muitos sentimentos e estados de espírito gerados pela religião, toma-os ao peito e com isso torna-se mais profunda, mais plena de alma, de modo que chega a transmitir elevação e entusiasmo, algo que antes não podia fazer. A riqueza do sentimento religioso, que cresceu e se tornou torrente, continuamente transborda e deseja conquistar novos domínios: mas o crescente Iluminismo abalou os dogmas da religião e instilou uma radical desconfiança: assim, expulso da esfera religiosa pelo Iluminismo, o sentimento se lança na arte; em certos casos também na vida política, ou mesmo diretamente na ciência. Sempre que se nota, nos empenhos humanos, uma coloração mais intensa e mais sombria, pode-se presumir que o temor de espíritos, aroma de incenso e sombras da Igreja ali permaneceram.

151. *De que modo a métrica embeleza.* — A métrica põe um véu sobre a realidade; ocasiona alguma artificialidade no falar e impureza no pensar; por meio das sombras que joga sobre o pensamento, às vezes encobre, às vezes realça. Tal como a sombra é necessária para embelezar, também o "vago" é necessário para tornar distinto. — A arte torna suportável a visão da vida, colocando sobre ela o véu do pensamento impuro.

152. *A arte da alma feia.* — Estabelecem-se limites demasiado estreitos para a arte, ao exigir que apenas as almas regradas, moralmente equilibradas, possam nela se exprimir. Assim como nas artes plásticas, também na música e na literatura existe uma arte da alma feia, juntamente com a arte da alma bela; e os efeitos mais poderosos da arte — dobrar almas, mover pedras, humanizar animais — talvez tenha sido justamente aquela que os obteve melhor.

153. *A arte torna pesado o coração do pensador.* — Podemos ver como é forte a necessidade metafísica, e como é difícil para a natureza livrar-se dela enfim, pelo fato de mesmo no livre-pensador, após ele ter se despojado de toda metafísica, os mais altos efeitos da arte produzirem facilmente uma ressonância na corda metafísica, por muito tempo emudecida ou mesmo partida; quando, em certa passagem da Nona sinfonia de Beethoven, por exemplo, ele se sente pairando acima da Terra numa cúpula de estrelas, tendo o sonho da *imortalidade* no coração: as estrelas todas parecem cintilar em torno dele, e a Terra se afastar cada vez mais. — Tornando-se consciente desse estado, ele talvez sinta uma funda pontada no coração e suspire pela pessoa que lhe trará de volta a amada perdida, chame-se ela religião ou metafísica. Em tais momentos será posto à prova o seu caráter intelectual.

154. *Brincando com a vida.* — A facilidade e frivolidade da imaginação homérica era necessária, para suavizar e temporariamente suprimir o ânimo desmedidamente apaixonado e o intelecto extremamente agudo dos gregos. Como a vida parece amarga e cruel, quando fala esse intelecto! Eles não se iludem, mas deliberadamente cercam e embelezam a vida com mentiras. Simônides aconselhava seus patrícios a tomarem a vida como um jogo; a seriedade lhes era bem conhecida na forma de dor (pois a miséria humana é o tema que os deuses mais gostam de ver cantado) e sabiam que apenas através da arte a própria miséria pode se tornar deleite. Mas, como castigo por tal percepção,[68] foram tão atormentados pelo prazer de fabular, que na vida cotidiana tornou-se difícil para eles livrar-se da mentira e da ilusão, como todos os povos poetas, que têm igual prazer na mentira e não experimentam nisso nenhuma culpa. Provavelmente isso levava ao desespero os povos vizinhos.

155. *A crença na inspiração.* — Os artistas têm interesse em que se creia nas intuições repentinas,[69] nas chamadas inspirações; como se a idéia da obra de arte, do poema, o pensamento fundamental de uma filosofia, caísse do céu como um raio de graça. Na verdade, a fantasia do bom artista ou pensador produz continuamente, sejam coisas boas, medíocres ou ruins, mas o seu *julgamento*, altamente aguçado e exercitado, rejeita, seleciona, combina; como vemos hoje nas anotações de Beethoven, que aos poucos juntou as mais esplêndidas melodias e de certo modo as retirou de múltiplos esboços.[70] Quem separa menos rigorosamente e confia de bom grado na memória imitativa pode se tornar, em certas condições, um grande improvisador; mas a improvisação artística se encontra muito abaixo do pensamento artístico selecionado com seriedade e empenho. Todos os grandes foram grandes trabalhadores, incansáveis não apenas no inventar, mas também no rejeitar, eleger, remodelar e ordenar.

156. *Ainda a inspiração.* — Quando a energia produtiva foi represada durante um certo tempo e impedida de fluir por algum obstáculo, ocorre enfim uma súbita efusão, como se houvesse uma inspiração imediata sem trabalho interior precedente, ou seja, um milagre. Isso constitui a notória ilusão que todos os artistas, como disse, têm interesse um pouco excessivo em manter. O capital apenas se *acumulou*, não caiu do céu. Aliás, há uma inspiração aparente desse tipo também em outros domínios, como, por exemplo, no da bondade, da virtude, do vício.

157. *Os sofrimentos do gênio*[71] *e seu valor.* — O gênio artístico quer proporcionar alegria, mas, se estiver num nível muito alto, provavelmente lhe faltarão os que a desfrutem; ele oferece manjares, mas não há quem os queira. Isso lhe dá um *pathos* que às vezes é ridículo e tocante; pois no fundo ele não tem o direito de obrigar os homens ao prazer. Seu pífaro soa, mas ninguém quer dançar: pode isto ser trágico? — Talvez. Enfim, para compensar essa privação ele tem mais prazer em criar do que o restante dos homens em todas as outras espécies de atividade. Seu sofrimento é sentido como exagerado, porque o tom de seu lamento é mais forte, e sua boca, mais eloquente; *em algumas ocasiões* o seu sofrimento é de fato muito grande, mas apenas porque é grande sua ambição, sua inveja. O gênio do saber, como Kepler e Spinoza, em geral não é tão ávido, e não faz tamanho caso de seus sofrimentos e privações, na realidade maiores. Ele pode mais seguramente contar com a posteridade e se despojar do presente; enquanto um artista que faz o mesmo está jogando um jogo desesperado, em que o seu coração padecerá. Em casos muito raros — quando no mesmo indivíduo se fundem o gênio de criar e de conhecer e o gênio moral — junta-se às dores mencionadas a espécie de dores que devemos considerar as mais extravagantes exceções do mundo: os sentimentos extra- e suprapessoais, dirigidos a um povo, à humanidade, a toda a civilização, à inteira existência sofredora: os quais adquirem seu valor graças à ligação com conhecimentos particularmente difíceis e abstrusos (a compaixão em si tem pouco valor). — Mas que critério, que pedra de toque existe para verificar sua autenticidade? Não seria quase imperioso desconfiar de todos os que *dizem* ter sentimentos dessa natureza?

158. *Fatalidade da grandeza.* — Todo grande aparecimento[72] é seguido pela degeneração, sobretudo no campo da arte. O exemplo do grande homem estimula as naturezas mais vaidosas à imitação exterior ou ao excesso; e os grandes talentos carregam em si a fatalidade de esmagar muitas forças e germens mais fracos, como que transformando em deserto a natureza à sua volta. O caso mais feliz no desenvolvimento de uma arte é aquele em que vários gênios se mantêm reciprocamente em certos limites; uma luta assim permite que as naturezas mais fracas e delicadas também recebam ar e luz.

159. *A arte sendo perigosa para o artista.* — Quando a arte arrebata fortemente um indivíduo, leva-o de volta a concepções de épocas em que a arte florescia do modo mais vigoroso, e tem então uma influência regressiva. Cada vez mais o artista venera emoções repentinas, acredita em deuses e demônios, põe alma na natureza, odeia a ciência, adquire um ânimo instável como os indivíduos da Antigüidade e requer uma subversão de todas as relações que não sejam favoráveis à arte, e isso com a veemência e insensatez de uma criança. Ora, em si o artista já é um ser retardado,[73] pois permanece no jogo que é próprio da juventude e da infância: a isto se junta o fato de ele aos poucos ser "regredido" a outros tempos.[74] Desse modo acontece, afinal, um violento antagonismo entre ele e os homens de mesma idade do seu tempo, e um triste fim; assim, segundo os relatos dos antigos, Homero e Ésquilo acabaram vivendo e morrendo na melancolia.

160. *Pessoas criadas.* — Quando se diz que o dramaturgo (e o artista em geral) *cria* realmente caracteres, trata-se de um belo engano e exagero, cuja existência e propagação é um dos triunfos não intencionais e como que supérfluos da arte. Na verdade, compreendemos pouco de um homem real e vivo, e generalizamos muito superficialmente, ao lhe atribuir este ou aquele caráter; e o poeta corresponde a esta nossa atitude *muito imperfeita* para com o homem, na medida em que faz (e neste sentido "cria") esboços de gente tão superficiais quanto o nosso conhecimento das pessoas. Há muita prestidigitação nesses caracteres criados pelos artistas; não são absolutamente produtos da natureza encarnados, mas tal como homens pintados são algo tênues, não resistem a um exame próximo. Mesmo quando se diz que o caráter do homem vivo comum se contradiz freqüentemente, e que o criado pelo dramaturgo seria o protótipo que a natureza imaginou,[75] isso é inteiramente errado. Um homem real é algo *necessário* de ponta a ponta (mesmo nas chamadas contradições), mas nem sempre reconhecemos tal necessidade. O homem inventado, o fantasma, pretende significar algo necessário, mas somente para aqueles que compreendem um homem apenas numa simplificação crua e pouco natural: de modo que alguns traços fortes e freqüentemente repetidos, tendo muita luz em cima e muita sombra e penumbra ao redor, satisfazem totalmente suas exigências. Essas pessoas se dispõem a tratar o fantasma como homem real e necessário, porque estão acostumadas a, no homem real, tomar um fantasma, uma silhueta, uma abreviação arbitrária pelo todo. — Que o pintor e o escultor exprimam a "idéia" do homem é vã fantasia e ilusão dos sentidos: somos tiranizados pelos olhos, ao dizer algo assim, pois eles vêem do corpo humano apenas a superfície, a pele; mas o corpo interior faz igualmente parte da idéia. As artes plásticas querem tornar visíveis os caracteres na pele; as artes da linguagem tomam a palavra com o mesmo objetivo, retratam o caráter em som articulado. A arte procede da natural *ignorância* do homem sobre o seu interior (corpo e caráter): ela não existe para físicos ou filósofos.

161. *Superestimação de si mesmo na crença em artistas e filósofos.* — Todos nós achamos que a boa qualidade de uma obra de arte, de um artista, está demonstrada quando nos comove, nos abala. Mas primeiramente *a nossa qualidade* em matéria de julgamento e sentimento deveria estar provada: o que não acontece. Quem, no domínio das artes plásticas, comoveu e encantou mais que Bernini, quem influiu mais que aquele orador posterior a Demóstenes, que introduziu o estilo asiático e o fez predominar por dois séculos?[76] Esse domínio sobre séculos inteiros nada prova em favor da qualidade e duradoura validade de um estilo; por isso não devemos estar muito seguros de nossa crença na qualidade de qualquer artista que seja; ela não é apenas a crença na veracidade de nosso sentimento, mas também na infalibilidade de nosso julgamento, quando julgamento ou sentimento, ou mesmo ambos, podem ser de natureza demasiado grosseira ou delicada, extremados ou crus. Mesmo os benefícios e bênçãos de uma filosofia, de uma religião, nada provam quanto à sua verdade: assim como a felicidade que um louco desfruta com sua idéia fixa nada prova quanto à racionalidade dessa idéia.

162. *Culto ao gênio por vaidade*. — Porque pensamos bem de nós mesmos, mas não esperamos ser capazes de algum dia fazer um esboço de um quadro de Rafael ou a cena de um drama de Shakespeare, persuadimo-nos de que a capacidade para isso é algo sobremaneira maravilhoso, um acaso muito raro ou, se temos ainda sentimento religioso, uma graça dos céus. É assim que nossa vaidade, nosso amor-próprio, favorece o culto ao gênio: pois só quando é pensado como algo distante de nós, como um *miraculum*, o gênio não fere (mesmo Goethe, o homem sem inveja, chamava Shakespeare de sua estrela mais longínqua; o que nos faz lembrar aquele verso: "as estrelas, não as desejamos").[77] Mas, não considerando estes sussurros de nossa vaidade, a atividade do gênio não parece de modo algum essencialmente distinta da atividade do inventor mecânico, do sábio em astronomia ou história, do mestre na tática militar. Todas essas atividades se esclarecem quando imaginamos indivíduos cujo pensamento atua numa só direção, que tudo utilizam como matéria-prima, que observam com zelo a sua vida interior e a dos outros, que em toda parte enxergam modelos e estímulos, que jamais se cansam de combinar os meios de que dispõem. Também o gênio não faz outra coisa senão aprender antes a assentar pedras e depois construir, sempre buscando matéria-prima e sempre a trabalhando. Toda atividade humana é assombrosamente complexa, não só a do gênio: mas nenhuma é um "milagre". — De onde vem então a crença de que só no artista, no orador e no filósofo existe gênio? de que só eles têm "intuição"? (com o que lhes atribuímos uma espécie de lente maravilhosa, com a qual vêem diretamente a "essência"!). Claramente, as pessoas falam de gênio apenas quando os efeitos do grande intelecto lhes agradam muito e também não desejam sentir inveja. Chamar alguém de "divino" significa dizer: "aqui não precisamos competir". E além disso: tudo o que está completo e consumado é admirado, tudo o que está vindo a ser é subestimado.[78] Mas na obra do artista não se pode notar como ela *veio a ser*; essa é a vantagem dele, pois quando podemos presenciar o devir ficamos algo frios. A arte consumada da expressão[79] rejeita todo pensamento sobre o devir; ela se impõe tiranicamente como perfeição atual. Por isso os artistas da expressão são vistos eminentemente como geniais, mas não os homens de ciência. Na verdade, aquela apreciação e esta subestimação não passam de uma infantilidade da razão.

163. *A seriedade no ofício.* — Só não falem de dons e talentos inatos! Podemos nomear grandes homens de toda espécie que foram pouco dotados. Mas *adquiriram* grandeza, tornaram-se "gênios" (como se diz) por qualidades de cuja ausência ninguém que dela esteja cônscio gosta de falar: todos tiveram a diligente seriedade do artesão, que primeiro aprende a construir perfeitamente as partes, antes de ousar fazer um grande todo; permitiram-se tempo para isso, porque tinham mais prazer em fazer bem o pequeno e secundário do que no efeito de um todo deslumbrante. É fácil dar a receita, por exemplo, de como se tornar um bom novelista, mas a realização pressupõe qualidades que geralmente se ignora, ao dizer "eu não tenho talento bastante". Que alguém faça dezenas de esboços de novelas, nenhum com mais de duas páginas, mas de tal clareza que todas as palavras sejam necessárias; que registre diariamente anedotas, até aprender a lhes dar a forma mais precisa e eficaz; que seja infatigável em juntar e retratar tipos e caracteres humanos; que sobretudo conte histórias com a maior freqüência possível e escute histórias, com olhos e ouvidos atentos ao efeito provocado nos demais ouvintes; que viaje como um paisagista e pintor de costumes; que extraia de cada ciência tudo aquilo que, sendo bem exposto, produz efeitos artísticos; que reflita, afinal, sobre os motivos das ações humanas, sem desdenhar nenhuma indicação que instrua nesse campo, e reunindo tais coisas dia e noite. Nesse variado exercício deixe-se passar uns dez anos: então o que for criado na oficina poderá também aparecer em público. — Mas como faz a maioria? Não começa com as partes, mas com o todo. Um dia podem acertar um bom lance e despertar a atenção, mas depois fazem lances cada vez piores, por boas razões, por razões naturais. — Às vezes, quando faltam o caráter e a inteligência para dar forma a um tal plano de vida artística, o destino e a necessidade lhes tomam o lugar e conduzem o futuro mestre, passo a passo, através de todas as exigências de seu ofício.

164. *Perigo e benefício do culto ao gênio.* — A crença em espíritos grandes, superiores, fecundos, ainda está — não necessariamente, mas com muita freqüência — ligada à superstição, total ou parcialmente religiosa, de que esses espíritos são de origem sobre-humana e têm certas faculdades maravilhosas, mediante as quais chegariam a seus conhecimentos, de maneira completamente distinta da dos outros homens. Atribui-se a eles uma visão imediata da essência do mundo, como que através de um buraco no manto da aparência, e acredita-se que, graças a esse maravilhoso olhar vidente, sem a fadiga e o rigor da ciência, eles possam comunicar algo definitivo e decisivo acerca do homem e do mundo. Enquanto o milagre no campo do conhecimento ainda tiver crentes, talvez se possa admitir que daí resulta alguma vantagem para os crentes, na medida em que estes, por sua subordinação incondicional aos grandes espíritos, proporcionam a seu próprio espírito, durante o desenvolvimento, a melhor escola e disciplina. Por outro lado, é no mínimo questionável que a superstição relativa ao gênio, a suas prerrogativas e poderes especiais, seja proveitosa para o próprio gênio, quando nele se enraíza. Em todo caso, é um indício perigoso que o temor de si mesmo assalte o homem, seja o célebre temor dos césares ou o temor do gênio que aqui consideramos; que o aroma do sacrifício, justamente oferecido apenas a um deus, penetre o cérebro do gênio e ele comece a hesitar e se ver como sobre-humano. As conseqüências a longo prazo são: o sentimento de irresponsabilidade, de direitos excepcionais, a crença de estar nos agraciando com seu trato, uma raiva insana frente à tentativa de compará-lo a outros, ou de estimá-lo inferior e trazer à luz as falhas de sua obra. Como deixa de criticar a si mesmo, caem uma após outra as rêmiges de sua plumagem: tal superstição mina as raízes de sua força e talvez o torne mesmo um hipócrita, quando sua força o tiver abandonado. Portanto, para os grandes espíritos é provavelmente mais útil que eles se dêem conta de sua força e da origem desta, que apreendam as qualidades puramente humanas que neles confluíram, as felizes circunstâncias que ali se juntaram: energia incessante, dedicação resoluta a certos fins, grande coragem pessoal; e também a fortuna de uma educação que logo ofereceu os melhores mestres, modelos e métodos. É claro que, se têm por objetivo provocar o maior *efeito* possível, a falta de clareza sobre si mesmos e aquela semiloucura extra sempre ajudaram muito; pois em todos os tempos o que se admirou e se invejou neles foi justamente a força mediante a qual anulam a vontade dos homens e os arrastam à ilusão de que à sua frente estão líderes sobrenaturais. Sim, acreditar que alguém possui poderes sobrenaturais é algo que eleva e entusiasma os homens: neste sentido a loucura, como diz Platão, trouxe as maiores bênçãos para os homens. — Em alguns casos raros, essa porção de loucura pode também ter sido o meio pelo qual se conservou inteira uma natureza excessiva em todos os aspectos: também na vida dos indivíduos as alucinações têm com freqüência o valor de remédios que em si são venenos; mas em todo "gênio" que acredita na própria divindade o veneno se mostra afinal, à medida que o "gênio" envelhece: recordemos Napoleão, por exemplo, cujo ser cresceu e se tornou a unidade poderosa que o distingue entre os homens modernos, sem dúvida graças à fé em si mesmo e em sua estrela e ao desprezo pelos homens dela decorrente, até que enfim essa mesma fé se transformou num fatalismo quase louco, despojando-o da rapidez e agudeza de visão e vindo a ser causa de sua ruína.

165. *O gênio e o nada.* — São justamente os cérebros originais entre os artistas, os que criam a partir de si mesmos, que em certas circunstâncias podem produzir o totalmente vazio e insípido, enquanto as naturezas mais dependentes, os assim chamados talentos, estão cheias de lembranças de todas as coisas boas possíveis, e mesmo em estado de fraqueza produzem algo tolerável. Se os originais abandonam a si mesmos, porém, a memória não lhes dá nenhuma ajuda: eles se tornam vazios.

166. *O público.* — Tudo o que o povo exige da tragédia é ficar bem comovido, para poder derramar boas lágrimas; já o artista, ao ver uma nova tragédia, tem prazer nas invenções técnicas e artifícios engenhosos, no manejo e distribuição da matéria, no novo emprego de velhos motivos, velhas idéias. Sua atitude é a atitude estética frente à obra de arte, a daquele que cria; a primeira descrita, que considera apenas o conteúdo,[80] é a do povo. Do homem que está no meio não há o que dizer, ele não é povo nem artista e não sabe o que quer: também o seu prazer é confuso e pequeno.

167. *Educação artística do público.* — Quando o mesmo motivo não é tratado de cem maneiras distintas por mestres diversos, o público não aprende a ultrapassar o interesse pelo conteúdo; mas por fim ele mesmo capta e desfruta as nuances, as novas e delicadas invenções no tratamento desse motivo, ou seja, quando há muito conhece o motivo, através de numerosas elaborações, e não mais experimenta o fascínio da novidade, da curiosidade.

168. *O artista e seu séquito devem manter o passo.* — O avanço de um nível de estilo a outro deve ser lento o bastante para que não só os artistas, mas também os ouvintes e espectadores façam o mesmo avanço e saibam exatamente o que sucede. Caso contrário, surge aquele enorme abismo entre o artista que cria suas obras numa altura distante e o público que já não alcança aquela altura e por fim, desalentado, desce ainda mais. Pois quando o artista não mais eleva o seu público, este decai rapidamente, e de maneira tanto mais profunda e perigosa quanto mais alto o tiver conduzido um gênio, semelhante à águia de cujas garras a tartaruga, levada até as nuvens, tem a desgraça de cair.

169. *Origem do cômico.* — Quando se considera que por centenas de milhares de anos o homem foi um animal extremamente sujeito ao temor, e que qualquer coisa repentina ou inesperada o fazia preparar-se para a luta, e talvez para a morte, e que mesmo depois, nas relações sociais, toda a segurança repousava sobre o esperado, sobre o tradicional no pensar e no agir, então não deve nos surpreender que, diante de tudo o que seja repentino e inesperado em palavras e ação, quando sobrevém sem perigo ou dano, o homem se desafogue e passe ao oposto do temor: o ser encolhido e trêmulo de medo se ergue e se expande — o homem ri. A isso, a essa passagem da angústia momentânea à alegria efêmera, chamamos de *cômico*. No fenômeno do trágico, por outro lado, o homem passa rapidamente de uma grande e duradoura alegria para um grande medo; mas, como entre os mortais essa grande e duradoura alegria é muito mais rara que as ocasiões de angústia, há no mundo muito mais comicidade do que tragédia; rimos com muito mais freqüência do que ficamos abalados.

170. *Ambição de artista.* — Os artistas gregos, os trágicos, por exemplo, criavam para vencer; toda a sua arte é impensável sem a competição: a boa Éris de Hesíodo, a Ambição, dava asas ao seu gênio. Esta ambição exigia, antes de tudo, que sua obra mantivesse a excelência máxima *aos seus próprios olhos*, tal como *eles* compreendiam a excelência, sem consideração por um gosto reinante e pela opinião geral sobre o que é excelente numa obra de arte; e assim Ésquilo e Eurípides permaneceram muito tempo sem sucesso, até que, enfim, *educaram-se* juízes de arte que avaliaram suas obras conforme critérios por eles mesmos estabelecidos. Desse modo procuram a vitória sobre os rivais segundo sua própria avaliação, ante o seu próprio tribunal, querem de fato *ser* mais excelentes; depois exigem a concordância externa à sua avaliação, a confirmação do seu julgamento. Lutar pela glória[81] significa "fazer-se superior e desejar que isso também apareça publicamente". Se falta a primeira coisa, e a segunda é mesmo assim desejada, fala-se de *vaidade*. Quando falta a segunda, e esta ausência não é sentida, fala-se de *orgulho*.

171. *O necessário na obra de arte.* — Aqueles que tanto falam do necessário numa obra de arte exageram, se são artistas, *in majorem artis gloriam* [para maior glória da arte], ou, se são leigos, por ignorância. As formas de uma obra de arte, que exprimem suas idéias, que são sua maneira de falar, têm sempre algo de facultativo,[82] como toda espécie de linguagem. O escultor pode acrescentar ou omitir muitos pequenos traços: assim também o intérprete, seja ele um ator ou, em música, um virtuose ou maestro. Esses muitos pequenos traços e retoques lhe satisfazem num momento, e no outro, não; estão ali mais pelo artista do que pela arte, pois também ele precisa, no rigor e na autodisciplina requeridos pela apresentação da idéia básica, de doces e brinquedos para não se aborrecer.

172. *Fazendo esquecer o mestre.* — O pianista que executa a obra de um mestre terá tocado da melhor maneira possível se fizer esquecer o mestre e se der a impressão de que conta uma história sua ou de que justamente então vivencia algo. Claro que, se ele não tiver importância, todo o mundo amaldiçoará a loquacidade com que nos fala de sua vida. Ele tem de saber conquistar a imaginação do ouvinte, portanto. Assim se explicam todas as fraquezas e folias do "virtuosismo".

173. *Corriger la fortune.* — Há acasos ruins na vida dos grandes artistas, que obrigam um pintor, por exemplo, a apenas esboçar como uma idéia ligeira o seu quadro mais importante, ou que obrigaram Beethoven a nos deixar em algumas grandes sonatas (como a em Si maior)[83] apenas a insuficiente versão para piano de uma sinfonia. Nisso o artista que vem depois deve procurar corrigir a vida dos grandes homens: o que faria, por exemplo, aquele que, sendo um mestre dos efeitos orquestrais, despertasse para a vida esta sinfonia que se acha em morte aparente no piano.

174. *Diminuição.* — Há coisas, acontecimentos e pessoas que não suportam ser tratados em pequena escala. Não se pode reduzir o grupo de Laocoonte[84] às dimensões de um bibelô; a grandeza lhe é necessária. Muito mais raro, porém, é algo pequeno por natureza suportar o engrandecimento; de maneira que os biógrafos sempre conseguirão mais facilmente apresentar como pequeno um grande homem do que um pequeno como grande.

175. *A sensualidade na arte contemporânea.* — Hoje em dia os artistas freqüentemente se enganam, quando se esforçam por obter um efeito sensual com suas obras; porque seus espectadores ou ouvintes já não têm os sentidos plenos, e a obra, totalmente contra a intenção do artista, leva-os a uma "santidade" da percepção que é parenta próxima do tédio. — Sua sensualidade talvez comece onde a do artista acaba; elas se encontrariam num ponto, quando muito.

176. *Shakespeare como moralista.* — Shakespeare refletiu muito sobre as paixões e, provavelmente por seu temperamento, teve acesso íntimo a muitas delas (os dramaturgos são, em geral, pessoas um tanto más). Porém não conseguiu, como Montaigne, falar a respeito delas, e colocou suas observações *sobre* as paixões na boca de figuras apaixonadas: o que sem dúvida é contrário à natureza, mas torna seus dramas tão ricos de pensamentos, que eles fazem os demais parecerem vazios e facilmente despertam aversão geral a eles. — As sentenças de Schiller (quase sempre baseadas em idéias falsas ou insignificantes) são sentenças para o teatro, e como tais causam grande efeito: enquanto as sentenças de Shakespeare fazem honra ao seu modelo Montaigne, e contêm sob forma polida pensamentos muito sérios, mas por isso demasiado remotos e sutis para os olhos do público teatral, e portanto ineficazes.

177. *Fazer-se ouvir bem.* — Devemos não apenas saber tocar bem, mas igualmente fazer com que nos ouçam bem. O violino, nas mãos do maior dos mestres, emite apenas um chiado, quando a sala é grande demais; pode-se então confundir o mestre com um arranhador qualquer.

178. *A eficácia do incompleto.* — Assim como as figuras em relevo fazem muito efeito sobre a imaginação por estarem como que a ponto de sair da parede e subitamente se deterem, inibidas por algo: assim também a apresentação incompleta, como um relevo, de um pensamento, de toda uma filosofia, é às vezes mais eficaz que a apresentação exaustiva: deixa-se mais a fazer para quem observa, ele é incitado a continuar elaborando o que lhe aparece tão fortemente lavrado em luz e sombra, a pensá-lo até o fim e superar ele mesmo o obstáculo que até então impedia o desprendimento completo.

179. *Contra os originais.* — Quando a arte se veste do tecido mais gasto é que melhor a reconhecemos como arte.

180. *Espírito coletivo.* — Um bom escritor não tem apenas o seu próprio espírito, mas também o espírito de seus amigos.

181. *Duas espécies de desconhecimento.* — O infortúnio dos escritores agudos e claros é que os consideramos rasos, e por isso não lhes dispensamos maior esforço; e a sorte dos escritores obscuros é que o leitor se ocupa bastante deles e lhes credita o prazer que tem com sua própria diligência.

182. *Relação com a ciência.* — Não têm real interesse por uma ciência aqueles que começam a se entusiasmar por ela somente depois que nela fazem descobertas.

183. *A chave.* — Aquele pensamento ao qual, sob o riso e o escárnio dos medíocres, um homem eminente dá grande valor, é para ele uma chave de tesouros secretos, e para aqueles apenas um pedaço de ferro velho.

184. *Intraduzível.* — Não é o melhor nem o pior num livro, aquilo que nele é intraduzível.

185. *Paradoxos do autor.* — Os chamados paradoxos do autor, aos quais o leitor faz objeção, freqüentemente não estão no livro do autor, mas na cabeça do leitor.

186. *Espirituosidade*. — Os autores mais espirituosos provocam o sorriso mais imperceptível.

187. *A antítese*. — A antítese é a porta estreita que o erro mais gosta de usar para se introduzir na verdade.

188. *Pensadores como estilistas*. — A maioria dos pensadores escreve mal, porque nos comunica não apenas seus pensamentos, mas também o pensar dos pensamentos.

189. *Idéias na poesia*. — O poeta conduz solenemente suas idéias na carruagem do ritmo: porque habitualmente elas não conseguem andar sozinhas.

190. *O pecado contra o espírito do leitor*. — Quando o autor nega seu talento para se equiparar ao leitor, comete o único pecado mortal que este jamais lhe perdoa; caso o perceba, naturalmente. Pode-se dizer tudo quanto é ruim de um homem; mas na maneira de dizê-lo devemos saber restaurar sua vaidade.

191. *O limite da honestidade*. — Também o escritor mais honesto deixa escapar uma palavra a mais, quando quer arredondar um período.

192. *O melhor autor*. — O melhor autor será aquele que tem vergonha de se tornar escritor.

193. *Lei draconiana para os escritores*. — Deveríamos considerar o escritor como um malfeitor que apenas em raríssimos casos merece a absolvição ou a graça: isto seria um remédio contra a proliferação dos livros.

194. *Os bufões da cultura moderna*. — Os bufões das cortes medievais correspondem aos nossos folhetinistas; é o mesmo tipo de homens, semi-racionais, espirituosos, exagerados, tolos, às vezes presentes tão-só para amenizar o *pathos* de um estado de espírito através de repentes[85] e de tagarelice, e para abafar com seu alarido o toque de sino pesado e solene dos grandes eventos; outrora a serviço de príncipes e nobres, agora a serviço dos partidos (tanto que no espírito e na disciplina do partido sobrevive hoje uma boa parte da antiga submissão do povo no relacionamento com o príncipe). Mas toda a classe dos literatos modernos está muito próxima dos folhetinistas, são os "bufões da cultura moderna", que julgamos mais suavemente, ao não tomá-los como inteiramente responsáveis. Tomar a atividade de escrever como uma profissão da vida inteira deveria razoavelmente ser considerado uma espécie de loucura.

195. *Tal como os gregos*. — Nos dias de hoje é um grande obstáculo para o conhecimento o fato de, graças a uma exacerbação do sentimento que já dura um século, as palavras terem se tornado vaporosas e infladas. O grau superior da cultura, que se coloca sob o domínio (se não sob a tirania) do conhecimento, tem necessidade de uma grande sobriedade do sentimento e forte concentração das palavras; nisso os gregos da época de Demóstenes nos precederam. O exagero caracteriza os textos modernos; e mesmo quando são escritos de maneira simples, as palavras que contêm são *sentidas* muito excentricamente. Reflexão severa, concisão, frieza, simplicidade deliberadamente levada ao extremo; em suma, restrição do sentimento e laconismo — só isso pode ajudar. — Aliás, esse modo frio de escrever e sentir é agora, por contraste, muito sedutor: e aí está um novo perigo, certamente. Pois o frio agudo é um estimulante tão bom quanto o calor elevado.

196. *Bons narradores, maus explicadores*. — Nos bons narradores há freqüentemente uma segurança e coerência psicológica admirável, na medida em que ela se mostra nos atos de seus personagens, num contraste francamente ridículo com a ineptidão do seu pensamento psicológico: de modo que sua cultura parece, num dado instante, excelente e elevada, e lamentavelmente baixa no instante seguinte. Acontece com muita freqüência que eles expliquem seus heróis e as ações destes de maneira visivelmente *errada* — quanto a isso não há dúvida, embora pareça improvável. Talvez o maior dos pianistas tenha refletido pouco sobre as condições técnicas e a especial virtude, falha, utilidade e educabilidade de cada dedo (ética dactílica), cometendo erros grosseiros ao falar dessas coisas.

197. *Os escritos de nossos conhecidos e seus leitores.* — Lemos de maneira dupla o que escrevem os conhecidos (amigos e inimigos), na medida em que nosso conhecimento nos sussurra permanentemente: "Isso é dele, é uma marca de sua natureza interior, de suas vivências, de seu talento", enquanto uma outra espécie de conhecimento busca verificar que proveito tem essa obra, que estima ela merece independentemente do autor, que enriquecimento traz para o saber. Essas duas espécies de leitura e de consideração se chocam, está claro. Mesmo a conversa com um amigo só produzirá bons frutos de conhecimento quando ambos pensarem apenas na questão e esquecerem que são amigos.

198. *Sacrifício do ritmo.* — Bons escritores mudam o ritmo de alguns períodos, apenas por não reconhecerem no leitor comum a capacidade de apreender a cadência do período na sua primeira versão: por isso facilitam as coisas para ele, dando preferência a ritmos mais conhecidos. — Essa consideração pela incapacidade rítmica dos leitores atuais já arrancou alguns suspiros, pois muito já lhe foi sacrificado. Não acontece algo semelhante com os bons músicos?

199. *O incompleto como estimulante artístico.* — O que é incompleto produz, com freqüência, mais efeito que o completo, sobretudo no panegírico: este requer precisamente a instigante incompletude, como um elemento irracional que mostra à imaginação do ouvinte um mar e, semelhante a uma névoa, esconde a margem oposta, isto é, os limites do objeto a ser louvado. Quando mencionamos os méritos conhecidos de uma pessoa, e o fazemos de maneira larga e minuciosa, pode ocorrer a suspeita de que seriam os únicos méritos. Quem louva de maneira completa se põe acima do elogiado, parece *perdê-lo de vista*.[86] Por isso o que é completo tem um efeito debilitante.

200. *Cautela no escrever e no ensinar.* — Quem já escreveu, e sente em si a paixão de escrever, quase que só aprende, de tudo o que faz e vive, aquilo que é literariamente comunicável. Já não pensa em si, mas no escritor e seu público; ele quer compreender,[87] mas não para uso próprio. Quem é professor, geralmente é incapaz de ainda fazer algo para o próprio bem, está sempre pensando no bem de seus alunos, e cada conhecimento só o alegra na medida em que pode ensiná-lo. Acaba por considerar-se uma via de passagem para o saber, um simples meio, de modo que perde a seriedade para consigo.

201. *Necessidade de maus escritores.* — Sempre deverão existir maus escritores, pois eles atendem ao gosto das faixas de idade não desenvolvidas, imaturas; estas têm suas necessidades, tanto como as maduras. Se a vida humana fosse mais longa, o número de indivíduos amadurecidos seria maior ou, no mínimo, tão grande quanto o de imaturos; ocorre que a imensa maioria morre cedo demais, isto é, há sempre bem mais intelectos não desenvolvidos e com mau gosto. Além disso eles desejam, com a enorme veemência da juventude, a satisfação daquilo de que necessitam, e *forçam* o surgimento de maus autores.

202. *Perto demais e longe demais.* — É freqüente o leitor e o autor não se entenderem porque o autor conhece bem demais o seu tema e o acha quase enfadonho, dispensando os exemplos que conhece às dúzias; mas o leitor é estranho à matéria, e a considera mal fundamentada se os exemplos lhe são negados.

203. *Uma preparação para a arte que desapareceu.* — De tudo o que se fazia no ginásio,[88] o mais valioso era a prática do estilo latino: pois ela era um *exercício de arte*, enquanto as demais ocupações tinham apenas o saber por objetivo. Dar primazia à composição alemã é barbarismo, pois não temos estilo alemão exemplar, que se tenha nutrido da eloqüência pública; mas, se quisermos promover o exercício do pensamento através da composição alemã, será sem dúvida melhor ignorar momentaneamente o estilo, ou seja, distinguir entre o exercício do pensamento e o da exposição. Este último deveria se aplicar às várias formulações de um dado conteúdo, e não à invenção independente de um conteúdo. A simples exposição de um dado conteúdo era a tarefa do estilo latino, para o qual os velhos mestres possuíam uma finura de ouvido que há muito se perdeu. Quem antes aprendia a escrever bem numa língua moderna, devia tal habilidade a esse exercício (hoje temos que obrigatoriamente freqüentar os antigos franceses); mais ainda: esse alguém obtinha noção da majestade e dificuldade da forma, e preparava-se para a arte pela única via correta — a prática.

204. *O escuro e o muito claro bem próximos.* — Escritores que em geral não sabem dar clareza a suas idéias preferirão, em casos particulares, os termos e superlativos mais fortes, mais exagerados: o que produz um efeito semelhante à luz de archotes em emaranhados caminhos da floresta.

205. *Pintura literária.* — Um objeto significativo será representado melhor quando se toma as cores para o quadro do próprio objeto, como um químico, usando-as depois como um artista: de modo que o desenho resulte das fronteiras e gradações das cores. Assim a pintura adquire algo do elemento natural arrebatador, que torna significativo o próprio objeto.

206. *Livros que ensinam a dançar.* — Há escritores que, por apresentarem o impossível como possível e falarem do moral e do genial como se ambos fossem apenas um capricho, um gosto, provocam um sentimento de liberdade exuberante, como se o homem se colocasse na ponta dos pés e tivesse absolutamente que dançar por prazer interior.

207. *Pensamentos inacabados.* — Assim como não apenas a idade adulta, mas também a juventude e a infância têm valor *em si*, não devendo ser estimadas tão-só como pontes e passagens, do mesmo modo têm seu valor os pensamentos inacabados. Por isso não devemos atormentar um poeta com uma sutil exegese, mas alegrarmo-nos com a incerteza de seu horizonte, como se o caminho para vários pensamentos ainda estivesse aberto. Estamos no limiar; esperamos, como a desenterrar um tesouro: como se estivesse para ocorrer um profundo achado. O poeta antecipa algo do prazer do pensador, quando este encontra um pensamento capital, e assim nos faz tão ávidos que procuramos apanhá-lo; mas ele passa volteando por nossa cabeça, mostrando suas belíssimas asas de borboleta — e contudo nos escapa.

208. *O livro quase tornado gente.* — Para todo escritor é sempre uma surpresa o fato de que o livro tenha uma vida própria, quando se desprende dele; é como se parte de um inseto se destacasse e tomasse um caminho próprio. Talvez ele se esqueça do livro quase totalmente, talvez se eleve acima das opiniões que nele registrou, talvez até não o compreenda mais, e tenha perdido as asas em que voava ao concebê-lo: enquanto isso o livro busca seus leitores, inflama vidas, alegra, assusta, engendra novas obras, torna-se a alma de projetos e ações — em suma: vive como um ser dotado de espírito e alma, e contudo não é humano. — A sorte maior será a do autor que, na velhice, puder dizer que tudo o que nele eram pensamentos e sentimentos fecundantes, animadores, edificantes, esclarecedores, continua a viver em seus escritos, e que ele próprio já não representa senão a cinza, enquanto o fogo se salvou e em toda parte é levado adiante. — Se considerarmos que toda ação de um homem, não apenas um livro, de alguma maneira vai ocasionar outras ações, decisões e pensamentos, que tudo o que ocorre se liga indissoluvelmente ao que vai ocorrer, perceberemos a verdadeira *imortalidade*, que é a do movimento: o que uma vez se moveu está encerrado e eternizado na cadeia total do que existe, como um inseto no âmbar.

209. *Alegria na velhice.* — O pensador ou artista que guardou o melhor de si em suas obras sente uma alegria quase maldosa, ao olhar seu corpo e seu espírito sendo alquebrados e destruídos pelo tempo, como se de um canto observasse um ladrão a arrombar seu cofre, sabendo que ele está vazio e que os tesouros estão salvos.

210. *Serena fecundidade.* — Os aristocratas natos do espírito não são muito zelosos; suas criações aparecem e caem da árvore numa tranqüila tarde de outono, sem que sejam impacientemente desejadas, encorajadas, pressionadas pelo novo. O desejo incessante de criar é vulgar, demonstra fervor, inveja, ambição. Quando se é alguma coisa, não é preciso fazer nada — e contudo se faz muito. Acima do homem "produtivo" há uma espécie mais elevada.

211. *Aquiles e Homero.* — É sempre como foi com Aquiles e Homero: um tem a vivência, a sensação, o outro as *descreve*. Um verdadeiro escritor dá somente palavras aos afetos e à experiência dos outros, ele é artista o suficiente para, a partir do pouco que sentiu, adivinhar bastante. Os artistas não são de modo algum homens de grandes paixões, mas freqüentemente *fingem* sê-lo, com a percepção inconsciente de que as paixões por eles pintadas receberão maior crédito, se suas próprias vidas indicarem experiência nesse campo. Basta apenas se deixar levar, não se dominar, conceder livre jogo a sua ira e seu desejo, e logo o mundo inteiro gritará: como ele é apaixonado! Mas a paixão que revolve, que consome e freqüentemente devora o indivíduo, tem seu peso: quem a vivencia não a descreve em peças teatrais, sons ou romances. Com freqüência os artistas são indivíduos *desenfreados*, justamente na medida em que não são artistas: mas isso é outra coisa.

212. *Dúvidas antigas sobre o efeito da arte.* — Seriam a compaixão e o medo, como quer Aristóteles, realmente purgados pela tragédia, de modo que o espectador volta para casa mais frio e mais calmo? Deveriam as histórias de fantasmas tornar as pessoas menos medrosas e supersticiosas? No caso de alguns processos físicos, no ato do amor, por exemplo, é verdade que, com a satisfação de uma necessidade, há uma mitigação e uma temporária diminuição do instinto. Mas o medo e a compaixão não são, neste sentido, necessidades de determinados órgãos que querem ser aliviadas. E com o tempo o próprio instinto é, mediante o exercício da satisfação, *reforçado*, apesar das mitigações periódicas. É possível que em todo caso individual a compaixão e o medo sejam atenuados e purgados pela tragédia: no entanto, pelo efeito trágico poderiam ser ampliados no conjunto, e Platão talvez tivesse razão em pensar que a tragédia nos torna mais medrosos e sentimentais, afinal. Então o próprio autor trágico adquiriria necessariamente uma visão do mundo sombria e medrosa, e uma alma tenra, suscetível e lacrimosa; também estaria de acordo com Platão, se os autores trágicos, e as comunidades inteiras que com eles se deleitam especialmente, degeneram numa crescente falta de medida e de freio. — Mas que direito tem nossa época de responder a enorme questão de Platão acerca da influência moral da arte? Mesmo que tivéssemos a arte — onde está a influência, uma influência *qualquer* da arte?

213. *O prazer no absurdo.* — Como pode o homem ter prazer no absurdo? Onde quer que haja risos no mundo, isto acontece; pode-se mesmo dizer que, em quase toda parte onde existe felicidade, existe o prazer no absurdo. A inversão da experiência em seu contrário, do que tem finalidade no que não tem, do necessário no arbitrário, mas de modo que este processo não cause nenhum mal e seja concebido apenas por exuberância — isso deleita, pois nos liberta momentaneamente da coerção do necessário, do apropriado e experimentado, que costumamos ver como nossos senhores implacáveis; brincamos e rimos quando o inesperado (que geralmente amedronta e inquieta) se desencadeia sem prejudicar. É o prazer dos escravos nas Saturnais.

214. *Enobrecimento da realidade.* — O fato de que os homens viam no impulso afrodisíaco uma divindade, e com reverente gratidão o sentiam atuar dentro de si, levou a que no curso do tempo esse afeto fosse permeado com séries de concepções mais elevadas,[89] assim ficando realmente muito enobrecido. Em virtude dessa arte da idealização, alguns povos transformaram doenças em poderosos auxiliares da cultura: os gregos, por exemplo, que nos primeiros séculos sofreram grandes epidemias nervosas (na forma da epilepsia e da dança de São Guido) e disso formaram o tipo magnífico da bacante. Pois algo que os gregos não possuíam era uma saúde robusta — seu segredo era venerar também a doença como uma divindade, desde que tivesse *poder*.

215. *A música.* — A música, em si, não é tão significativa para o nosso mundo interior, tão profundamente tocante, que possa valer como linguagem *imediata* do sentimento; mas sua ligação ancestral com a poesia pôs tanto simbolismo no movimento rítmico, na intensidade ou fraqueza do tom, que hoje *imaginamos* que ela fale diretamente ao nosso íntimo e que dele parta. A música dramática é possível apenas quando a arte sonora conquistou um imenso domínio de meios simbólicos, com o *lied*, a ópera e centenas de tentativas de pintura tonal. A "música absoluta" é, ou forma em si, no estado cru da música, em que o ressoar medido e variamente acentuado já causa prazer, ou o simbolismo das formas, que sem poesia já fala à compreensão, depois que as duas artes estiveram unidas numa longa evolução, e por fim a forma musical se entreteceu totalmente com fios de conceitos e sentimentos. Os homens que permaneceram atrasados no desenvolvimento da música podem sentir de maneira puramente formal a peça que os avançados entendem de modo inteiramente simbólico. Em si, música alguma é profunda ou significativa, ela não fala da "vontade" ou da "coisa em si"; isso o intelecto só pôde imaginar numa época que havia conquistado toda a esfera da vida interior para o simbolismo musical. Foi o próprio intelecto que *introduziu* tal significação no som: assim como pôs nas relações de linhas e massas da arquitetura um significado que é, em si, completamente estranho às leis mecânicas.

216. *Gesto e linguagem.* — Mais antiga que a linguagem é a imitação dos gestos, que acontece involuntariamente e que ainda hoje, com toda a supressão da linguagem gestual e a educação para controlar os músculos, é tão forte que não podemos ver um rosto que se altera sem que haja excitação do nosso próprio rosto (podemos observar que um bocejo simulado provoca, em quem o vê, um bocejo natural). O gesto imitado reconduzia o imitador ao sentimento que expressava no rosto ou no corpo do imitado. Assim aprendemos a nos compreender; assim a criança aprende a compreender a mãe. Em geral, sensações dolorosas eram provavelmente expressas também por gestos que causavam dor (por exemplo, arrancar os cabelos, bater no peito, distorcer e retesar violentamente os músculos do rosto). Inversamente, gestos de prazer eram eles próprios prazerosos, e com isso se prestavam a comunicar o entendimento (o riso como expressão da cócega, que é prazerosa, serviu também para exprimir outras sensações prazerosas). — Tão logo as pessoas se entenderam pelos gestos, pôde nascer um *simbolismo* dos gestos: isto é, pudemos nos pôr de acordo acerca de uma linguagem de signos sonoros, de modo a produzir primeiro som *e* gesto (ao qual o primeiro se juntava simbolicamente) e mais tarde só o som. — Nos primeiros tempos deve ter ocorrido freqüentemente o que agora sucede ante nossos olhos e ouvidos no desenvolvimento da música, notadamente a música dramática: enquanto num primeiro momento, sem dança e mímica (linguagem de gestos) explicativas, música é ruído vazio, graças a uma longa habituação a essa convivência de música e movimento o ouvido é educado para interpretar imediatamente as figuras sonoras, e por fim chega a um nível de rápida compreensão, em que já não tem necessidade do movimento visível e sem o qual *entende* o compositor. Fala-se então de música absoluta, isto é, de música em que tudo é logo compreendido simbolicamente, sem qualquer ajuda.

217. *A dessensualização da grande arte.* — Graças ao extraordinário exercício imposto ao intelecto pela evolução artística da nova música, nossos ouvidos se tornaram cada vez mais intelectuais. Por isso hoje suportamos um volume de som bem maior, muito mais "barulho", porque estamos bem mais treinados do que nossos predecessores para escutar *a razão que existe nele*. Pois pelo fato de agora buscarem imediatamente a razão, ou seja, "o que significa", e não mais "o que é", nossos sentidos ficaram algo embotados: embotamento que se revela, por exemplo, no domínio incondicional do sistema temperado; pois constituem exceção os ouvidos que ainda fazem distinções sutis, como entre dó sustenido e ré bemol. Neste ponto nosso ouvido ficou mais grosseiro. E depois o lado feio do mundo, originalmente hostil aos sentidos, foi conquistado para a música; sua esfera de poder, sobretudo para a expressão do sublime, do terrível, do misterioso, aumentou espantosamente com isso; agora nossa música dá a palavra a coisas que antes não tinham linguagem. De modo semelhante, alguns pintores tornaram o olho mais intelectual e ultrapassaram em muito aquilo que antes se chamava prazer das cores e das formas. Também aqui o lado do mundo que era tido como feio foi conquistado pela inteligência artística. — Qual a conseqüência de tudo isso? Quanto mais capazes de pensar se tornam o olho e o ouvido, tanto mais se aproximam da fronteira em que se tornam insensíveis:[90] o prazer é transferido para o cérebro, os próprios órgãos dos sentidos se tornam embotados e débeis, o simbólico toma cada vez mais o lugar daquilo que é[91] — e assim chegamos à barbárie por esse caminho, tão seguramente como por qualquer outro. No momento ainda se diz: o mundo é mais feio do que nunca, mas *significa* um mundo mais belo do que jamais foi. Mas quanto mais se dispersa e volatiliza a fragrância do significado, tanto mais raros se tornam aqueles que ainda a percebem: os restantes se detêm enfim no que é feio e tentam fruí-lo diretamente, o que jamais conseguem. De modo que há na Alemanha uma dupla corrente de evolução musical: de um lado um grupo de dez mil pessoas, com exigências cada vez mais elevadas e delicadas, e cada vez mais atentas para o "isso significa", e de outro lado a imensa maioria, que a cada ano se torna mais incapaz de entender o significativo também na forma da feiúra sensorial, e por isso aprende a buscar na música o feio e repugnante em si, isto é, o baixamente sensual, com satisfação cada vez maior.

218. *A pedra é mais pedra do que antes.* — Em geral já não entendemos a arquitetura, pelo menos não do modo como entendemos a música. Distanciamo-nos do simbolismo das linhas e figuras, assim como nos desabituamos dos efeitos sonoros da retórica, e não mais nos nutrimos dessa espécie de leite cultural materno já no primeiro instante de nossa vida. Numa construção grega ou cristã, originalmente tudo significava algo, em relação a uma ordem superior das coisas: essa atmosfera de inesgotável significação envolvia o edifício como um véu encantado. A beleza se incluía apenas de modo secundário no sistema, não prejudicando essencialmente o sentimento básico do sublime-inquietante, do consagrado pela vizinhança divina e pela magia; no máximo, a beleza *amenizava o horror* — mas esse horror era em toda parte o pressuposto. — O que é para nós, hoje em dia, a beleza de uma construção? O mesmo que o belo rosto de uma mulher sem espírito: algo como uma máscara.

219. *Origem religiosa da música moderna.* — A música cheia de alma surge no catolicismo restaurado após o Concílio de Trento, com Palestrina, que providenciou sonoridades para o espírito recém-desperto e profundamente movido; depois com Bach, no protestantismo, na medida em que este foi aprofundado e despojado de seu dogmatismo original pelos pietistas.[92] Um pré-requisito e estágio preliminar necessário, nas duas origens, foi ocupar-se da música tal como se fazia na época do Renascimento e Pré-Renascimento, isto é, de maneira douta, com aquele prazer, no fundo científico, pelos artifícios da harmonia e do contraponto. E também foi necessário o precedente da ópera: na qual o leigo manifestava seu protesto contra uma música que se tornara fria, excessivamente douta, e pretendia devolver a Polímnia[93] sua alma. — Sem essa mudança profundamente religiosa, sem o ressoar de um ânimo intimamente tocado, a música teria permanecido douta ou operística; o espírito da Contra-Reforma é o espírito da música moderna (pois o pietismo da música de Bach é também uma espécie de Contra-Reforma). Tão profunda é a nossa dívida para com a vida religiosa. — A música foi a *Contra-Renascença* no domínio da arte; a ela se relaciona a pintura da última fase de Murillo, e talvez também o estilo barroco; em todo o caso, mais que a arquitetura da Renascença ou da Antiguidade. E agora podemos perguntar: se nossa música moderna pudesse mover as pedras, chegaria a juntá-las numa arquitetura antiga? Duvido bastante. Pois aquilo que reina nessa música, o afeto, o prazer em disposições elevadas e exaltadas, o querer a vitalidade a todo preço, a brusca mudança de sentimento, o intenso relevo em luz e sombra, a justaposição do extático e do ingênuo — tudo isso já reinou nas artes plásticas e criou novas leis de estilo: — mas não na Antiguidade, nem na época da Renascença.

220. *O Além na arte*. — Não é sem profundo pesar que admitiremos que os artistas de todos os tempos, em seus mais altos vôos, levaram a uma transfiguração celestial exatamente as concepções que hoje reconhecemos como falsas: eles glorificam os erros religiosos e filosóficos da humanidade, e não poderiam fazê-lo sem acreditar na verdade absoluta desses erros. Se a crença em tal verdade diminui, empalidecem as cores do arco-íris nos extremos do conhecer e do imaginar humanos: então nunca mais poderá florescer o gênero de arte que, como a *Divina comédia*, os quadros de Rafael, os afrescos de Michelangelo, as catedrais góticas, pressupõe um significado não apenas cósmico, mas também metafísico nos objetos da arte. Um dia, uma lenda comovente contará que existiu certa vez uma tal arte, uma tal crença de artista.

221. *A revolução na poesia*. — A severa coerção que se impuseram os dramaturgos franceses, com respeito à unidade de ação, de tempo e lugar, ao estilo, à construção do verso e da frase, à escolha de palavras e pensamentos, foi uma escola tão importante como a do contraponto e da fuga na evolução da música moderna, ou como as figuras de Górgias na eloqüência grega. Restringir-se desse modo pode parecer absurdo; mas não há outro meio de escapar ao naturalismo, senão limitando-se, no início, o mais severamente (talvez o mais arbitrariamente) possível. Assim se aprende aos poucos a caminhar com graça, mesmo nas estreitas pontes que ligam abismos vertiginosos, e se retorna com o lucro da mais alta flexibilidade do movimento: como a história da música tem demonstrado a todos os que vivem. Aí se vê como gradualmente as cadeias se tornam mais frouxas, até parecerem abandonadas: tal *aparência* é o resultado maior de uma evolução necessária da arte. Na moderna arte poética não houve essa afortunada liberação gradual das cadeias impostas a si mesma. Lessing fez da forma francesa, isto é, a única forma artística moderna, objeto de escárnio na Alemanha, e indicou Shakespeare; assim perdemos a continuidade dessa liberação e demos um salto para o naturalismo — ou seja, de volta ao começo da arte. Goethe procurou salvar-se dele, limitando-se renovadamente de várias maneiras; mas mesmo o mais talentoso artista consegue apenas um experimentar contínuo, se estiver rompido o fio da evolução. Schiller deve a relativa segurança de sua forma ao modelo da tragédia francesa, que involuntariamente respeitou, ainda que negasse, e se manteve independente de Lessing (cujas tentativas dramáticas ele rejeitou, como se sabe). Aos próprios franceses faltaram, depois de Voltaire, os grandes talentos que teriam prosseguido com a evolução da tragédia, da coerção à aparência de liberdade; mais tarde, conforme o exemplo alemão, também deram um salto para uma espécie de estado natural da arte, à maneira de Rousseau, e fizeram experiências. Leia-se de quando em quando o *Maomé* de Voltaire, para imaginar com clareza o que, devido a essa ruptura da tradição, se perdeu em definitivo para a cultura européia. Voltaire foi o último dos grandes dramaturgos, o último a sujeitar com moderação grega sua alma multiforme, que estava à altura também das maiores tempestades trágicas — ele foi capaz daquilo de que nenhum alemão foi capaz, porque a natureza dos franceses é muito mais aparentada à dos gregos que a natureza dos alemães —; assim como foi o último grande escritor que no tratamento da prosa oratória teve ouvido grego, consciência artística grega e simplicidade e graça gregas; e foi também um dos últimos homens a reunir em si a suprema liberdade do espírito e uma mentalidade decididamente não revolucionária, sem ser covarde ou inconseqüente. Desde então o espírito moderno, com sua inquietude, com seu ódio à medida e ao limite, passou a dominar em todos os campos, primeiro desencadeado pela febre da revolução e depois novamente impondo-se rédeas, quando assaltado por medo e horror de si mesmo — mas as rédeas da lógica, não mais da medida artística. É certo que devido a essa liberação desfrutamos por algum tempo a poesia de todos os povos, tudo o que cresceu em lugares recônditos, o primitivo, o selvagem, o belo-estranho e o gigantesco-irregular, desde o canto popular até o "grande bárbaro" Shakespeare; saboreamos as alegrias da cor local e do costume da época, até então desconhecidas de todos os povos artísticos; aproveitamos sobejamente as "vantagens bárbaras" de nosso tempo, que Goethe fez valer contra Schiller, para pôr em luz favorável a ausência de forma de seu *Fausto*. Mas por quanto tempo ainda? A maré transbordante de poesias de todos os estilos e de todos os povos *deverá*, pouco a pouco, atingir as partes do globo onde ainda seria possível um crescimento calmo e recolhido; todos os poetas *deverão* se tornar imitadores experimentais, copistas ousados, por maior que seja a sua força no início; e o público, enfim, que desaprendeu de ver no *sujeitamento* da força de expressão, no domínio e organização dos meios artísticos, o ato propriamente artístico, *deverá* cada vez mais apreciar a energia pela energia, e mesmo a cor pela cor, a idéia pela idéia, mesmo a inspiração pela inspiração, e por conseguinte não desfrutará os elementos e as condições da obra de arte senão *isoladamente*, e no fim das contas fará a exigência natural de que o artista *deve* também representá-los isoladamente. Sim, libertamo-nos das cadeias "insensatas" da arte greco-francesa, mas inadvertidamente nos habituamos a achar insensatas todas as cadeias, todas as limitações; — e assim a arte se move rumo à dissolução, nisso tocando — o que é altamente instrutivo, sem dúvida — todas as fases de seus primórdios, de sua infância, de sua imperfeição, das ousadias e extravagâncias de antanho: ela interpreta, ao sucumbir, sua gênese e seu devir. Um dos grandes, em cujo instinto bem podemos nos fiar e a cuja teoria nada faltou senão trinta anos *mais* de prática, lorde Byron, disse uma vez: "No que diz respeito à poesia em geral, quanto mais reflito, mais me convenço de que todos nós estamos no caminho errado, sem exceção. Seguimos todos um sistema revolucionário intimamente errado — a nossa geração, ou a próxima, chegará à mesma convicção". E foi o mesmo Byron quem disse: "Considero Shakespeare o pior modelo, embora o mais extraordinário dos poetas". E no fundo não diz a mesma coisa a percepção artística madura de Goethe, na segunda metade de sua vida? — essa percepção com a qual conquistou tamanha dianteira sobre várias gerações, de modo que se pode afirmar que Goethe ainda não exerceu sua influência e que seu tempo ainda está por chegar? Justamente porque sua natureza o manteve durante muito tempo na via da revolução poética, justamente porque saboreou o mais radicalmente possível tudo quanto, através dessa ruptura com a tradição, foi indiretamente descoberto e como que desenterrado de sob as ruínas da arte, em termos de achados, perspectivas, recursos, é que sua posterior transformação e conversão tem tanto peso: significa que ele experimentou o mais profundo anseio de recuperar a tradição da arte, e dotar da antiga perfeição e inteireza os escombros e arcadas remanescentes dos templos, com a fantasia do olhar, pelo menos, quando a força do braço revelar-se pequena demais para construir, onde a destruição já requereu esforços imensos. Assim viveu ele na arte, como na recordação da verdadeira arte: seu poetar tornou-se um meio de recordar, de compreender épocas artísticas antigas, há muito passadas. Suas pretensões eram sem dúvida irrealizáveis, tendo em vista a força da idade moderna; mas a dor que sentiu por isso foi largamente compensada pela alegria de saber que elas *foram* realizadas um dia, e que também nós ainda podemos participar dessa realização. Nada de indivíduos, mas sim máscaras mais ou menos ideais; nada de realidade, mas sim uma generalidade alegórica; cores locais, caracteres históricos atenuados até ficarem quase invisíveis e tornados míticos; a sensibilidade atual e os problemas da sociedade atual reduzidos às formas mais simples, despojados de suas qualidades excitantes, palpitantes, patológicas, tornados *ineficazes* em qualquer outro sentido que não o artístico; nada de temas e caracteres novos, mas sim os velhos e há muito habituais, numa sempre contínua reanimação e reformulação: isso é a arte, tal como depois Goethe a *compreendeu*, tal como os gregos e também os franceses a *praticaram*.

222. *O que resta da arte.* — É verdade que, existindo certos pressupostos metafísicos, a arte tem valor muito maior; por exemplo, quando vigora a crença de que o caráter é imutável e de que a essência do mundo se exprime continuamente em todos os caracteres e ações: a obra do artista se torna então a imagem do que *subsiste eternamente*, enquanto em nossa concepção o artista pode conferir validade à sua imagem somente por um período, porque o ser humano, como um todo, mudou e é mutável, e tampouco o indivíduo é algo fixo e constante. — O mesmo sucede com outra pressuposição metafísica: supondo que nosso mundo visível fosse apenas aparência, como pensam os metafísicos, a arte estaria situada bem próxima do mundo real: pois entre o mundo das aparências e o mundo de sonho do artista haveria muita semelhança; e a diferença que restasse colocaria até mesmo a importância[94] da arte acima daquela da natureza, porque a arte representaria o uniforme, os tipos e modelos da natureza. — Mas esses pressupostos são errados: que lugar ainda tem a arte, após esse conhecimento? Antes de tudo, durante milênios ela nos ensinou a olhar a vida, em todas as formas, com interesse e prazer, e a levar nosso sentimento ao ponto de enfim exclamarmos: "Seja como for, é boa a vida".[95] Esta lição da arte, de ter prazer na existência e de considerar a vida humana um pedaço da natureza, sem excessivo envolvimento, como objeto de uma evolução regida por leis — esta lição se arraigou em nós, ela agora vem novamente à luz como necessidade todo-poderosa de conhecimento. Poderíamos renunciar à arte, mas não perderíamos a capacidade que com ela aprendemos: assim como pudemos renunciar à religião, mas não às intensidades e elevações do ânimo adquiridas por meio dela. Tal como as artes plásticas e a música são a medida da riqueza de sentimentos realmente adquirida e aumentada através da religião, depois que a arte desaparecesse a intensidade e multiplicidade da alegria de vida que ela semeou continuaria a exigir satisfação. O homem científico é a continuação do homem artístico.

223. *Crepúsculo da arte.* — Assim como na velhice recordamos a juventude e celebramos festas comemorativas, também a humanidade logo se relacionará com a arte como uma lembrança comovente das alegrias da juventude. Talvez nunca se tenha visto a arte com tanta alma e profundidade como agora, quando o sortilégio da morte parece brincar à sua volta. Pensemos naquela cidade grega da Itália meridional, que num dia do ano ainda celebrava sua festa helênica, com lágrimas de tristeza pelo fato de cada vez mais a barbárie estrangeira triunfar sobre os seus costumes; jamais se fruiu tanto a coisa helênica,[96] em nenhum lugar se sorveu com tal volúpia esse néctar dourado, como entre esses gregos moribundos. Logo veremos o artista como um vestígio magnífico e lhe prestaremos honras, como a um estrangeiro maravilhoso, de cuja força e beleza dependia a felicidade dos tempos passados, honras que não costumamos conceder aos nossos iguais. O que há de melhor em nós é talvez legado de sentimentos de outros tempos, os quais já não alcançamos por via direta; o sol já se pôs, mas o céu de nossa vida ainda arde e se ilumina com ele, embora não mais o vejamos.

Capítulo quinto
SINAIS DE CULTURA SUPERIOR E INFERIOR

224. *Enobrecimento pela degeneração.* — A história ensina que a estirpe que num povo se conserva melhor é aquela em que a maioria dos homens tem um vivo senso da comunidade, em conseqüência da identidade de seus princípios habituais e indiscutíveis, ou seja, devido a sua crença comum. Ali se reforçam os costumes bons e valorosos, ali se aprende a subordinação do indivíduo, e a firmeza de caráter é primeiro dada e depois cultivada. O perigo dessas comunidades fortes, baseadas em indivíduos semelhantes e cheios de caráter, é o embotamento intensificado aos poucos pela hereditariedade, que segue toda estabilidade como uma sombra. Em tais comunidades, é dos indivíduos mais independentes, mais inseguros e moralmente fracos que depende o *progresso espiritual*: são aqueles que experimentam o novo e sobretudo o diverso. Inúmeros seres desse tipo sucumbem à própria fraqueza, sem produzir efeito visível, mas em geral, sobretudo se têm descendência, afrouxam e de quando em quando golpeiam o elemento estável de uma comunidade. Justamente nesse ponto ferido e enfraquecido é como que *inoculado* algo novo no organismo inteiro; mas a sua força tem de ser, no conjunto, grande o suficiente para acolher no sangue esse algo novo e assimilá-lo. As naturezas degenerativas[97] são sempre de elevada importância, quando deve ocorrer um progresso. Em geral, todo progresso tem que ser precedido de um debilitamento parcial. As naturezas mais fortes *conservam* o tipo, as mais fracas ajudam a *desenvolvê-lo*. — Algo semelhante acontece no indivíduo; raramente uma degeneração, uma mutilação ou mesmo um vício, em suma, uma perda física ou moral, não tem por outro lado uma vantagem. O homem doentio, por exemplo, numa estirpe guerreira e inquieta, poderá ter mais ocasião de estar só e assim se tornar mais tranqüilo e sábio, o caolho enxergará mais agudamente, o cego olhará para o interior mais profundamente, e em todo caso ouvirá com mais apuro. Neste sentido me parece que a famosa luta pela sobrevivência não é o único ponto de vista a partir do qual se pode explicar o progresso ou o fortalecimento de um homem, uma raça. Para isso devem antes concorrer duas coisas: primeiro, o aumento da força estável, pela união dos espíritos na crença e no sentimento comunitário; depois a possibilidade de alcançar objetivos mais elevados, por surgirem naturezas degenerativas e, devido a elas, enfraquecimentos e lesões parciais da força estável; justamente a natureza mais fraca, sendo a mais delicada e mais livre,[98] torna possível todo progresso. Um povo que em algum ponto se torna quebrantado e enfraquecido, mas que no todo é ainda forte e saudável, pode receber a infecção do novo e incorporá-la como benefício. No caso do indivíduo, a tarefa da educação é a seguinte: torná-lo tão firme e seguro que, como um todo, ele já não possa ser desviado de sua rota. Mas então o educador deve causar-lhe ferimentos, ou utilizar os que lhe produz o destino, e, quando a dor e a necessidade tiverem assim aparecido, então algo de novo e nobre poderá ser inoculado nos pontos feridos. Toda a sua natureza o acolherá em si mesma e depois, nos seus frutos, fará ver o enobrecimento. — Quanto ao Estado, diz Maquiavel que "a forma de governo é de importância bem pequena, embora gente semi-educada pense o contrário. O grande objetivo da política deveria ser a *duração*, que sobreleva todo o resto, por ser bem mais valiosa que a liberdade".[99] Apenas com a máxima duração, firmemente assentada e garantida, é possível desenvolvimento constante e inoculação enobrecedora. Sem dúvida isso encontrará normalmente a oposição da perigosa companheira de toda duração, a autoridade.

225. *O espírito livre, um conceito relativo.* — É chamado de espírito livre aquele que pensa de modo diverso do que se esperaria com base em sua procedência, seu meio, sua posição e função, ou com base nas opiniões que predominam em seu tempo. Ele é a exceção, os espíritos cativos[100] são a regra; estes lhe objetam que seus princípios livres têm origem na ânsia de ser notado ou até mesmo levam à inferência de atos livres,[101] isto é, inconciliáveis com a moral cativa. Ocasionalmente se diz também que tais ou quais princípios livres derivariam da excentricidade e da excitação mental; mas assim fala apenas a maldade que não acredita ela mesma no que diz e só quer prejudicar: pois geralmente o testemunho da maior qualidade e agudeza intelectual do espírito livre está escrito em seu próprio rosto, de modo tão claro que os espíritos cativos compreendem muito bem. Mas as duas outras explicações para o livre-pensar são honestas; de fato, muitos espíritos livres se originam de um ou de outro modo. Por isso mesmo, no entanto, as teses a que chegaram por esses caminhos podem ser mais verdadeiras e mais confiáveis que as dos espíritos atados. No conhecimento da verdade o que importa é *possuí-la*, e não o impulso que nos fez buscá-la nem o caminho pelo qual foi achada. Se os espíritos livres estão certos, então aqueles cativos estão errados, pouco interessando se os primeiros chegaram à verdade pela imoralidade e os outros se apegaram à inverdade por moralidade. — De resto, não é próprio da essência do espírito livre ter opiniões mais corretas, mas sim ter se libertado da tradição, com felicidade ou com um fracasso. Normalmente, porém, ele terá ao seu lado a verdade, ou pelo menos o espírito da busca da verdade: ele exige razões; os outros, fé.

226. *Origem da fé.* — O espírito cativo não assume uma posição por esta ou aquela razão, mas por hábito; ele é cristão, por exemplo, não por ter conhecido as diversas religiões e ter escolhido entre elas; ele é inglês, não por haver se decidido pela Inglaterra, mas deparou com o cristianismo e o modo de ser inglês e os adotou sem razões, como alguém que, nascendo numa região vinícola, torna-se bebedor de vinho. Mais tarde, já cristão e inglês, talvez tenha encontrado algumas razões em prol de seu hábito; podemos desbancar essas razões, não o desbancaremos na sua posição. Se obrigarmos um espírito cativo a apresentar suas razões contra a bigamia, por exemplo, veremos se o seu santo zelo pela monogamia é baseado em razões ou no hábito. Habituar-se a princípios intelectuais sem razões é algo que chamamos de fé.

227. *Deduzindo razões e não-razões das conseqüências.* — Todos os Estados e ordens da sociedade: as classes, o matrimônio, a educação, o direito, adquirem força e duração apenas da fé que neles têm os espíritos cativos — ou seja, da ausência de razões, pelo menos da recusa de inquirir por razões. Isso os espíritos cativos não gostam de admitir e sentem que é um *pudendum* [algo de que se envergonhar]. O cristianismo, que era muito ingênuo nas concepções intelectuais,[102] nada percebeu desse *pudendum*, exigiu fé e nada mais que fé e rejeitou apaixonadamente a busca de razões; apontou para o êxito da fé: vocês logo sentirão a vantagem da fé, insinuou, graças a ela se tornarão bem-aventurados. O Estado procede da mesma forma, na realidade, e todo pai educa o filho também assim: apenas tome isso por verdade, diz ele, e sentirá o bem que faz. Mas isso significa que a *verdade* de uma opinião seria demonstrada pela *utilidade* pessoal que encerra; que a vantagem de uma teoria garantiria sua certeza e seu fundamento intelectual. É como se um réu falasse no tribunal: meu defensor diz a verdade, pois vejam a conseqüência do seu discurso: serei absolvido. — Como os espíritos cativos têm princípios por causa de sua utilidade, presumem que o espírito livre busque também a própria vantagem com suas opiniões, e só tome por verdadeiro o que lhe convém. Mas, parecendo-lhe útil o oposto daquilo que é útil a seus patrícios e seus pares, estes supõem que os seus princípios são perigosos para eles; então dizem, ou sentem: ele não pode ter razão, pois nos prejudica.

228. *O caráter bom e forte.* — A estreiteza de opiniões, transformada em instinto pelo hábito, leva ao que chamamos de força de caráter. Quando alguém age por poucos, mas sempre os mesmos motivos, seus atos adquirem grande energia; se esses atos harmonizarem com os princípios dos espíritos cativos, eles serão reconhecidos e também produzirão, naquele que os perfaz, o sentimento da boa consciência. Poucos motivos, ação enérgica e boa consciência constituem o que se chama força de caráter. Ao indivíduo de caráter forte falta o conhecimento das muitas possibilidades e direções da ação; seu intelecto é estreito, cativo, pois em certo caso talvez lhe mostre apenas duas possibilidades; entre essas duas ele tem de escolher necessariamente, conforme sua natureza, e o faz de maneira rápida e fácil, pois não tem cinqüenta possibilidades para escolher. O ambiente em que é educada tende a tornar cada pessoa cativa, ao lhe pôr diante dos olhos um número mínimo de possibilidades. O indivíduo é tratado por seus educadores como sendo algo novo, mas que deve se tornar uma *repetição*. Se o homem aparece inicialmente como algo desconhecido, que nunca existiu, deve ser transformado em algo conhecido, já existente. O que se chama de bom caráter, numa criança, é a evidência de seu vínculo ao já existente; pondo-se ao lado dos espíritos cativos, a criança manifesta seu senso de comunidade que desperta; é com base neste senso de comunidade que ela depois se tornará útil a seu Estado ou classe.

229. *Medida das coisas nos espíritos cativos.* — Há quatro espécies de coisas que, dizem os espíritos cativos, são justificadas. Primeiro: todas as coisas que duram são justificadas; segundo: todas as coisas que não nos importunam são justificadas; terceiro: todas as coisas que nos trazem vantagem são justificadas; quarto: todas as coisas que nos custaram sacrifícios são justificadas. Esta última explica, por exemplo, por que uma guerra que se iniciou contra a vontade do povo é prosseguida com entusiasmo, tão logo se tenham feito sacrifícios. — Os espíritos livres que sustentam sua causa perante o fórum dos espíritos cativos têm que demonstrar que sempre houve espíritos livres, ou seja, que o livre-pensar já tem duração; depois, que eles não querem importunar; e, por fim, que em geral trazem vantagens para os espíritos cativos. Mas, como não podem convencê-los deste último ponto, de nada lhes vale ter demonstrado o primeiro e o segundo.

230. *Esprit fort* [espírito forte]. — Comparado àquele que tem a tradição a seu lado e não precisa de razões para seus atos, o espírito livre é sempre débil, sobretudo na ação; pois ele conhece demasiados motivos e pontos de vista, e por isso tem a mão insegura, não exercitada. Que meios existem para torná-lo *relativamente forte*, de modo que ao menos se afirme e não pereça inutilmente? Como se forma o espírito forte (*esprit fort*)? Este é, num caso particular, o problema da produção do gênio. De onde vem a energia, a força inflexível, a perseverança com que alguém, opondo-se à tradição, procura um conhecimento inteiramente individual do mundo?

231. *A origem do gênio*. — A engenhosidade com que o prisioneiro busca meios para a sua libertação, utilizando fria e pacientemente cada ínfima vantagem, pode mostrar de que procedimento a natureza às vezes se serve para produzir o gênio — palavra que, espero, será entendida sem nenhum ressaibo mitológico ou religioso —: ela o prende num cárcere e estimula ao máximo o seu desejo de se libertar. — Ou, para recorrer a outra imagem: alguém que se perdeu completamente ao caminhar pela floresta, mas que, com energia invulgar, se esforça por achar uma saída, descobre às vezes um caminho que ninguém conhece: assim se formam os gênios, dos quais se louva a originalidade. — Já foi mencionado que uma mutilação, um aleijamento, a falta relevante de um órgão, com freqüência dá ocasião a que outro órgão se desenvolva anormalmente bem, porque tem de exercer sua própria função e ainda uma outra. Com base nisso pode-se imaginar a origem de muitos talentos brilhantes. — Dessas indicações gerais quanto ao surgimento do gênio faça-se a aplicação ao caso específico, o da gênese do consumado espírito livre.

232. *Conjectura sobre a origem do livre-pensar*. — Assim como aumentam as geleiras, quando nas regiões equatoriais o sol atinge os mares com mais ardor do que antes, também um livre-pensar muito forte e abrangente pode ser testemunho de que em algum ponto o ardor do sentimento cresceu extraordinariamente.

233. *A voz da história.* — A história *parece*, em geral, dar o seguinte ensinamento sobre a produção do gênio: "Maltratem e atormentem os homens", assim grita ela às paixões da inveja, do ódio e da competição, "incitem-nos ao limite, um contra o outro, povo contra povo, ao longo de séculos; então, como que de uma centelha solta no ar pela terrível energia assim criada, talvez se inflame subitamente a luz do gênio; e então a vontade, como corcel enfurecido pela espora do cavaleiro, irrompe e salta para um outro campo". — Quem tivesse consciência de como o gênio é produzido, e quisesse também pôr em prática esse modo habitual da natureza, teria de ser mau e inconsiderado como a natureza. Mas talvez tenhamos ouvido mal.

234. *Valor da metade do caminho.* — Talvez a produção do gênio esteja reservada apenas a um certo período da humanidade. Pois não podemos esperar, do futuro da humanidade, tudo o que condições bem definidas de alguma época passada puderam produzir sozinhas; não podemos esperar, por exemplo, os espantosos efeitos do sentimento religioso. Mesmo este já teve o seu tempo, e muita coisa boa não mais poderá surgir, pois só podia fazê-lo a partir dele. De modo que jamais haverá novamente um horizonte da vida e da cultura delimitado pela religião. Talvez o tipo mesmo do santo seja possível apenas num certo acanhamento do intelecto, algo que, parece, acabou para sempre. E assim o ápice da inteligência talvez tenha sido guardado para uma única era da humanidade: ele apareceu — aparece, pois ainda vivemos este período — quando uma extraordinária, longamente acumulada energia da vontade se transferiu excepcionalmente para fins *intelectuais*, mediante a hereditariedade. Esse apogeu terá seu fim quando esse furor e essa energia não mais forem cultivados. Talvez no meio de seu caminho, na metade do tempo de sua existência, mais do que no fim, a humanidade chegue mais perto de seu verdadeiro objetivo. Forças como as que determinam a arte, por exemplo, poderiam simplesmente se esgotar; o prazer na mentira, na imprecisão, no simbólico, na embriaguez, no êxtase poderia cair no desprezo. Sim, estando a vida organizada num Estado perfeito, o presente já não forneceria motivo algum para a poesia, e somente homens atrasados quereriam a irrealidade poética. Em todo caso, eles olhariam saudosamente para trás, para os tempos do Estado imperfeito, da sociedade semibárbara, para os *nossos* tempos.

235. *O gênio e o Estado ideal em contradição.* — Os socialistas querem o bem-estar para o maior número possível de pessoas. Se a pátria permanente desse bem-estar, o Estado perfeito, fosse realmente alcançada, esse próprio bem-estar destruiria o terreno em que brota o grande intelecto, e mesmo o indivíduo poderoso: quero dizer, a grande energia. A humanidade se tornaria fraca demais para produzir o gênio, se esse Estado fosse alcançado. Não deveríamos desejar que a vida conserve seu caráter violento, e que forças e energias selvagens sejam continuamente despertadas? Mas o coração cálido e compassivo quer justamente a *eliminação* desse caráter violento e selvagem, e o coração mais cálido que podemos imaginar o desejaria da maneira mais apaixonada: enquanto precisamente sua paixão tomou desse caráter selvagem e violento da vida o seu próprio fogo, seu calor, sua existência mesma; o coração mais cálido quer, portanto, a eliminação de seu fundamento, a aniquilação de si mesmo, ou seja: ele quer algo ilógico, ele não é inteligente. A mais alta inteligência e o mais caloroso coração não podem coexistir numa pessoa, e o sábio que emite julgamento sobre a vida se coloca também acima da bondade e a vê apenas como algo a ser avaliado no cômputo geral da vida. O sábio tem de resistir aos desejos extravagantes da bondade não inteligente, porque lhe interessa a continuação de seu tipo e o surgimento final do supremo intelecto: no mínimo ele será favorável à fundação do "Estado perfeito", se neste há lugar apenas para indivíduos debilitados. Por outro lado, Cristo, que vemos como o coração mais cálido, favoreceu o embotamento do ser humano, pôs-se ao lado dos pobres de espírito e impediu a produção do intelecto maior: algo que foi coerente. Sua contrapartida, o sábio perfeito — talvez seja lícito predizer — será também, necessariamente, um obstáculo à produção de um Cristo. — O Estado é uma prudente organização que visa proteger os indivíduos uns dos outros: se exagerarmos no seu enobrecimento, o indivíduo será enfim debilitado e mesmo dissolvido por ele — e então o objetivo original do Estado será radicalmente frustrado.

236. *As zonas da cultura*. — Podemos dizer, utilizando um símile, que as eras da cultura correspondem aos diversos cinturões climáticos, com a ressalva de que estão uma atrás da outra, e não ao lado da outra, como as zonas geográficas. Em comparação com a zona temperada da cultura, para a qual é nossa tarefa passar, a era transcorrida dá a impressão, no conjunto, de um clima *tropical*. Violentos contrastes, brusca alternância de dia e noite, calor e magnificência de cores, a veneração do que é repentino, misterioso, terrível, a rapidez dos temporais, em todo lugar o pródigo extravasamento das cornucópias da natureza: já em nossa cultura, um céu claro, embora não luminoso, um ar puro, quase invariável, agudeza, ocasionalmente frio: assim as duas zonas se distinguem uma da outra. Ao vermos como lá as paixões mais furiosas são abatidas e destroçadas com força estranha por concepções metafísicas, é como se à nossa frente, nos trópicos, tigres selvagens fossem esmagados sob os anéis de monstruosas serpentes; em nosso clima espiritual não há eventos assim, nossa imaginação é temperada; mesmo em sonhos não nos acontece o que povos anteriores viam de olhos abertos. Mas não podemos estar felizes com essa mudança, mesmo admitindo que os artistas foram seriamente prejudicados pelo desaparecimento da cultura tropical, e a nós, não-artistas, nos consideram um pouco sóbrios demais? Neste sentido, os artistas talvez tenham o direito de negar o "progresso", pois pode-se no mínimo duvidar que os últimos três milênios evidenciem uma marcha de progresso nas artes; do mesmo modo, um filósofo metafísico como Schopenhauer não terá motivo para reconhecer um progresso, se olhar para os quatro últimos milênios de filosofia metafísica e de religião. — Para nós, no entanto, a própria *existência* da zona temperada da cultura conta como progresso.

237. *Renascimento e Reforma*. — O Renascimento italiano abrigava em si todas as forças positivas a que devemos a cultura moderna: emancipação do pensamento, desprezo das autoridades, triunfo da educação sobre a arrogância da linhagem, entusiasmo pela ciência e pelo passado científico da humanidade, desgrilhoamento do indivíduo, flama da veracidade e aversão à aparência e ao puro efeito (flama que ardeu numa legião de naturezas artísticas que exigiam de si, com elevada pureza moral, a perfeição de suas obras e tão-somente a perfeição); sim, o Renascimento teve forças positivas que *até hoje* não voltaram a ser tão poderosas em nossa cultura moderna. Foi a Idade de Ouro deste milênio, apesar de todas as manchas e vícios. Contrastando com ele se acha a Reforma alemã, como um enérgico protesto de espíritos atrasados, que não se haviam cansado da visão medieval do mundo e percebiam os sinais de sua dissolução, a extraordinária superficialização e exteriorização da vida religiosa, com profundo mal-estar e não com júbilo, como seria apropriado. Levaram os homens a recuar, com sua energia e obstinação de nórdicos, e com a violência de um estado de sítio forçaram a Contra-Reforma, isto é, um cristianismo católico defensivo, e, assim como retardaram de dois a três séculos o despertar e o domínio da ciência, tornaram impossível a plena junção do espírito antigo com o moderno, talvez para sempre. A grande tarefa da Renascença não pôde ser levada a cabo, impedida que foi pelo protesto do ser alemão[103] que então havia ficado para trás (e que na Idade Média tivera sensatez bastante para renovadamente atravessar os Alpes para a sua salvação). Foi o acaso de uma constelação política excepcional que preservou Lutero e fez o protesto ganhar força: o imperador o protegeu, a fim de usar sua inovação como instrumento de pressão sobre o papa, e do mesmo modo o papa o favoreceu em sigilo, para usar os príncipes protestantes como contrapeso ao imperador. Sem esse estranho concerto de objetivos, Lutero teria sido queimado como Hus — e a aurora do Iluminismo teria surgido talvez um pouco antes, e com brilho mais belo do que agora podemos imaginar.

238. *Justiça para com o deus em evolução.* — Quando toda a história da cultura se abre aos nossos olhos como um emaranhado de idéias nobres e más, falsas e verdadeiras, e quando, à vista dessa rebentação de ondas, a pessoa é quase tomada de enjôo, entendemos o consolo que há na idéia de um *deus em evolução*:[104] ele se revela cada vez mais nas transformações e vicissitudes da humanidade, nem tudo é mecanismo cego, interação de forças sem sentido e objetivo. A divinização do vir a ser é uma perspectiva metafísica — como de um farol à beira do mar da História —, na qual uma geração muito historicizante de eruditos achou consolo; não podemos nos irritar com isso, por mais errada que talvez seja esta concepção. Apenas quem, como Schopenhauer, nega o desenvolvimento, nada sente da miséria dessa rebentação de ondas da história, e, por nada saber e nada sentir quanto a esse deus em evolução e a necessidade de admiti-lo, pode justamente dar vazão a seu escárnio.

239. *Os frutos conforme a estação.* — Todo futuro melhor que se deseja para a humanidade é, necessariamente, também um futuro pior em vários aspectos: pois é simples exaltação acreditar que um novo e superior estágio da humanidade reuniria todos os méritos dos estágios anteriores e, por exemplo, engendraria também a forma suprema de arte. Cada estação do ano tem os seus méritos e atrativos, e exclui aqueles das outras. O que cresceu a partir da religião e em sua vizinhança não pode crescer novamente, se ela estiver destruída; no máximo, alguns rebentos extraviados e tardios podem levar à ilusão acerca disso, tal como a lembrança da arte antiga que surge temporariamente: um estado que talvez revele o sentimento de perda e de privação, mas não é prova da força de que poderia nascer uma nova arte.

240. *A crescente severidade do mundo.* — Quanto mais se eleva a cultura de um homem, tanto mais domínios se furtam ao gracejo e ao escárnio. Voltaire era grato aos céus pela invenção do matrimônio e da Igreja: assim cuidaram muito bem da nossa diversão. Mas ele e sua época, e antes dele o século XVI, zombaram desses temas até o fim; toda graça que ainda hoje se faz nesse âmbito é tardia, e principalmente barata demais para atrair compradores. Atualmente perguntamos pelas causas; é o tempo da seriedade. Quem se interessa, hoje, por ver à luz do humor as diferenças entre realidade e pretensiosa aparência, entre o que o ser humano é e o que quer representar? Sentimos esses contrastes de modo inteiramente diverso quando lhes buscamos as causas. Quanto mais profunda a compreensão que alguém tiver da vida, tanto menos zombará, mas afinal talvez ainda zombe da "profundidade de sua compreensão".

241. *Gênio da cultura.* — Se alguém imaginar um gênio da cultura, qual a sua natureza? Ele utiliza tão seguramente, como seus instrumentos, a mentira, o poder, o mais implacável egoísmo, que só poderia ser chamado de mau e demoníaco; mas os seus objetivos, que transparecem aqui e ali, são grandiosos e bons. Ele é um centauro, meio bicho, meio homem, e além disso tem asas de anjo na cabeça.

242. *Educação milagrosa.* — O interesse pela educação só ganhará força a partir do momento em que se abandone a crença num deus e em sua providência: exatamente como a arte médica só pôde florescer quando acabou a crença em curas milagrosas. Mas até agora todos crêem ainda na educação milagrosa: viram que os homens mais fecundos, mais poderosos se originaram em meio a grande desordem, objetivos confusos, condições desfavoráveis; como poderia isto suceder normalmente?

Hoje se começa a olhar mais de perto, a examinar mais cuidadosamente também esses casos: ninguém descobrirá milagre neles. Em condições iguais, inúmeras pessoas perecem continuamente, mas o indivíduo que se salva torna-se habitualmente mais forte, porque suportou tais condições ruins mediante uma indestrutível força inata, e ainda exercitou e aumentou essa força: eis como se explica o milagre. Uma educação que já não crê em milagres deve prestar atenção a três coisas: primeiro, quanta energia é herdada?; segundo, de que modo uma nova energia pode ainda ser inflamada?; terceiro, como adaptar o indivíduo às exigências extremamente variadas da cultura, sem que elas o incomodem e destruam sua singularidade? — em suma, como integrar o indivíduo ao contraponto de cultura privada e pública, como pode ele ser simultaneamente a melodia e seu acompanhamento?

243. *O futuro do médico.* — Não há, hoje, profissão que admita um tal avanço como a do médico; sobretudo depois que os médicos do espírito, os chamados "pastores de alma",[105] não podem mais exercer com aprovação pública suas artes de conjuração, e que são evitados pelos homens cultos. Um médico não alcançou ainda a alta formação intelectual, quando conhece e pratica os melhores métodos atuais e sabe fazer essas rápidas deduções das causas pelos efeitos, que tornam famosos os diagnosticadores: ele deve, além disso, ter uma eloqüência que se adapte a cada indivíduo e que lhe atinja o coração; uma virilidade cuja simples visão afugente a pusilanimidade (a carcoma de todos os doentes); uma flexibilidade diplomática ao mediar entre os que necessitam de alegria para a cura e os que, por razões de saúde, devem (e podem) dar alegria; a sutileza de um agente policial ou advogado, que entende os segredos de uma alma sem delatá-los — em suma, um bom médico requer atualmente os artifícios e privilégios de todas as outras classes profissionais: assim aparelhado, estará em condição de tornar-se um benfeitor de toda a sociedade, fomentando as boas obras, a alegria e fecundidade do espírito, desestimulando maus pensamentos, más intenções e velhacarias (cuja fonte asquerosa é com freqüência o baixo-ventre), instaurando uma aristocracia de corpo e de espírito (ao promover ou impedir matrimônios), eliminando com benevolência todos os tormentos espirituais e remorsos de consciência: apenas assim o "curandeiro" se transforma em salvador, sem precisar fazer milagres nem se deixar crucificar.

244. *Na vizinhança da loucura.* — A soma dos sentimentos, conhecimentos, experiências, ou seja, todo o fardo da cultura, tornou-se tão grande que há o perigo geral de uma superexcitação das forças nervosas e intelectuais; as classes cultas dos países europeus estão mesmo cabalmente neuróticas, e em quase todas as suas grandes famílias há alguém próximo da loucura. Sem dúvida, há muitos meios de encontrar a saúde atualmente; mas é necessário, antes de tudo, reduzir essa tensão do sentir, esse fardo opressor da cultura, algo que, mesmo sendo obtido com grandes perdas, nos permitirá ter a grande esperança de um *novo Renascimento*. Ao cristianismo, aos filósofos, escritores e músicos devemos uma abundância de sentimentos profundamente excitados: para que eles não nos sufoquem devemos invocar o espírito da ciência, que em geral nos faz um tanto mais frios e céticos, e arrefece a torrente inflamada da fé em verdades finais e definitivas; ela se tornou tão impetuosa graças ao cristianismo, sobretudo.

245. *Fundição da cultura.* — A cultura se originou como um sino, no interior de uma camisa de material grosseiro e vulgar: falsidade, violência, expansão ilimitada de todos os Eus singulares, de todos os diferentes povos, formavam essa camisa. Será o momento de retirá-la? Solidificou-se o que era líquido, os impulsos bons e úteis, os hábitos do coração nobre tornaram-se tão seguros e universais que já não é preciso apoiar-se na metafísica e nos erros das religiões, já não se requer dureza e violência, como o mais poderoso laço entre homem e homem, povo e povo? — Para responder essa questão não temos mais um Deus que nos ajuda: é nossa inteligência que deve decidir. Em suma, o próprio homem deve tomar nas mãos o governo terreno da humanidade, sua "onisciência" tem que velar com olho atento o destino da cultura.

246. *Os ciclopes da cultura.* — Quem vê essas bacias cheias de sulcos, em que se formaram geleiras, dificilmente acredita que virá um tempo em que no mesmo sítio se estenderá um vale de campos, bosques e riachos. Assim também é na história da humanidade; as forças mais selvagens abrem caminho, primeiramente destrutivas, e no entanto sua ação é necessária, para que depois uma civilização mais suave tenha ali sua morada. Essas terríveis energias — o que se chama de mal — são os arquitetos e pioneiros ciclópicos da humanidade.

247. *Movimento circular da raça humana.* — Talvez toda a raça humana seja apenas uma fase evolutiva de determinada espécie animal de duração limitada: de modo que o homem viria do macaco e tornaria a ser macaco, não existindo ninguém que tivesse interesse em presenciar tal estranho desfecho de comédia. Do mesmo modo que, com o fim da cultura romana e sua mais importante causa, a expansão do cristianismo, prevaleceu no Império romano um enfeamento geral do ser humano, com o fim eventual de toda a cultura terrena poderia haver um enfeamento ainda maior e, afinal, uma animalização do ser humano, a ponto de tornar-se simiesco. — Justamente porque podemos vislumbrar essa perspectiva, estamos talvez em condição de evitar semelhante final para o futuro.

248. *Consolo de um progresso desesperado.* — Nosso tempo dá a impressão de um estado interino; as antigas concepções do mundo, as antigas culturas ainda existem parcialmente, as novas não são ainda seguras e habituais, e portanto não possuem coesão e coerência. É como se tudo se tornasse caótico, o antigo se perdesse, o novo nada valesse e ficasse cada vez mais frágil. Mas assim ocorre com o soldado que aprende a marchar: por algum tempo ele é mais inseguro e mais desajeitado do que antes, porque seus músculos são movidos ora pelo velho sistema ora pelo novo, e nenhum deles pode declarar vitória. Nós vacilamos, mas é preciso não se inquietar por causa disso, e não abandonar as novas aquisições. Além disso não *podemos* mais voltar ao antigo, já *queimamos* o barco; só nos resta ser corajosos, aconteça o que acontecer. — Apenas *andemos*, apenas saiamos do lugar! Talvez nossos gestos apareçam um dia como *progresso*;[106] se não, que nos digam as palavras de Frederico, o Grande, a título de consolo: *Ah, mon cher Sulzer, vous ne connaissez pas assez cette race maudite, à laquelle nous appartenons* [Ah, meu caro Sulzer, você não conhece o bastante essa raça maldita à qual pertencemos].[107]

249. *Sofrendo com o passado da cultura*. — Quem percebe de modo claro o problema da cultura, sofre de um sentimento semelhante ao de quem herdou uma riqueza adquirida ilegalmente, ou ao do príncipe que governa graças às violências de seus antepassados. Pensa com tristeza em sua origem, e com freqüência tem vergonha e fica irritado. Todo o montante de energia, vontade de viver e alegria que dedica ao que possui é muitas vezes contrabalançado por uma enorme fadiga: ele não consegue esquecer sua origem. Olha o futuro com melancolia; os seus descendentes, ele já sabe, sofrerão do passado assim como ele.

250. *Maneiras*. — As boas maneiras desaparecem à medida que se reduz a influência da corte e de uma aristocracia fechada; pode-se observar nitidamente essa diminuição a cada década, desde que se tenha olhos para os atos públicos: eles se tornam cada vez mais plebeus. Já não se sabe homenagear ou lisonjear com espírito; disso resulta o fato ridículo de que, nos casos em que se *tem* de render homenagem (a um grande estadista ou artista, por exemplo), toma-se emprestada a linguagem do profundo sentimento, da sincera e digna decência — por embaraço e falta de espírito e graça. De modo que os encontros públicos e solenes parecem cada vez mais desajeitados, porém mais sensíveis e corretos, sem sê-lo, afinal. — Mas as maneiras decairão sempre? Parece-me, na realidade, que elas fazem uma profunda curva e que nos aproximamos de seu nadir. Quando a sociedade se tornar mais segura de seus propósitos e princípios, de modo que eles tenham uma ação formadora (enquanto hoje as maneiras adquiridas de condições formadoras do passado são cada vez mais debilmente transmitidas e adquiridas), haverá maneiras nas relações, gestos e expressões no convívio, que parecerão tão necessárias, simples e naturais como esses propósitos e princípios. Melhor divisão de tempo e trabalho, os exercícios de ginástica transformados em acompanhamento de todo agradável ócio, a reflexão incrementada e tornada mais rigorosa, dando inteligência e elasticidade também ao corpo, acarretarão tudo isso. — Aqui certamente podemos, não sem alguma zombaria, lembrar de nossos eruditos, perguntando se eles, que se querem precursores dessa nova cultura, realmente se distinguem por melhores maneiras. Não parece ser o caso, embora seu espírito esteja bastante disposto a isso: mas sua carne é fraca.[108] O passado é ainda muito poderoso em seus músculos: eles se encontram ainda em situação cativa, são em parte religiosos seculares e em parte educadores dependentes das pessoas e classes nobres, e além do mais o pedantismo da ciência, métodos envelhecidos e insípidos os atrofiaram e desvitalizaram. De maneira que ainda são, certamente no corpo, e muitas vezes em três quartos do espírito, cortesãos de uma velha, senil cultura, e como tais também senis; o novo espírito que ocasionalmente se agita nesses velhos invólucros pode servir apenas, por ora, para torná-los mais inseguros e medrosos. Neles circulam tanto os fantasmas do passado como os do futuro: como admirar se não fazem uma cara melhor, se não têm atitude mais amável?

251. *O futuro da ciência.* — A ciência dá muita satisfação a quem nela trabalha e pesquisa, e muito pouca a quem *aprende* seus resultados. Mas, como aos poucos todas as verdades importantes da ciência têm de se tornar cotidianas e comuns, mesmo essa pouca satisfação desaparece: assim como há tempos deixamos de nos divertir ao aprender a formidável tabuada. Ora, se a ciência proporciona cada vez menos alegria e, lançando suspeita sobre a metafísica, a religião e a arte consoladoras, subtrai cada vez mais alegria, então se empobrece a maior fonte de prazer, a que o homem deve quase toda a sua humanidade. Por isso uma cultura superior deve dar ao homem um cérebro duplo, como que duas câmaras cerebrais, uma para perceber a ciência, outra para o que não é ciência; uma ao lado da outra, sem se confundirem, separáveis, estanques; isto é uma exigência da saúde. Num domínio a fonte de energia, no outro o regulador: as ilusões, parcialidades, paixões devem ser usadas para aquecer, e mediante o conhecimento científico deve-se evitar as conseqüências malignas e perigosas de um superaquecimento. — Se esta exigência de uma cultura superior não for atendida, o curso posterior do desenvolvimento humano pode ser previsto quase com certeza: o interesse pela verdade vai acabar, à medida que garanta menos prazer; a ilusão, o erro, a fantasia conquistarão passo a passo, estando associados ao prazer, o território que antes ocupavam: a ruína das ciências, a recaída na barbárie, é a conseqüência seguinte; novamente a humanidade voltará a tecer sua tela, após havê-la desfeito durante a noite, como Penélope. Mas quem garante que ela sempre terá forças para isso?

252. *Prazer no conhecimento.* — Por que o conhecimento, o elemento do pesquisador e do filósofo, está associado ao prazer? Primeiro, e sobretudo, porque com ele nos tornamos conscientes da nossa força, isto é, pela mesma razão por que os exercícios de ginástica são prazerosos mesmo sem espectadores. Em segundo lugar, porque adquirindo conhecimento ultrapassamos antigas concepções e seus representantes, tornamo-nos vitoriosos, ou pelo menos acreditamos sê-lo. Em terceiro lugar, porque um novo conhecimento, por menor que seja, faz com que nos sintamos *acima* de todos e os únicos a saber corretamente a questão. Esses três motivos para o prazer são os mais importantes; mas existem muitas razões secundárias, conforme a natureza da pessoa cognoscente. — Um catálogo não desprezível dessas razões se acha num lugar onde não seria procurado, no meu escrito parenético sobre Schopenhauer:[109] aquela enumeração pode contentar todo experiente servidor do conhecimento, ainda que desejasse expungir o laivo de ironia que parece haver naquelas páginas. Pois se é verdade que, para que surja o erudito, "deve ser reunida uma porção de instintos e instintozinhos muito humanos", que ele é um metal muito nobre, mas pouco puro, que "consiste num complexo emaranhado de impulsos e estímulos bem diversos", o mesmo vale para a gênese e a natureza do artista, do filósofo, do gênio moral — ou qualquer dos grandes nomes glorificados naquele texto. *Tudo* o que é humano merece, no que toca à sua *gênese*, ser considerado ironicamente: por isso há tal *excesso* de ironia no mundo.

253. *Fidelidade como prova de solidez*. — Um perfeito sinal da boa qualidade de uma teoria é o seu autor não abrigar, durante *quarenta anos*, desconfiança alguma em relação a ela; mas eu afirmo que ainda não houve filósofo que afinal não tenha olhado com desdém — ou no mínimo com suspeita — para a filosofia que criou em sua juventude. — Mas talvez ele não tenha falado publicamente dessa mudança, por ambição ou — como é provável nos seres nobres — por delicada atenção aos seus adeptos.

254. *Crescimento do interesse*. — No curso de uma formação superior tudo se torna interessante para o homem, ele sabe ver rapidamente o lado instrutivo de uma coisa e indicar o ponto em que, utilizando-a, pode completar uma lacuna de seu pensamento ou confirmar uma idéia. Assim é afastado cada vez mais o tédio, e também a excessiva sensibilidade emocional. Por fim ele anda entre os homens como um naturalista entre as plantas, e percebe a si mesmo como um fenômeno que estimula fortemente o seu impulso de conhecer.

255. *Superstição da simultaneidade*. — Coisas que ocorrem simultaneamente têm ligação, acredita-se. Um parente morre longe de nós, e ao mesmo tempo sonhamos com ele — portanto... Mas morrem inúmeros parentes e não sonhamos com eles. O mesmo acontece com os náufragos que fazem votos: não se vê depois, na igreja, os ex-votos dos que pereceram. — Uma pessoa morre, uma coruja pia, um relógio pára, tudo na mesma hora da noite: não haveria uma relação entre essas coisas? Tal pressentimento supõe uma intimidade com a natureza que lisonjeia o ser humano. — Reencontramos esse tipo de superstição numa forma refinada, em historiadores e em pintores da civilização, que costumam experimentar uma espécie de hidrofobia ante todas as justaposições sem sentido, nas quais é pródiga a existência dos indivíduos e dos povos.

256. *A ciência exercita a capacidade, não o saber.* — O valor de praticar com rigor, por algum tempo, uma *ciência rigorosa* não está propriamente em seus resultados: pois eles sempre serão uma gota ínfima, ante o mar das coisas dignas de saber. Mas isso produz um aumento de energia, de capacidade dedutiva, de tenacidade; aprende-se a *alcançar um fim de modo pertinente.*[110] Neste sentido é valioso, em vista de tudo o que se fará depois, ter sido homem de ciência.

257. *O charme juvenil da ciência.* — Ainda hoje a investigação da verdade possui o charme de contrastar fortemente com o erro, agora cinzento e tedioso; mas esse charme está se perdendo. Sem dúvida ainda vivemos a juventude da ciência, e costumamos ir atrás da verdade como de uma bela jovem; e quando ela tiver se tornado uma velha carrancuda? Em quase todas as ciências a concepção básica foi encontrada há bem pouco tempo, ou ainda é buscada; isso atrai de maneira bem diversa de quando todo o essencial foi encontrado e só resta ao pesquisador um escasso resíduo outonal (sensação que podemos ter em algumas disciplinas históricas).

258. *A estátua da humanidade.* — O gênio da cultura procede como Cellini, quando ele fundia sua estátua de Perseu: a massa liqüefeita ameaçava não bastar, mas *tinha* que; então ele jogou pratos e travessas ali dentro, e mais tudo o que lhe caiu em mãos. De igual modo aquele gênio lança dentro erros, vícios, esperanças, ilusões e outras coisas, tanto de metal nobre como de metal vil, porque a estátua da humanidade tem que ser produzida e completada; que importa se aqui e ali foi empregado material inferior?

259. *Uma cultura masculina*. — A cultura grega do período clássico é uma cultura masculina. No que toca às mulheres, Péricles disse tudo na oração fúnebre:[111] elas são melhores quando os homens falam o mínimo possível delas entre si. — A relação erótica dos homens com os rapazes era, num grau inacessível ao nosso entendimento, o pressuposto único e necessário de toda educação masculina (mais ou menos como entre nós, durante muito tempo, toda educação elevada da mulher se realizou apenas mediante o namoro e o casamento); todo o idealismo da força da natureza grega se lançou em tal relação, e é provável que nunca se tenha tratado pessoas jovens tão atenciosamente, tão amavelmente e visando o que teriam de melhor (*virtus*) como nos séculos VI e V — conforme, portanto, a bela sentença de Hölderlin: "pois é amando que o mortal dá o melhor de si".[112] Quanto mais altamente se estimava essa relação, mais declinava o comércio com a mulher: a perspectiva da procriação e da volúpia — apenas isso entrava em consideração; não havia troca intelectual, nem namoro de fato. Se lembramos também que eram excluídas das competições e dos espetáculos de toda espécie, então restam apenas os cultos religiosos como elevado entretenimento para as mulheres. — É certo que Electra e Antígona apareciam na tragédia, mas justamente porque se *tolerava* isso na arte, mesmo não o querendo na vida real: tal como hoje não suportamos o patético *na vida*, mas gostamos de vê-lo na arte. — As mulheres não tinham outra tarefa senão produzir corpos belos e fortes, em que prosseguisse vivendo incólume o caráter do pai, a fim de combater a superexcitação nervosa que crescia rapidamente numa cultura tão desenvolvida. Isso manteve a civilização grega jovem por um período relativamente longo; pois nas mães gregas o gênio grego retornava sempre à natureza.

260. *O preconceito a favor da grandeza*. — Evidentemente as pessoas superestimam tudo o que é grande e eminente. Isso vem da percepção, consciente ou inconsciente, de que acham bastante útil alguém lançar toda a energia numa só área e fazer de si como que um órgão monstruoso. Sem dúvida um desenvolvimento *uniforme* de suas energias é mais útil e mais auspicioso para o indivíduo; pois cada talento é um vampiro que suga o sangue e o vigor das outras energias, e uma produção exagerada pode levar à beira da loucura o mais dotado dos homens. Também nas artes as naturezas extremas despertam demasiada atenção; mas é preciso uma cultura muito inferior para ser cativado por elas. Por hábito, as pessoas se submetem a tudo o que deseja o poder.

261. *Os tiranos do espírito.* — A vida dos gregos brilha somente onde cai o raio do mito; fora disso ela é sombria. E precisamente do mito os filósofos gregos se privam: não é como se quisessem deslocar-se da luz do sol para a penumbra, a escuridão? Mas nenhuma planta se desvia da luz; no fundo esses filósofos procuravam apenas um sol *mais claro*, para eles o mito não era puro nem luminoso o bastante. Encontravam essa luz em seu conhecimento, naquilo que cada um denominava sua "verdade". Mas o conhecimento tinha então um esplendor maior; era ainda jovem e conhecia pouco as dificuldades e os perigos de seus caminhos; ainda podia, naquele tempo, ter a esperança de chegar ao centro de todo o Ser com um salto e dali resolver o enigma do mundo. Esses filósofos tinham uma sólida fé em si mesmos e em suas "verdades", e com ela derrubavam todos os seus vizinhos e precursores; cada um deles era um belicoso e violento *tirano*. Talvez jamais tenha sido maior, no mundo, a felicidade de se crer possuidor da verdade, mas também a dureza, a arrogância, a tirania e maldade de uma tal crença. Eles eram tiranos, ou seja, aquilo que todo grego queria ser e que todo grego era, se *podia* sê-lo. Talvez apenas Sólon fosse uma exceção; em seus poemas ele diz como desprezava a tirania pessoal. Mas o fazia por amor à sua obra, à sua legislação; e ser legislador é uma forma sublimada de tirania. Parmênides também fazia leis, assim como Pitágoras e Empédocles, provavelmente; quanto a Anaximandro, fundou uma cidade. Platão foi o desejo encarnado de se tornar o supremo filósofo-legislador e fundador de Estados; parece ter sofrido terrivelmente pela não-realização de sua natureza, e perto do fim sua alma se encheu da mais negra bile. Quanto mais os filósofos gregos deixavam de ter poder, tanto mais sofriam interiormente com a biliosidade e ânsia de ofender; quando as diversas seitas saíram a lutar por suas verdades nas ruas, as almas desses pretendentes da verdade estavam inteiramente enlameadas de inveja e cólera;[113] o elemento tirânico grassava como um veneno em seus corpos. Todos esses pequenos tiranos teriam gostado de se comer vivos; neles não restava centelha de amor, e muito pouca alegria por seu próprio conhecimento. — A afirmação de que em geral os tiranos são assassinados e sua descendência tem vida breve também é válida para os tiranos do espírito. Sua história é curta, violenta, sua influência é bruscamente interrompida. De quase todos os grandes helenos pode-se dizer que parecem ter chegado muito tarde, ou seja, de Ésquilo, de Píndaro, de Demóstenes, de Tucídides; uma geração depois — e tudo termina. É o que há de turbulento e inquietante na história grega. Sem dúvida, hoje se admira o evangelho da tartaruga. Pensar historicamente, nos dias de hoje, equivale a crer que a história sempre se fez conforme o princípio de "o menos possível no tempo mais longo possível". Ah, a história grega passa tão rápida! Nunca mais se viveu tão prodigamente, tão imoderadamente. Não me convenço de que a história dos gregos tenha tido o curso *natural* que nela é decantado. Eles tinham talentos muito grandes e muito diversos para serem *graduais*, à maneira da tartaruga que anda passo a passo na competição com Aquiles: o que é chamado de desenvolvimento natural. Com os gregos tudo avança rapidamente, mas também declina rapidamente; o movimento da máquina é tão intensificado, que uma única pedra jogada nas engrenagens a faz explodir. Uma tal pedra foi Sócrates, por exemplo; numa só noite a evolução da ciência filosófica, até então maravilhosamente regular, mas sem dúvida acelerada demais, foi destruída. Não é uma questão ociosa imaginar se Platão, permanecendo livre do encanto socrático, não teria encontrado um tipo ainda superior de homem filosófico, para nós perdido para sempre.

Contemplar os tempos anteriores a ele é como examinar a oficina onde se esculpem tais tipos. No entanto, os séculos VI e V parecem prometer alguma coisa mais, maior e superior ao que foi produzido; mas ficaram na promessa e no anúncio. E dificilmente haverá perda mais grave que a de um tipo, de uma nova e suprema *possibilidade de vida filosófica*, não descoberta até então. Mesmo os velhos tipos, em sua maioria, chegaram precariamente até nós; os filósofos de Tales a Demócrito me parecem dificilmente reconhecíveis; quem é capaz de recriar essas figuras, no entanto, caminha entre imagens do mais puro e poderoso dos tipos. Esta capacidade é certamente rara, não se acha sequer nos gregos posteriores que estudaram a filosofia antiga; Aristóteles, sobretudo, parece não ter olhos no rosto, ao deparar com os filósofos mencionados. É como se esses esplêndidos filósofos tivessem existido em vão, ou devessem apenas preparar o chão para as hostes polêmicas e loquazes das escolas socráticas. Há aqui, como disse, uma lacuna, uma ruptura na evolução; uma grande desgraça deve ter sucedido, e a única estátua em que teríamos notado o sentido e a finalidade desse grande exercício em escultura se quebrou ou não deu certo: o que realmente aconteceu permanecerá um segredo de oficina. — Aquilo que sucedeu entre os gregos — que todo grande pensador, na crença de possuir a verdade absoluta, tornou-se um tirano, de modo que também a história do espírito adquiriu o caráter violento, precipitado e perigoso que nos é mostrado em sua história política —, esse tipo de acontecimento não se esgotou então: coisas semelhantes ocorreram até a época mais recente, embora cada vez mais raras, e hoje dificilmente com a consciência pura e ingênua dos pensadores gregos. Pois em geral a doutrina oposta e o ceticismo falam agora com muita força, e com voz bastante alta. O período dos tiranos do espírito passou. Nas esferas da cultura superior sempre haverá um predomínio, sem dúvida — mas esse predomínio está, de ora em diante, nas mãos dos *oligarcas do espírito*. Apesar da separação espacial e política, eles formam uma sociedade coesa, cujos membros se *conhecem* e se *reconhecem*, seja qual for a avaliação favorável ou desfavorável disseminada pela opinião pública e pelos julgamentos de jornalistas e folhetinistas influentes na massa. A superioridade espiritual, que antes separava e hostilizava, agora costuma *unir*: como poderiam os indivíduos se afirmar e prosseguir em seu trajeto, contra todas as correntes, se, ao ver aqui e ali seus iguais, vivendo nas mesmas condições, não lhes agarrassem as mãos, na luta contra o caráter oclocrático[114] da semi-inteligência e da semicultura e as eventuais tentativas de erguer uma tirania com a manipulação das massas? Os oligarcas são necessários uns aos outros, têm um no outro sua maior alegria, conhecem seus emblemas — mas apesar disso cada um deles é livre, combate e vence no *seu* posto, e prefere sucumbir a sujeitar-se.

262. *Homero*. — O fato de Homero ter se tornado pan-helênico tão cedo continua a ser o mais importante na formação grega. Toda a liberdade espiritual e humana alcançada pelos gregos remonta a esse fato. Mas isso foi, ao mesmo tempo, a verdadeira fatalidade da formação grega, pois Homero aplainou à medida que centralizou, e dissolveu os mais sérios instintos de independência. De quando em quando se erguia, da profundeza do sentimento grego, o protesto contra Homero; mas ele sempre foi vencedor. As grandes potências espirituais exercem uma influência opressora, além daquela libertadora: mas sem dúvida há diferença se é Homero, a Bíblia ou a Ciência que tiraniza os homens.

263. *Dons*. — Numa humanidade altamente desenvolvida como a de hoje, cada um tem da natureza a possibilidade de alcançar vários talentos. Cada qual possui *talento nato*, mas em poucos é inato ou inculcado o grau de tenacidade, perseverança, energia, para que alguém se torne de fato um talento, isto é, se *torne* aquilo que *é*, ou seja, o descarregue em obras e ações.

264. *O homem de espírito, superestimado ou subestimado*. — Pessoas não científicas, mas talentosas, apreciam todo indício de espírito, esteja ele numa trilha certa ou numa falsa; elas querem, sobretudo, que a pessoa com que lidam as entretenha com seu espírito, as estimule, inflame, conduza à seriedade e ao gracejo, e de todo modo as proteja do tédio, como um poderoso amuleto. As naturezas científicas, porém, sabem que o dom de ter muitas idéias deve ser refreado severamente pelo espírito da ciência; não aquilo que brilha, aparece e excita, mas a verdade muitas vezes sem lustre, é o fruto que ele deseja sacudir da árvore do conhecimento. Ele pode, como Aristóteles, não fazer distinção entre "tediosos" e "espirituosos"; seu demônio o conduz tanto pelo deserto como pela vegetação tropical, para que em toda parte ele se alegre apenas com o real, sólido, genuíno. — Disso resulta, em insignificantes eruditos, desprezo e desconfiança da espirituosidade, enquanto freqüentemente as pessoas espirituosas têm aversão pela ciência: como, por exemplo, quase todos os artistas.

265. *A razão na escola.* — A escola não tem tarefa mais importante do que ensinar o pensamento rigoroso, o julgamento prudente, o raciocínio coerente; por isso ela deve prescindir de todas as coisas que não são úteis a essas operações, por exemplo, da religião. Ela pode esperar que depois a falta de clareza humana, o hábito e a necessidade afrouxarão de novo o arco demasiado tenso do pensar. Mas enquanto durar sua influência, deve promover à força o que é essencial e distintivo no homem: "Razão e Ciência, suprema força do homem" — como pelo menos Goethe é de opinião. — O grande naturalista Von Baer vê a superioridade dos europeus em relação aos asiáticos na capacidade, adquirida na escola, de oferecer razões para tudo aquilo em que crêem, algo de que os asiáticos não são absolutamente capazes. A Europa freqüentou a escola do pensar coerente e crítico, enquanto a Ásia ainda não sabe distinguir entre poesia e realidade e não está consciente de onde vêm suas convicções, se da sua própria observação e pensamento correto ou de fantasias. — A razão na escola fez da Europa a Europa: na Idade Média ela estava a caminho de se tornar novamente um pedaço e apêndice da Ásia — isto é, de perder o senso científico que devia aos gregos.

266. *Efeito subestimado do ensino ginasial.* — Geralmente não enxergamos o valor do ginásio nas coisas que nele aprendemos de fato e que dele sempre conservamos, mas naquelas que são ensinadas e que o aluno assimila a contragosto, para delas se livrar o mais rapidamente que possa. A leitura dos clássicos — toda pessoa educada há de convir — é, do modo como se realiza em toda parte, um procedimento monstruoso: feita para jovens que de maneira alguma estão maduros para ela, e por professores que com toda palavra, às vezes com a própria figura, já cobrem de mofo qualquer bom autor. Mas nisso está o valor que normalmente não é reconhecido — esses professores falam *a língua abstrata da cultura superior*, pesada e difícil de compreender, mas uma elevada ginástica da mente; em sua linguagem aparecem continuamente conceitos, termos especiais, métodos, alusões que os jovens quase nunca ouvem na conversa com familiares ou na rua. Se os alunos apenas *ouvirem*, seu intelecto será involuntariamente preparado para um modo de ver científico. Não é possível que alguém saia dessa disciplina totalmente intocado pela abstração, como puro filho da natureza.

267. *Aprender muitas línguas.* — Aprender muitas línguas enche a memória de palavras, em vez de fatos e idéias, quando a memória é um recipiente que em cada indivíduo só pode acolher uma medida certa e limitada de conteúdo. Além disso, o aprendizado de muitas línguas prejudica por fazer acreditar que se tem habilidades, e realmente confere algum prestígio sedutor no trato social; também prejudica indiretamente, ao obstar a aquisição de conhecimentos sólidos e a intenção de ganhar de maneira séria o respeito das pessoas. Por fim, é como um golpe de machado na raiz do refinado sentimento da língua que se tenha do idioma materno: ele é incuravelmente ferido e arruinado. Os dois povos que produziram os maiores estilistas, os gregos e os franceses, não aprenderam línguas estrangeiras. — Porém, como as relações entre os homens devem se tornar cada vez mais cosmopolitas e como agora um comerciante estabelecido em Londres, por exemplo, já tem de se comunicar por escrito e oralmente em oito idiomas, aprender muitas línguas é sem dúvida um *mal necessário*; que, chegando ao extremo, forçará a humanidade a encontrar um remédio: e num futuro distante haverá para todos uma nova língua, primeiro como língua comercial e depois como língua das relações intelectuais, tão certo como um dia existirá navegação aérea. Pois com que finalidade a ciência lingüística teria estudado por um século as leis do idioma e aquilatado o que é necessário, valioso e bem-sucedido em cada língua?

268. *Sobre a história bélica do indivíduo.* — Numa vida humana que passa por várias culturas, achamos concentrada a luta que normalmente se desenrola entre duas gerações, entre pai e filho: o parentesco próximo *exacerba* esta luta, porque cada uma das partes nela envolve, de maneira implacável, o íntimo da outra, que conhece tão bem; então a luta será particularmente dura no indivíduo; nele cada nova fase passa por cima das anteriores, com cruel injustiça e desconhecimento de seus meios e fins.

269. *Quinze minutos antes.* — Às vezes encontramos alguém cujas opiniões estão à frente de seu tempo, mas apenas o bastante para antecipar as idéias vulgares da década seguinte. Ele possui a opinião pública antes que ela seja pública; isto é: quinze minutos antes dos demais, ele caiu nos braços de uma opinião que merece tornar-se trivial. Mas sua fama costuma ser mais rumorosa que a dos verdadeiramente grandes e superiores.

270. *A arte de ler.* — Toda orientação forte é unilateral; assemelha-se à direção da linha reta e é exclusiva como esta, ou seja, não toca em muitas outras direções, como fazem os partidos e naturezas fracas em seu ir-e-vir ondulatório: portanto, também aos filólogos devemos perdoar que sejam unilaterais. O estabelecimento e a preservação dos textos, ao lado de sua exegese, realizados numa corporação durante séculos, fizeram com que agora se chegasse enfim aos métodos corretos: toda a Idade Média foi incapaz de uma exegese estritamente filológica, isto é, de simplesmente querer entender o que diz o autor — não foi pouco encontrar esses métodos, não subestimemos esse fato! A ciência inteira ganhou continuidade e estabilidade apenas quando a arte da boa leitura, isto é, a filologia, atingiu seu apogeu.

271. *A arte de raciocinar.* — O maior progresso feito pelo homem foi aprender a *raciocinar corretamente*. Isso não é coisa tão natural como supõe Schopenhauer, ao dizer que "capazes de raciocinar são todos, de julgar, poucos";[115] mas foi algo aprendido tardiamente, e que até hoje não predomina. Nos tempos antigos a regra era o falso raciocínio: e as mitologias de todos os povos, sua magia e superstição, seus cultos religiosos, seu direito, são as inesgotáveis jazidas de provas de tal afirmação.

272. *Os anéis de crescimento da cultura individual.* — A força ou fraqueza da produtividade espiritual não se acha ligada tanto ao talento herdado quanto à medida de *vigor*[116] que veio junto com ele. A maioria dos jovens cultos de trinta anos retrocede nesse primeiro solstício de sua vida e a partir de então perde o gosto para mudanças espirituais. Por isso a salvação de uma cultura que não pára de crescer requer imediatamente uma nova geração, que entretanto não vai muito longe também: pois para *recobrar* a cultura do pai o filho tem de gastar quase toda a energia herdada, que o próprio pai possuía na fase da vida em que gerou o filho; com o pouco excedente ele vai adiante (pois, ao se fazer o caminho pela segunda vez, avança-se um pouco mais rápido; para aprender o mesmo que o pai sabia, o filho não despende tanta energia). Homens bastante vigorosos, como Goethe, por exemplo, percorrem tanto caminho quanto quatro gerações; mas por isso avançam depressa demais, de modo que os outros os alcançam apenas no século seguinte, e talvez nem o façam inteiramente, pois a coesão da cultura, a coerência de seu desenvolvimento, foi enfraquecida pelas interrupções freqüentes. — As fases habituais da cultura espiritual que se atingiu ao longo da história são recobradas pelos indivíduos de modo cada vez mais rápido. Atualmente eles começam a entrar na cultura como crianças movidas pela religião, e aos dez anos de idade atingem talvez a vivacidade maior desse sentimento, depois passando a formas mais atenuadas (panteísmo), enquanto se aproximam da ciência; deixam para trás a noção de Deus, de imortalidade e coisas assim, mas sucumbem ao encanto de uma filosofia metafísica. Esta lhes parece também pouco digna de crédito, afinal; e a arte parece prometer cada vez mais, de modo que por algum tempo a metafísica só persiste e sobrevive transformada em arte, ou como disposição artisticamente transfiguradora. Mas o sentido científico torna-se cada vez mais imperioso e leva o homem adulto à ciência natural e à história, sobretudo aos métodos mais rigorosos do conhecimento, enquanto a arte vai assumindo uma significação mais branda e mais modesta. Nos dias de hoje, tudo isso costuma suceder nos primeiros trinta anos da vida de um homem. É a recapitulação de um trabalho que ocupou a humanidade por talvez trinta mil anos.

273. *Retrocedendo, mas não ficando para trás.* — Quem hoje ainda começa o seu desenvolvimento com sentimentos religiosos e depois continua, talvez por muito tempo, a viver na metafísica e na arte, recuou certamente um bom pedaço e inicia a disputa com outros homens modernos em condições desfavoráveis: aparentemente ele perde tempo e terreno. Mas, por haver se detido em regiões onde o calor e a energia são desencadeados, e onde continuamente o poder flui de fonte inesgotável, como uma torrente vulcânica, ao deixar no momento certo essas regiões ele avança mais rapidamente, seu pé adquire asas, seu peito aprende a respirar de maneira mais calma, mais profunda e constante. — Ele apenas recuou, para ter terreno bastante para seu salto: então pode até haver algo de terrível, de ameaçador, nesse recuo.

274. *Um segmento de nosso Eu como objeto artístico.* — É um indício de cultura superior reter conscientemente certas fases do desenvolvimento, que os homens menores vivenciam quase sem pensar e depois apagam da lousa de sua alma, e fazer delas um desenho fiel: este é o gênero mais elevado da arte pictórica, que poucos entendem. Para isto é necessário isolar essas fases artificialmente. Os estudos históricos cultivam a qualificação para essa pintura, pois sempre nos desafiam, ante um trecho da história, a vida de um povo — ou de um homem —, a imaginar um horizonte bem definido de pensamentos, uma força definida de sentimentos, o predomínio de uns, a retirada de outros. O senso histórico consiste em poder reconstruir rapidamente, nas ocasiões que se oferecem, tais sistemas de pensamento e sentimento, assim como obtemos a visão de um templo a partir de colunas e restos de paredes que ficaram de pé. Seu primeiro resultado é compreendermos nossos semelhantes como tais sistemas e representantes bem definidos de culturas diversas, isto é, como necessários, mas alteráveis. E, inversamente, que podemos destacar trechos de nosso próprio desenvolvimento e estabelecê-los como autônomos.

275. *Cínicos e epicúrios.* — O cínico percebe o nexo entre as dores mais numerosas e mais fortes do homem superiormente cultivado e a profusão de suas necessidades; ele compreende, portanto, que a pletora de opiniões sobre o belo, o conveniente, decoroso, prazeroso, deveria fazer brotarem ricas fontes de gozo, mas também de desprazer. Em conformidade com tal percepção ele regride no desenvolvimento, ao renunciar a muitas dessas opiniões e furtar-se a determinadas exigências da cultura; com isso ganha um sentimento de liberdade e de fortalecimento; e aos poucos, quando o hábito lhe torna suportável o modo de vida, passa realmente a ter sensações de desprazer mais raras e mais fracas que os homens cultivados, e se aproxima da condição do animal doméstico; além do mais, sente tudo com o fascínio do contraste — e pode igualmente xingar a seu bel-prazer: de modo a novamente se erguer muito acima do mundo de sensações do animal. — O epicúrio tem o mesmo ponto de vista do cínico; entre os dois existe, em geral, apenas uma diferença de temperamento. O epicúrio utiliza sua cultura superior para se tornar independente das opiniões dominantes; eleva-se acima destas, enquanto o cínico fica apenas na negação. Aquele anda, digamos assim, por caminhos sem vento, bem protegidos, penumbrosos, enquanto acima dele as copas das árvores bramem ao vento, denunciando-lhe a veemência com que o mundo lá fora se move. O cínico, por outro lado, vagueia nu na ventania, por assim dizer, e se endurece até perder a sensibilidade.

276. *Microcosmo e macrocosmo da cultura*. — As melhores descobertas acerca da cultura o homem faz em si mesmo, ao encontrar em si dois poderes heterogêneos que governam. Supondo que alguém viva no amor das artes plásticas ou da música e também seja tomado pelo espírito da ciência, e que considere impossível eliminar essa contradição pela destruição de um e a total liberação do outro poder: então só lhe resta fazer de si mesmo um edifício da cultura tão grande que esses dois poderes, ainda que em extremos opostos, possam nele habitar, enquanto entre eles se abrigam poderes intermediários conciliadores com força bastante para, se necessário, aplainar um conflito que surja. Mas esse edifício da cultura num indivíduo terá enorme semelhança com a construção da cultura em épocas inteiras e, por analogia, instruirá continuamente a respeito dela. Pois em toda parte onde se desenvolveu a arquitetura da cultura, foi sua tarefa obrigar à harmonia os poderes conflitantes, através da possante união dos outros poderes menos incompatíveis, sem no entanto oprimi-los ou acorrentá-los.

277. *Felicidade e cultura*. — A visão do ambiente de nossa infância nos comove: a casa com jardim, a igreja com túmulos, o lago e o bosque — essas coisas sempre revemos como sofredores. A compaixão para conosco nos assalta, pois o quanto sofremos desde então! E ali tudo permanece tão sereno, tão eterno: apenas nós somos tão diferentes, tão agitados; e reencontramos algumas pessoas em que o tempo não cravou seus dentes mais do que num carvalho: camponeses, pescadores, moradores da floresta — são os mesmos. — Comoção, autocompaixão face à cultura inferior é a marca da cultura superior; o que mostra que a felicidade, em todo o caso, não foi aumentada por ela. Quem quiser colher felicidade e satisfação na vida, que evite sempre a cultura superior.

278. *Analogia da dança.* — Hoje devemos considerar como sinal decisivo de grande cultura alguém possuir força e flexibilidade tanto para ser puro e rigoroso no conhecer como para, em outros momentos, deixar que a poesia, a religião e a metafísica vão cem passos à sua frente, por assim dizer, apreciando-lhes o poderio e a beleza. Tal posição entre duas exigências tão diversas é muito difícil, pois a ciência requer o domínio absoluto de seus métodos, e, não sendo este requisito satisfeito, surge o outro perigo, o de oscilar debilmente para cima e para baixo, entre impulsos diversos. No entanto, a fim de mostrar uma via para a solução dessa dificuldade, ao menos com uma analogia, lembremos que a *dança* não é o mesmo que um vago balanceio entre impulsos diversos. A alta cultura semelhará uma dança ousada: por isso, como foi dito, é necessária muita força e flexibilidade.

279. *Aliviando a vida.* — Um dos principais meios de aliviar a vida é idealizar todos os seus eventos; mas é preciso obtermos da pintura uma noção clara do que é idealizar. O pintor solicita que o espectador não olhe de maneira demasiado aguda e precisa, ele o obriga a recuar uma certa distância para olhar; ele tem de pressupor um afastamento bem determinado do observador em relação ao quadro; deve até mesmo presumir, em seu espectador, um grau igualmente determinado de agudeza do olhar;[117] em tais coisas ele não pode absolutamente hesitar. Portanto, quem quiser idealizar sua vida não deve querer vê-la com demasiada precisão, deve sempre remeter o olhar para uma certa distância. Desse artifício entendia Goethe, por exemplo.

280. *Quando o que agrava alivia, e inversamente.* — Muita coisa que em certos níveis da vida humana é agravamento, serve a um nível superior como aliviamento, porque tais homens conheceram mais fortes agravamentos da vida. Ocorre também o inverso: a religião, por exemplo, tem uma dupla face, conforme um homem erga o olhar para ela, para que lhe diminua o fardo e a miséria, conforme desça os olhos até ela, como um grilhão que lhe puseram para que não se eleve muito pelo ar.

281. *A cultura superior é necessariamente incompreendida.* — Quem dotou seu instrumento apenas de duas cordas, como os eruditos, que além do *impulso de saber* têm somente um impulso *religioso* adquirido, não compreende os homens que sabem tocar mais cordas. É da natureza da cultura superior, *de muitas cordas mais*,[118] que ela sempre seja interpretada erradamente pela inferior; o que sucede, por exemplo, quando a arte é tida como uma forma disfarçada de religiosidade. De fato, pessoas apenas religiosas compreendem até a ciência como busca do sentimento religioso, tal como os surdos-mudos não sabem o que é música, se não for movimento visível.

282. *Lamentação.* — São talvez as vantagens de nosso tempo que trazem consigo um retrocesso e uma ocasional subestimação da *vita contemplativa*. Mas é preciso reconhecer que nosso tempo é pobre em grandes moralistas; que Pascal, Epiteto, Sêneca, Plutarco são bem pouco lidos; que o trabalho e a diligência — que antes estavam no cortejo da deusa Saúde — às vezes parecem grassar como uma doença. Como falta tempo para pensar e tranqüilidade no pensar, as pessoas não mais ponderam as opiniões divergentes: contentam-se em odiá-las. Com o enorme aceleramento da vida, o espírito e o olhar se acostumam a ver e julgar parcial ou erradamente, e cada qual semelha o viajante que conhece terras e povos pela janela do trem. Uma atitude independente e cautelosa no conhecimento é vista quase como uma espécie de loucura, o espírito livre é difamado, particularmente pelos eruditos, que na arte com que ele observa as coisas sentem falta de sua própria minúcia e diligência de formiga, e que de bom grado o baniriam para um solitário canto da ciência: enquanto ele tem a tarefa bem distinta e superior de comandar, de um ponto afastado, todas as hostes de cientistas e eruditos, mostrando-lhes os caminhos e objetivos da cultura. — Uma lamentação como a que acaba de ser entoada provavelmente terá seu tempo e se calará por si mesma, ante um intenso retorno do gênio da meditação.

283. *Defeito principal dos homens ativos.* — Aos homens ativos falta habitualmente a atividade superior, quero dizer, a individual. Eles são ativos como funcionários, comerciantes, eruditos, isto é, como representantes de uma espécie, mas não como seres individuais e únicos; neste aspecto são indolentes. — A infelicidade dos homens ativos é que sua atividade é quase sempre um pouco irracional. Não se pode perguntar ao banqueiro acumulador de dinheiro, por exemplo, pelo objetivo de sua atividade incessante: ela é irracional. Os homens ativos rolam tal como pedra, conforme a estupidez da mecânica. — Todos os homens se dividem, em todos os tempos e também hoje, em escravos e livres; pois aquele que não tem dois terços do dia para si é escravo, não importa o que seja: estadista, comerciante, funcionário ou erudito.

284. *Em favor dos ociosos.* — Como sinal de que decaiu a valorização da vida contemplativa, os eruditos de agora competem com os homens ativos numa espécie de fruição precipitada, de modo que parecem valorizar mais esse modo de fruir do que aquele que realmente lhes convém e que de fato é um prazer bem maior. Os eruditos se envergonham do *otium* [ócio]. Mas há algo de nobre no ócio e no lazer. — Se o ócio é realmente o *começo* de todos os vícios,[119] então ao menos está bem próximo de todas as virtudes; o ocioso é sempre um homem melhor do que o ativo. — Mas não pensem que, ao falar de ócio e lazer, estou me referindo a vocês, preguiçosos.

285. *A intranqüilidade moderna.* — À medida que andamos para o Ocidente se torna cada vez maior a agitação moderna, de modo que no conjunto os habitantes da Europa se apresentam aos americanos como amantes da tranqüilidade e do prazer, embora se movimentem como abelhas ou vespas em vôo. Essa agitação se torna tão grande que a cultura superior já não pode amadurecer seus frutos; é como se as estações do ano se seguissem com demasiada rapidez. Por falta de tranqüilidade, nossa civilização se transforma numa nova barbárie. Em nenhum outro tempo os ativos, isto é, os intranqüilos, valeram tanto. Logo, entre as correções que necessitamos fazer no caráter da humanidade está fortalecer em grande medida o elemento contemplativo. Mas desde já o indivíduo que é tranqüilo e constante de cabeça e de coração tem o direito de acreditar que possui não apenas um bom temperamento, mas uma virtude de utilidade geral, e que, ao preservar essa virtude, está mesmo realizando uma tarefa superior.

286. *Em que medida o homem ativo é preguiçoso.* — Acho que cada pessoa deve ter uma opinião própria sobre cada coisa a respeito da qual é possível ter opinião, porque ela mesma é uma coisa particular e única, que ocupa em relação a todas as outras coisas uma posição nova, sem precedentes. Mas a indolência que há no fundo da alma do homem ativo impede o ser humano de tirar água de sua própria fonte. — Com a liberdade de opiniões sucede o mesmo que à saúde: ambas são individuais, não se pode criar um conceito de validade geral para nenhuma delas. O que um indivíduo necessita para a sua saúde é, para um outro, motivo de doença, e vários caminhos e meios para a liberdade do espírito seriam, para naturezas superiormente desenvolvidas, caminhos e meios de servidão.

287. *Censor vitae* [Censor da vida]. — Por muito tempo, a alternância de amor e ódio caracteriza o estado interior de um homem que quer ser livre em seu julgamento da vida; ele não esquece, e tudo ressente das coisas, tudo de bom e de mau. Enfim, quando a tábua de sua alma estiver totalmente coberta de experiências, ele não desprezará nem odiará a existência, e tampouco a amará, mas estará acima dela, ora com o olhar da alegria, ora com o da tristeza, e tal como a natureza terá uma disposição ora estival ora outonal.

288. *Êxito secundário*. — Quem deseja seriamente se tornar livre perderá a inclinação para erros e vícios, sem que nada o obrigue a isso; também a raiva e o desgosto o assaltarão cada vez menos. Pois sua vontade não deseja nada mais instantemente do que o conhecimento e o meio de alcançá-lo, ou seja: a condição duradoura em que ele está mais apto para o conhecer.

289. *Valor da doença*. — O homem que jaz doente na cama talvez perceba que em geral está doente de seu ofício, de seus negócios ou de sua sociedade, e que por causa dessas coisas perdeu a capacidade de reflexão sobre si mesmo: ele obtém esta sabedoria a partir do ócio a que sua doença o obriga.

290. *Sensibilidade no campo*. — Quando não se tem linhas firmes e calmas no horizonte da vida, como as linhas das montanhas e dos bosques, a própria vontade íntima do homem vem a ser intranqüila, dispersa e sequiosa como a natureza do citadino: ele não tem felicidade nem dá felicidade.

291. *Cautela dos espíritos livres*. — Os homens de senso livre, que vivem apenas para o conhecimento, alcançarão logo o objetivo exterior de sua vida, sua posição definitiva ante a sociedade e o Estado, e se darão por satisfeitos, por exemplo, com um pequeno emprego ou fortuna que baste justamente para viver; pois se organizarão de modo tal que uma grande reviravolta nas condições externas, ou mesmo subversão da ordem política, não transtorne também a sua vida. Em todas essas coisas empregam o mínimo de energia, para, com toda a força acumulada e com grande fôlego, por assim dizer, mergulhar no conhecer. Assim podem ter a esperança de descer profundamente e talvez enxergar o fundo. — Um tal espírito gosta de tomar apenas a borda de uma experiência, não ama as coisas em toda a largueza e abundância de suas dobras: pois não quer se emaranhar nelas. —

Ele também conhece os dias de semana de cativeiro, de dependência, de serviço. Mas de quando em quando deverá ter um domingo de liberdade, de outro modo não terá como suportar a vida. — É provável que mesmo o seu amor aos homens seja cauteloso e de fôlego curto, pois ele não quer se envolver com o mundo das propensões e da cegueira mais do que o necessário para os fins do conhecimento. Precisa confiar em que o gênio da justiça terá algo a dizer em favor do seu discípulo e protegido, se vozes acusadoras o qualificarem de pobre em amor. — Em seu modo de viver e pensar há um *heroísmo refinado*, que desdenha se oferecer à adoração das massas, como faz seu irmão mais rude, e anda em silêncio através do mundo e para fora dele. Não importa por quais labirintos vagueie, sob que rochas tenha se espremido sua torrente — chegando à luz ele segue o seu caminho, claro, leve, quase sem ruído, e deixa que o brilho do sol brinque no seu fundo.

292. *Avante*. — Assim, avante no caminho da sabedoria, com um bom passo, com firme confiança! Seja você como for, seja sua própria fonte de experiência! Livre-se do desgosto com seu ser, perdoe a seu próprio Eu, pois de toda forma você tem em si uma escada com cem degraus, pelos quais pode ascender ao conhecimento. A época na qual, com tristeza, você se sente lançado, considera-o feliz por essa fortuna; ela lhe diz que atualmente você partilha experiências de que homens de uma época futura talvez tenham de se privar. Não menospreze ter sido religioso; investigue plenamente como teve um genuíno acesso à arte. Não é possível, exatamente com ajuda de tais experiências, explorar[120] com maior compreensão enormes trechos do passado humano? Não foi precisamente *neste* chão que às vezes tanto lhe desagrada, no chão do pensamento impuro, que medraram muitos dos esplêndidos frutos da cultura antiga? É preciso ter amado a religião e a arte como a mãe e a nutriz — de outro modo não é possível se tornar sábio. Mas é preciso poder olhar além delas, crescer além delas; permanecendo sob o seu encanto não as compreendemos. Igualmente você deve familiarizar-se com a história e o cauteloso jogo dos pratos da balança: "de um lado — de outro lado". Faça o caminho de volta, pisando nos rastros que a humanidade fez em sua longa e penosa marcha pelo deserto do passado: assim aprenderá, da maneira mais segura, aonde a humanidade futura não pode ou não deve retornar. E, ao desejar ver antecipadamente, com todas as forças, como será atado o nó do futuro, sua própria vida adquirirá o valor de instrumento e meio para o crescimento. Está em suas mãos fazer com que tudo o que viveu — tentativas, falsos começos, equívocos, ilusões, paixões, seu amor e sua esperança — reduza-se inteiramente a seu objetivo. Este objetivo é tornar-se você mesmo uma cadeia necessária de anéis da cultura, e desta necessidade inferir a necessidade na marcha da cultura em geral. Quando o seu olhar tiver se tornado forte o bastante para ver o fundo, na escura fonte de seu ser e de seus conhecimentos, talvez também se tornem visíveis para você, no espelho dele, as distantes constelações das culturas vindouras. Você acha que uma vida como essa, com tal objetivo, seria árdua demais, despida de coisas agradáveis? Então não aprendeu ainda que não há mel mais doce que o do conhecimento, e que as nuvens de aflição que pairam acima lhe servirão de úberes, dos quais você há de extrair o leite para seu bálsamo. Apenas ao chegar à velhice você nota como deu ouvidos à voz da natureza, dessa natureza que governa o mundo inteiro mediante o prazer: a mesma vida que tem seu auge na velhice tem seu auge na sabedoria, no suave fulgor solar de uma constante alegria de espírito; ambas, a velhice e a sabedoria, você as encontra na mesma encosta da vida, assim quis a natureza. Então é chegado o momento, e não há por que se enraivecer de que a névoa da morte se aproxime. Em direção à luz — o seu último movimento; um grito jubiloso de conhecimento — o seu último som.

Capítulo sexto
O HOMEM EM SOCIEDADE

293. *Dissimulação benévola*. — Freqüentemente é necessária uma dissimulação benévola na relação com as pessoas, como se não penetrássemos os motivos de sua conduta.

294. *Cópias*. — Não é raro encontrarmos cópias de homens importantes; e, como no caso das pinturas, a maioria das pessoas prefere as cópias aos originais.

295. *O orador*. — Pode-se falar muito adequadamente e, no entanto, de maneira que todo o mundo grite o contrário: isso ocorre quando não se fala para todo o mundo.

296. *Falta de confidência*. — A falta de confidência entre amigos é uma falha que não pode ser repreendida sem se tornar incurável.

297. *Arte de presentear*. — Ter de recusar um presente apenas porque não é oferecido da maneira correta nos desgosta com quem o dá.

298. *O partidário mais perigoso*. — Em todo partido há alguém que, ao enunciar com demasiada fé os princípios do partido, estimula os demais à apostasia.

299. *Conselheiros do doente*. — Quem dá conselhos a um homem doente adquire uma sensação de superioridade sobre ele, não importando se eles são acolhidos ou rejeitados. Por isso há doentes suscetíveis e orgulhosos que odeiam os conselheiros mais ainda que a doença.

300. *Dois tipos de igualdade.* — A ânsia de igualdade pode se expressar tanto pelo desejo de rebaixar os outros até seu próprio nível (diminuindo, segregando, derrubando) como pelo desejo de subir juntamente com os outros (reconhecendo, ajudando, alegrando-se com seu êxito).

301. *Combatendo o embaraço.* — A melhor maneira de ajudar pessoas muito embaraçadas, de tranqüilizá-las, consiste em elogiá-las firmemente.

302. *A preferência por certas virtudes.* — Não atribuímos valor especial à posse de uma determinada virtude, até que percebemos a sua ausência total em nosso adversário.

303. *Por que contradizemos.* — É freqüente contradizermos uma opinião quando, na realidade, apenas o tom com que foi exposta nos é antipático.

304. *Confiança e confidência.*[121] — Quem busca propositadamente a confidência com outra pessoa, em geral não está seguro de ter sua confiança. Quem está seguro da confiança dá pouco valor à confidência.

305. *O equilíbrio da amizade.* — Às vezes, em nosso relacionamento com outra pessoa, o justo equilíbrio da amizade é restaurado se pomos em nosso prato da balança uma pitada de falta de razão.

306. *Os médicos mais perigosos.* — Os médicos mais perigosos são os que, atores natos, imitam o médico nato com o perfeito dom de iludir.

307. *Quando cabem os paradoxos.* — A fim de conquistar pessoas inteligentes para uma determinada tese, às vezes basta apresentá-la na forma de um tremendo paradoxo.

308. *Como conquistar pessoas corajosas.* — Persuadimos pessoas corajosas a determinada ação apresentando-a como mais perigosa do que é de fato.

309. *Cortesias.* — Consideramos ofensas as cortesias de pessoas que não amamos.

310. *Fazer esperar.* — Um meio seguro de irritar as pessoas e lhes pôr maus pensamentos na cabeça é fazê-las esperar muito tempo. Isso torna imoral.[122]

311. *Contra os confiantes.* — Pessoas que nos dão toda a sua confiança acreditam, com isso, ter direito à nossa. É um erro de raciocínio; dádivas não conferem direitos.

312. *Meios de compensação.* — Muitas vezes basta dar a alguém que prejudicamos a oportunidade de fazer um gracejo a nosso respeito, para proporcionar-lhe satisfação e mesmo dispô-la favoravelmente.

313. *Vaidade da língua.* — Uma pessoa escondendo suas más características e vícios, ou os revelando abertamente, nos dois casos sua vaidade quer lucrar: basta ver a sutileza com que ela distingue entre aquele diante do qual esconde essas características e aquele diante do qual é cândida e sincera.

314. *Respeitosamente.* — Não querer magoar, não querer prejudicar ninguém pode ser sinal tanto de um caráter justo como de um caráter medroso.

315. *Requisito para a discussão.* — Quem não sabe pôr no gelo seus pensamentos não deve se entregar ao calor da discussão.

316. *Companhia e presunção.* — Desaprendemos a presunção quando sabemos andar sempre com pessoas de mérito; estar só estimula a soberba. Os jovens são presunçosos porque se relacionam com seus iguais, que nada são, mas gostam de parecer muito.

317. *Motivo do ataque.* — Não se ataca apenas para fazer mal a alguém, para derrotá-lo, mas talvez simplesmente para tomar consciência da própria força.

318. *Adulação.* — As pessoas que, ao relacionar-se conosco, desejam embotar nossa prudência com adulações, empregam um meio perigoso, como um sonífero que, quando não faz adormecer, torna ainda mais desperto.

319. *O bom autor de cartas.* — Quem não escreve livros, pensa muito e vive em companhia inadequada, será normalmente um bom autor de cartas.

320. *O mais feio.* — É duvidoso que um homem muito viajado tenha encontrado em alguma parte do mundo regiões mais feias do que no rosto humano.

321. *Os compassivos.* — As naturezas compassivas, sempre dispostas a auxiliar na desgraça, raramente são as mesmas que se alegram juntamente com as demais: na felicidade alheia elas não têm o que fazer, são supérfluas, não se sentem na posse de sua superioridade, e por isso facilmente se desgostam.

322. *A família do suicida.* — Os familiares de um suicida não lhe perdoam não ter ficado vivo em consideração ao nome da família.

323. *Prevendo a ingratidão.* — Quem dá um grande presente não acha gratidão, pois para o presenteado já é um fardo aceitar.

324. *Na companhia de pessoas sem espírito.* — Ninguém agradece ao homem de espírito sua cortesia, quando ele se adapta a um grupo de pessoas no qual não é cortês mostrar espírito.

325. *A presença de testemunhas.* — Atrás de um homem que cai na água nos lançamos de muito bom grado, se estiverem presentes pessoas que não ousam fazê-lo.

326. *Silêncio.* — Para ambos os lados, o modo mais desagradável de responder a um ataque polêmico é se aborrecer e calar, pois geralmente o atacante interpreta o silêncio como um sinal de desdém.

327. *O segredo do amigo.* — Poucos são aqueles que, estando embaraçados por falta de temas para a conversa, não revelam os assuntos secretos dos amigos.

328. *Humanidade.* — A humanidade das celebridades do espírito, ao lidar com pessoas não célebres, consiste em amavelmente não ter razão.

329. *O desconcertado.* — Pessoas que em sociedade não se sentem seguras aproveitam toda ocasião em que há alguém que lhes é próximo, e a quem são superiores, para demonstrar publicamente essa superioridade — mediante gracejos, por exemplo.

330. *Agradecimento.* — Incomoda a uma alma delicada saber que alguém lhe deve agradecimento; a uma alma grosseira, saber que o deve a alguém.

331. *Indício de estranhamento.* — O indício mais forte do estranhamento de opiniões entre duas pessoas se dá quando dizem uma à outra algo irônico, mas nenhuma delas percebe a ironia.

332. *Presunção com mérito.* — A presunção aliada ao mérito ofende ainda mais que a presunção de pessoas sem mérito: pois o próprio mérito já ofende.

333. *Perigo na voz.* — Pode acontecer de, numa conversa, o som de nossa própria voz nos embaraçar e nos levar a afirmações que não correspondem absolutamente a nossa opinião.

334. *Numa conversa.* — Dar razão ou não ao outro, numa conversa, é puramente questão de hábito: as duas coisas fazem sentido.

335. *Medo do próximo.* — Tememos a disposição hostil do próximo, porque receamos que, graças a esta disposição, ele chegue aos nossos segredos.

336. *Distinguindo ao repreender.* — Pessoas muito respeitadas distribuem mesmo a sua repreensão como se nos distinguissem com ela. Esperam que atentemos para a solicitude com que se ocupam de nós. Nós as compreendemos de modo totalmente errado, ao tomar sua repreensão objetivamente e nos defendermos dela; assim as irritamos e as afastamos de nós.

337. *Dissabor com a benevolência alheia.* — Enganamo-nos quanto à intensidade em que nos cremos odiados ou temidos: porque nós mesmos conhecemos bem o grau de nossa divergência em relação a uma pessoa, uma tendência, um partido, mas eles nos conhecem superficialmente, e portanto nos odeiam superficialmente. É freqüente depararmos com uma benevolência que para nós é inexplicável; mas se a compreendemos, então ela nos ofende, porque mostra que não nos levam bastante a sério, não nos dão suficiente importância.

338. *Vaidades que se cruzam.* — Duas pessoas que se encontram, e cuja vaidade é igualmente grande, conservam má impressão uma da outra, pois cada uma delas estava tão ocupada com a impressão que queria produzir, que a outra não lhe causa nenhuma impressão; enfim, as duas percebem que seus esforços foram vãos, e atribuem a culpa à outra.

339. *Maus modos como bons sinais.* — O espírito superior tem prazer nas incivilidades, arrogâncias, e mesmo hostilidades de jovens ambiciosos contra ele; são os maus modos de cavalos fogosos que ainda não levaram cavaleiro, e que logo sentirão orgulho de levá-lo.

340. *Quando é aconselhável não ter razão.* — Convém recebermos acusações sem refutá-las, mesmo quando são injustas, se o acusador vir como uma injustiça maior de nossa parte o fato de o contradizermos e até o refutarmos. Sem dúvida, desse modo um homem pode sempre estar errado e conservar a razão, transformando-se enfim, com tranqüila consciência, num insuportável tirano e atormentador; e o que vale para o indivíduo pode suceder com classes inteiras da sociedade.

341. *Muito pouco reverenciadas.* — Pessoas muito convencidas, às quais se mostra uma consideração menor do que a que esperavam, tentam durante muito tempo enganar a si mesmas e aos outros a esse respeito e se tornam psicólogos muito sutis, a fim de estabelecer que afinal os outros as reverenciaram o bastante; se não atingem seu objetivo, se o véu da ilusão se rasga, entregam-se a uma raiva tanto maior.

342. *Estados primitivos ecoando na fala.* — Na maneira como os homens fazem afirmações em sociedade, reconhece-se freqüentemente um eco dos tempos em que eles entendiam mais de armas que de alguma outra coisa: num instante manejam suas frases como atiradores que apontam sua besta, no outro pensamos ouvir o sibilar e o tilintar das lâminas; e no caso de certos homens uma afirmação cai como um sólido porrete. — Já as mulheres falam como seres que durante milênios sentaram-se junto ao tear, manusearam a agulha ou foram crianças com as crianças.

343. *O narrador.* — Quem narra alguma coisa, logo deixa perceber se narra porque o fato lhe interessa ou por querer despertar o interesse mediante a narrativa. Neste caso ele exagera, usa superlativos e faz outras coisas assim. Então ele geralmente não narra tão bem, porque pensa mais em si do que no assunto.

344. *Lendo em voz alta.* — Quem lê criações dramáticas em voz alta faz descobertas sobre o seu próprio caráter: para certos momentos e estados de espírito, para o que for patético ou burlesco, digamos, acha sua voz mais natural do que para outros, enquanto na vida cotidiana talvez só não tenha tido oportunidade de mostrar *pathos* ou comicidade.

345. *Uma cena de comédia que sucede na vida.* — Alguém concebe uma opinião espirituosa sobre um tema, a fim de expressá-la num grupo. Numa comédia, veríamos e ouviríamos como ele se esforça em chegar ao ponto e conduzir o grupo até onde possa fazer a sua observação: como sempre empurra a conversa para um único objetivo, às vezes perde a direção, recupera-a, e afinal chega o instante: quase lhe falta o fôlego — então alguém do grupo lhe tira a observação da boca. Que fará ele? Será contra a sua própria opinião?

346. *Indelicado sem querer.* — Quando alguém, sem o querer, trata indelicadamente outra pessoa, por exemplo, não a cumprimenta por não tê-la reconhecido, isto o aborrece, ainda que não possa repreender sua consciência; incomoda-o a má impressão que produziu no outro, ou teme as conseqüências de um mal-entendido, ou o entristece ter ferido o outro — portanto, vaidade, medo ou compaixão podem ser despertados, ou talvez tudo isso ao mesmo tempo.

347. *Obra de mestre da traição.* — Expressar a um cúmplice a suspeita mortificante de estar sendo traído por ele, e isso justamente quando se está praticando uma traição, é um golpe de mestre da maldade, pois ocupa o outro com a própria pessoa e o obriga a se comportar de forma aberta e insuspeita por algum tempo, permitindo que o verdadeiro traidor tenha as mãos livres.

348. *Ofender e ser ofendido.* — É muito mais agradável ofender e mais tarde pedir perdão do que ser ofendido e conceder perdão. Quem faz a primeira coisa dá mostra de poder, e em seguida de bom caráter. O outro, se não quiser passar por desumano, *tem* que perdoar. Por causa dessa obrigação, é mínimo o prazer na humilhação do outro.

349. *Na disputa.* — Quando se contradiz a opinião de outra pessoa e ao mesmo tempo se desenvolve a própria, a persistente consideração da outra opinião costuma atrapalhar a postura natural da própria: ela parece mais intencional, mais aguda, talvez um tanto exagerada.

350. *Artifício.* — Quem quer obter algo difícil de outra pessoa não deve enxergar a coisa como um problema, mas simplesmente apresentar seu plano como a única possibilidade; se no olhar do interlocutor despontar a objeção, a contradição, ele deve saber rapidamente interromper e não lhe deixar tempo.

351. *Remorsos após reuniões sociais.* — Por que temos remorsos após as reuniões sociais de costume? Porque tratamos levianamente coisas importantes, porque ao conversar sobre pessoas não falamos com inteira lealdade ou porque nos calamos quando deveríamos falar, porque oportunamente não nos levantamos e saímos, em suma, porque nos comportamos em sociedade como se pertencêssemos a ela.

352. *Somos julgados erroneamente.* — Quem quer sempre escutar os julgamentos que fazem de sua pessoa, terá sempre desgosto. Pois mesmo por aqueles que nos são mais próximos ("que nos conhecem melhor"), somos julgados erroneamente. Mesmo bons amigos podem dar vazão ao aborrecimento numa palavra desfavorável; e seriam eles nossos amigos se nos conhecessem precisamente? — Os juízos dos indiferentes causam muita dor, porque soam tão imparciais, quase objetivos. Mas se notamos que alguém que nos é hostil nos conhece num ponto sigiloso, tão bem quanto nós mesmos, como é enorme então nossa contrariedade!

353. *Tirania do retrato*. — Artistas e homens de Estado que a partir de alguns traços isolados compõem rapidamente a imagem de uma pessoa ou um evento costumam ser injustos, ao exigir depois que o evento ou a pessoa seja realmente como eles o pintaram; exigem mesmo que alguém seja tão talentoso, tão ladino, tão injusto como vive na sua representação.

354. *O parente como o melhor amigo*. — Os gregos, que sabiam tão bem o que é um amigo — de todos os povos, só eles tiveram uma discussão filosófica profunda e variada sobre a amizade; de modo que foram os primeiros e até hoje os últimos a ver o amigo como um problema digno de solução —, esses mesmos gregos designavam os *parentes* com uma expressão que é o superlativo da palavra "amigo". Isto permanece inexplicável para mim.

355. *Honestidade não compreendida*. — Quando numa conversa alguém cita a si mesmo ("eu disse então", "costumo dizer"), isto dá impressão de arrogância, mas com freqüência vem da fonte contrária, pelo menos da honestidade, que não quer adornar e embelezar o instante com idéias de um momento anterior.

356. *O parasita*. — É indício de completa falta de nobreza alguém preferir viver na dependência, à custa de outros, apenas para não ter que trabalhar, e geralmente com secreta amargura em relação àqueles de que depende. — Tal mentalidade é muito mais freqüente nas mulheres que nos homens, e também muito mais perdoável (por razões históricas).

357. *No altar da reconciliação*. — Há circunstâncias em que só obtemos algo de um homem se o ofendemos e criamos inimizade com ele: este sentimento de ter um inimigo o aborrece tanto, que ele aproveita o primeiro sinal de uma disposição mais branda para se reconciliar, e no altar dessa reconciliação sacrifica a coisa a que dava tanta importância, que não pretendia ceder por nenhum preço.

358. *Solicitar compaixão como sinal de presunção.* — Há pessoas que, ao se encolerizar e ferir os outros, exigem primeiramente que não as levem a mal e, em segundo lugar, que tenham compaixão delas, por estarem sujeitas a paroxismos tão violentos. A tal ponto chega a presunção humana.

359. *Isca.* — "Todo homem tem o seu preço" — isso não é verdadeiro. Mas para cada um pode haver uma isca que tem de morder. É assim que, para ganhar muitas pessoas para uma causa, basta que se dê a ela o brilho da filantropia, da nobreza, da caridade, da abnegação — e a que causa não se poderia dá-lo? — São os doces e guloseimas de *sua* alma; outras pessoas têm outros.

360. *Comportamento diante do elogio.* — Quando bons amigos elogiam um homem talentoso, ele com freqüência ficará alegre por cortesia e benevolência, mas na verdade isso lhe é indiferente. Sua autêntica natureza fica inerte diante disso, e não é possível movê-lo um passo para fora do sol ou da sombra em que está; mas as pessoas querem causar alegria mediante o elogio, e significaria magoá-las não se alegrar com ele.

361. *A experiência de Sócrates.* — Quando alguém se torna mestre numa coisa, em geral continua a ser, por isso mesmo, um perfeito inepto na maioria das outras coisas; mas pensa-se exatamente o contrário, algo de que Sócrates já teve experiência. Este é o inconveniente que torna desagradável a relação com os mestres.

362. *Meios de embrutecimento.* — Na luta contra a estupidez, os homens mais justos e afáveis tornam-se enfim brutais. Com isso podem estar no caminho certo para a sua defesa; pois a fronte obtusa pede, como argumento de direito, o punho cerrado. Mas, tendo o caráter justo e afável, como disse, eles sofrem com tal meio de defesa, mais do que fazem sofrer.

363. *Curiosidade*. — Se não existisse a curiosidade, pouco se faria pelo bem do próximo. Mas, sob o nome de dever ou compaixão, ela se insinua na casa do infeliz e necessitado. — Talvez até mesmo no decantado amor materno haja uma boa parcela de curiosidade.

364. *Erro de cálculo na sociedade*. — Este deseja ser interessante com seus juízos, aquele com suas afeições e aversões, um terceiro com suas relações, um quarto com seu isolamento — e todos calculam mal. Pois aquele diante do qual se representa o espetáculo pensa ser ele mesmo o único espetáculo que interessa.

365. *O duelo*. — A favor das questões de honra e dos duelos pode-se dizer que, se alguém é suscetível a ponto de não querer viver se fulano ou sicrano diz ou pensa isto e aquilo sobre ele, tem o direito de deixar a coisa ser resolvida pela morte de um ou do outro. Sobre o fato de ele ser tão suscetível, não há o que discutir; nisto somos herdeiros do passado, de sua grandeza como de seus excessos, sem os quais nunca houve grandeza. Havendo um código de honra que admite o sangue no lugar da morte, de maneira que após um duelo segundo as regras o coração é aliviado, isto é um grande benefício, pois de outro modo muitas vidas humanas estariam ameaçadas. — Uma instituição assim, aliás, educa os homens na cautela com as palavras e torna possível o trato com eles.

366. *Nobreza e gratidão*. — Uma alma nobre gostará de se sentir obrigada à gratidão, e não evitará medrosamente as ocasiões de se obrigar a algo ou alguém; também se mostrará serena depois, ao expressar sua gratidão; enquanto as almas baixas resistem a tudo o que pode obrigá-las, ou depois exageram e são muito ávidas em expressar a gratidão. Isso ocorre igualmente com pessoas de origem baixa ou de situação humilhante: um favor que tenham recebido lhes parece uma graça miraculosa.

367. *As horas da eloqüência.* — Para falar bem, certa pessoa tem necessidade de alguém que lhe seja clara e reconhecidamente superior; uma outra só acha inteira liberdade de discurso e os felizes fraseados da eloqüência diante de alguém a quem sobrepuja: nos dois casos a razão é a mesma; cada uma delas só fala bem quando fala *sans gêne* [sem constrangimento], uma porque, frente ao superior, não sente o impulso da concorrência, da competição; a outra também por isso, diante do inferior. — Mas há uma espécie muito diferente de pessoas, que só falam bem ao falar competindo, com a intenção de ganhar. Qual das duas espécies é a mais ambiciosa: aquela que fala bem ao ter a ambição estimulada ou aquela que, justamente por esse motivo, fala mal ou absolutamente não fala?

368. *O talento para a amizade.* — Entre as pessoas que têm um dom especial para a amizade, dois tipos sobressaem. Um está em contínua ascensão, e para cada etapa de seu desenvolvimento encontra um amigo adequado. Desse modo conquista uma série de amigos que raramente se relacionam entre si, e que às vezes divergem e se contradizem: algo que tem correspondência no fato de as etapas posteriores de seu desenvolvimento anularem ou prejudicarem as fases do início. A alguém assim podemos chamar, brincando, de *escada*. — O outro tipo é representado por aquele que exerce atração sobre caracteres e talentos muito diversos, de modo que granjeia todo um círculo de amigos; e eles próprios estabelecem relações amigáveis entre si, apesar de toda a sua variedade. Uma tal pessoa pode ser chamada de *círculo*: pois é preciso que nela esteja prefigurado, de algum modo, esse nexo de naturezas e disposições tão diversas. — Em várias pessoas, aliás, o dom de ter bons amigos é muito maior que o dom de ser um bom amigo.

369. *Tática no conversar*. — Depois de conversar com alguém, estamos na melhor das relações com o interlocutor se tivemos oportunidade de lhe mostrar nosso espírito e nossa amabilidade em todo o seu brilho. Homens espertos, que querem dispor alguém a seu favor, recorrem a isso na conversa, dando à pessoa ótimas oportunidades para um bom gracejo e coisas assim. Pode-se imaginar uma divertida conversa entre dois espertalhões que querem dispor favoravelmente um ao outro, e por isso lançam as melhores oportunidades para lá e para cá, sem que nenhum deles as aproveite: de modo que a conversa transcorre geralmente sem espírito e sem amabilidade, pois cada um deixou para o outro a oportunidade de ser espirituoso e amável.

370. *Descarga do mau humor*. — O homem que não consegue algo prefere atribuir este insucesso à má vontade de outro homem, em vez de ao acaso. Sua irritação é aliviada se ele pensa numa pessoa, e não numa coisa, como razão para o seu insucesso; pois de uma pessoa podemos nos vingar, mas as intempéries do acaso têm de ser engolidas. Quando um príncipe fracassa em algo, os que o rodeiam costumam indicar-lhe um homem como suposta causa daquilo, sacrificando-o no interesse de todos os cortesãos; pois do contrário o mau humor do príncipe se descarregaria sobre todos eles, não podendo ele vingar-se contra a deusa da Fortuna.

371. *Assumindo a cor do ambiente*. — Por que são tão contagiosas a simpatia e a aversão, de maneira que não podemos viver próximos a alguém de sentimentos fortes sem sermos preenchidos, como um receptáculo, por seus prós e seus contras? Em primeiro lugar, a total abstenção do julgamento é muito difícil, às vezes francamente intolerável para a nossa vaidade; ela possui as mesmas cores da pobreza de idéias e de sentimentos, ou do receio e da pouca virilidade: e assim somos levados a pelo menos tomar partido, talvez em oposição aos que nos rodeiam, se essa postura dá mais prazer ao nosso orgulho. Mas em geral — este é o segundo ponto — não nos tornamos de fato conscientes da passagem da indiferença à simpatia ou aversão, e sim nos habituamos pouco a pouco à maneira de sentir de nosso ambiente; e, sendo a concordância simpática e o entendimento recíproco tão agradáveis, logo adotamos os seus signos e cores partidárias.

372. *Ironia.* — A ironia só é adequada como instrumento pedagógico, usada por um mestre na relação com alunos de qualquer espécie: seu objetivo é a humilhação, a vergonha, mas do tipo saudável que faz despertar bons propósitos, e que inspira respeito e gratidão a quem assim nos tratou, como a um médico. O irônico se faz de ignorante, e tão bem que os discípulos que com ele dialogam são enganados e ficam arrojados ao crer que têm um conhecimento melhor, expondo-se de todas as maneiras; eles perdem o cuidado e se mostram como são, — até que, num dado momento, a luz que sustentavam ante o rosto do mestre manda de volta os raios sobre eles, de modo bem humilhante. — Quando não há uma relação como essa entre o mestre e os discípulos, a ironia é um mau comportamento, um afeto vulgar. Todos os escritores irônicos contam com a espécie tola de homens que gostam de se sentir superiores a todos os demais, ao lado do autor, que consideram o porta-voz de sua presunção. — O hábito da ironia, assim como o do sarcasmo, corrompe também o caráter; confere aos poucos a característica de uma superioridade alegremente maldosa: por fim nos tornamos iguais a um cão mordaz que aprendeu a rir, além de morder.

373. *Presunção.* — O que mais devemos prevenir é o crescimento dessa erva daninha que se chama presunção, que arruína toda boa colheita dentro de nós; pois há presunção na cordialidade, na demonstração de respeito, na intimidade benévola, no carinho, no conselho amigo, na confissão de erros, na compaixão por outros, e todas essas belas coisas provocam repugnância, quando tal erva cresce entre elas. O presunçoso, ou seja, aquele que quer significar mais do que é *ou aquilo por que é tido*, faz sempre um cálculo errado. É certo que ele tem um êxito momentâneo, na medida em que as pessoas diante das quais é presunçoso normalmente lhe tributam, por medo ou comodidade, a medida de respeito que ele solicita; mas elas se vingam asperamente, subtraindo, do valor que até então lhe deram, tanto quanto ele solicitou além da medida. Não há nada que os homens façam pagar mais caro que a humilhação. O presunçoso pode tornar o seu mérito real tão suspeito e pequenino aos olhos dos outros, que é pisoteado por eles com pés sujos. — Mesmo uma atitude orgulhosa devemos nos permitir somente quando podemos estar seguros de não ser incompreendidos e vistos como presunçosos, diante de amigos e esposas, por exemplo. Pois nas relações humanas não há tolice maior do que granjear a fama de presunção; é ainda pior do que não ter aprendido a mentir por delicadeza.

374. *Diálogo*. — O diálogo é a conversa perfeita, porque tudo o que uma pessoa diz recebe sua cor definida, seu tom, seu gesto de acompanhamento, *em estrita referência* àquele com quem fala, ou seja, tal como sucede na troca epistolar, em que a mesma pessoa tem dez maneiras de exprimir sua alma, conforme escreva a este ou àquele indivíduo. No diálogo há uma única refração do pensamento: ela é produzida pelo interlocutor, como o espelho no qual desejamos ver nossos pensamentos refletidos do modo mais belo possível. Mas como se dá com dois, três ou mais interlocutores? Então a conversa perde necessariamente em finura individualizadora, as várias referências se cruzam e se anulam; a locução que agrada a um não satisfaz a índole de outro. Por isso o indivíduo é forçado, lidando com muitos, a se recolher em si mesmo, a apresentar os fatos como são, mas tira dos assuntos o lúdico ar de humanidade que faz da conversa uma das coisas mais agradáveis do mundo. Ouça-se o tom em que homens que lidam com grupos inteiros de homens costumam falar, é como se o baixo-contínuo de todo o discurso fosse: "este sou *eu*, isto sou *eu* que digo, pensem disso o que quiserem!". Esta é a razão por que em geral as mulheres de espírito deixam uma estranha, penosa, desanimadora impressão naqueles que as conhecem em sociedade: falar com muitos, diante de muitos, priva-as de toda amabilidade de espírito, e apenas mostra, numa luz crua, a consciente preocupação de si mesma, a tática e a intenção de uma vitória pública: enquanto no diálogo essas mesmas mulheres tornam a ser femininas e recuperam a graça de seu espírito.

375. *Fama póstuma.* — Só faz sentido esperar o reconhecimento de um futuro distante se supomos que a humanidade permanecerá essencialmente a mesma, e que toda grandeza será tida como grande não apenas numa época, mas em todas. Isso é um erro, porém; em todas as percepções e julgamentos do que é belo e bom a humanidade se transforma intensamente; é fantasia acreditar que estamos algumas léguas à frente e que toda a humanidade segue o *nosso* caminho. Além disso, um sábio não reconhecido pode hoje dar como certo que a sua descoberta será feita igualmente por outros, e que no melhor dos casos um historiador futuro reconhecerá que ele já sabia isto ou aquilo, mas não pôde obter crédito para a sua tese. Não ser reconhecido é interpretado pela posteridade como falta de vigor. — Em suma, não se deve falar tão facilmente a favor do isolamento altivo. Há exceções, sem dúvida; mas geralmente são nossos erros, nossas fraquezas e tolices que impedem o reconhecimento de nossas grandes qualidades.

376. *Amigos.* — Apenas pondere consigo mesmo como são diversos os sentimentos, como são divididas as opiniões, mesmo entre os conhecidos mais próximos; e como até mesmo opiniões iguais têm, nas cabeças de seus amigos, posição ou força muito diferente da que têm na sua; como são múltiplas as ocasiões para o mal-entendido e para a ruptura hostil. Depois disso, você dirá a si mesmo: como é inseguro o terreno em que repousam as nossas alianças e amizades, como estão próximos os frios temporais e o tempo feio, como é isolado cada ser humano! Se alguém percebe isso, e também que todas as opiniões, sejam de que espécie e intensidade, são para o seu próximo tão necessárias e irresponsáveis como os atos, se descortina essa necessidade interior das opiniões, devida ao indissolúvel entrelaçamento de caráter, ocupação, talento e ambiente — talvez se livre da amargura e aspereza de sentimento que levou aquele sábio a gritar: "Amigos, não há amigos!".[123] Esta pessoa dirá antes a si mesma: Sim, há amigos, mas foi o erro, a ilusão acerca de você que os conduziu até você; e eles devem ter aprendido a calar, a fim de continuar seus amigos; pois quase sempre tais laços humanos se baseiam em que certas coisas jamais serão ditas nem tocadas: se essas pedrinhas começam a rolar, porém, a amizade segue atrás e se rompe. Haverá homens que não seriam fatalmente feridos, se soubessem o que seus mais íntimos amigos sabem no fundo a seu respeito? — Conhecendo a nós mesmos e vendo o nosso ser como uma esfera cambiante de opiniões e humores, aprendendo assim a menosprezá-lo um pouco, colocamo-nos novamente em equilíbrio com os outros. É verdade, temos bons motivos para não prezar muito os nossos conhecidos, mesmo os grandes entre eles; mas igualmente bons motivos para dirigir esse sentimento para nós mesmos. — Então suportemos uns aos outros, assim como suportamos a nós mesmos; e talvez chegue um dia, para cada um, a hora feliz em que dirá:

"Amigos, não há amigos!" — disse o sábio moribundo;
"Inimigos, não há inimigos!" — digo eu, o tolo vivente.

Capítulo sétimo
A MULHER E A CRIANÇA

377. *A mulher perfeita.* — A mulher perfeita é um tipo de ser humano mais elevado que o homem perfeito; e também algo muito mais raro. — A ciência que estuda os animais oferece um meio de se tornar provável esta afirmação.

378. *Amizade e casamento.* — O melhor amigo terá provavelmente a melhor esposa, porque o bom casamento tem por base o talento para a amizade.

379. *Sobrevida dos pais.* — As dissonâncias não resolvidas na relação entre o caráter e a atitude dos pais[124] ressoam na natureza da criança e constituem a história íntima de seus sofrimentos.

380. *Vindo da mãe.* — Todo indivíduo traz em si uma imagem de mulher que provém da mãe: é isso que o leva a respeitar as mulheres, a menosprezá-las ou a ser indiferente a elas em geral.

381. *Corrigindo a natureza.* — Quando não se tem um bom pai, convém providenciar um.

382. *Pai e filho.* — Os pais têm muito o que fazer, para compensar o fato de terem filhos.

383. *Erro das mulheres nobres.* — As mulheres nobres pensam que algo não existe absolutamente, quando não é possível falar dele em sociedade.

384. *Uma doença masculina.* — Para a doença masculina do autodesprezo o remédio mais seguro é ser amado por uma mulher inteligente.

385. *Uma espécie de ciúme.* — É fácil as mães sentirem ciúme dos amigos de seus filhos, quando eles têm sucesso extraordinário. Habitualmente a mãe ama, em seu filho, mais *a si mesma* do que ao próprio filho.

386. *Sensata insensatez.*[125] — Na maturidade da vida e da razão, sobrevém ao indivíduo o sentimento de que seu pai errou ao gerá-lo.

387. *Bondade materna.* — Algumas mães necessitam de filhos felizes e respeitados; outras, de filhos infelizes: senão, sua bondade de mãe não pode se mostrar.

388. *Suspiros diversos.* — Alguns homens suspiraram pelo rapto de suas mulheres; a maioria, porque ninguém as quis raptar.

389. *Casamentos por amor.* — Os matrimônios que são contraídos por amor (os chamados casamentos de amor [*Liebesheiraten*]) têm o erro como pai e a penúria (necessidade) como mãe.[126]

390. *Amizade com mulheres.* — Uma mulher pode muito bem tornar-se amiga de um homem; mas para manter essa amizade — para isso é necessário talvez uma pequena antipatia física.

391. *Tédio.* — Muitas pessoas, mulheres sobretudo, não sentem tédio, porque nunca aprenderam realmente a trabalhar.

392. *Um elemento do amor.* — Em toda espécie de amor feminino também aparece algo do amor materno.

393. *A unidade de lugar e o drama*. — Se os cônjuges não morassem juntos, os bons casamentos seriam mais comuns.

394. *Conseqüências habituais do casamento*. — Toda associação que não eleva rebaixa, e vice-versa; por isso os homens habitualmente decaem um pouco, ao tomar esposa, enquanto as mulheres são elevadas um pouco. Homens demasiado intelectuais necessitam do casamento tanto quanto resistem a ele, como um amargo remédio.

395. *Ensinando a mandar*. — Por meio da educação deve-se ensinar as crianças de famílias modestas a mandar, e as outras crianças a obedecer.

396. *Querer se apaixonar*. — Noivos que foram juntados pela conveniência se esforçam freqüentemente por apaixonar-se, para fugir à censura da utilidade fria e calculista. Assim também, as pessoas que adotam o cristianismo por vantagem própria se empenham em tornar-se verdadeiramente devotas; dessa maneira a pantomima religiosa é mais fácil para elas.

397. *Não há repouso no amor*. — Um músico que *ama* o tempo lento tocará as mesmas peças cada vez mais lentamente. Em nenhum amor existe repouso.

398. *Pudor*. — Geralmente o pudor da mulher aumenta com sua beleza.

399. *Casamento estável*. — Um casamento no qual cada um quer alcançar um objetivo individual através do outro se conserva bem; por exemplo, quando a mulher quer se tornar famosa através do homem, e o homem quer se tornar amado através da mulher.

400. *Natureza de Proteu.*[127] — Por amor, as mulheres se transformam naquilo que são na mente dos homens por quem são amadas.

401. *Amar e ter*. — Em geral as mulheres amam um homem de valor como se o quisessem ter apenas para si. Bem gostariam de trancá-lo a sete chaves, se isto não contrariasse a sua vaidade: pois esta requer que a importância dele seja evidente também para os outros.

402. *Teste de um bom casamento*. — Um casamento prova ser bom pelo fato de tolerar uma "exceção".

403. *Meios de levar todos a fazer tudo*. — Através de inquietações, medos, sobrecarga de trabalho e de pensamentos é possível fatigar e enfraquecer qualquer homem, de modo que ele não mais se opõe a algo que tem aparência de complicado, cedendo a isso — como bem sabem os diplomatas e as mulheres.

404. *Respeitabilidade e honestidade*. — Essas jovens que querem confiar apenas em seus encantos juvenis para o sustento de toda a vida, e cuja esperteza é ainda insuflada por mães astutas, querem o mesmo que as hetairas,[128] apenas são mais sagazes e menos honestas do que estas.

405. *Máscaras*. — Há mulheres que, por mais que as pesquisemos, não têm interior, são puras máscaras. É digno de pena o homem que se envolve com estes seres quase espectrais, inevitavelmente insatisfatórios, mas precisamente elas são capazes de despertar da maneira mais intensa o desejo do homem: ele procura a sua alma — e continua procurando para sempre.

406. *O casamento como uma longa conversa*. — Ao iniciar um casamento, o homem deve se colocar a seguinte pergunta: você acredita que gostará de conversar com esta mulher até na velhice? Tudo o mais no casamento é transitório, mas a maior parte de tempo é dedicada à conversa.

407. *Sonhos de garotas*. — Garotas inexperientes se lisonjeiam com a idéia de que está em seu poder tornar um homem feliz; mais tarde elas aprendem que significa menosprezar um homem supor que basta uma garota para fazê-lo feliz. — A vaidade da mulher exige que um homem seja mais que um marido feliz.

408. *Desaparecimento de Fausto e Margarida.* — Conforme a aguda observação de um erudito, os homens cultos da Alemanha de hoje se assemelham a uma mistura de Mefistófeles e Wagner,[129] mas de modo algum a Fausto: que os avôs deles (ao menos na juventude) sentiam se agitar dentro de si. Por dois motivos, então — para dar prosseguimento à frase — não lhes convêm as Margaridas. E, por já não serem desejadas, parece que se estão extinguindo.

409. *Garotas no ginásio.* — Por nada no mundo se transmita a nossa educação ginasial às garotas! Essa educação que freqüentemente faz de jovens ardentes, cheios de espírito, ávidos de saber — cópias de seus mestres!

410. *Sem rivais.* — As mulheres percebem facilmente quando a alma de um homem já foi tomada; elas desejam ser amadas sem rivais, e censuram nele os objetos de sua ambição, suas atividades políticas, suas ciências e artes, se ele tiver paixão por tais coisas. A menos que ele brilhe por essas coisas — então elas esperam que uma união amorosa com ele realce também *seu próprio* brilho; neste caso elas incentivam aquele que amam.

411. *O intelecto feminino.* — O intelecto das mulheres se manifesta como perfeito domínio, presença de espírito, aproveitamento de toda vantagem. Elas o transmitem aos filhos, como sua característica fundamental, e a isso o pai acrescenta o fundo mais obscuro da vontade. A influência dele determina, por assim dizer, o ritmo e a harmonia com que a nova vida deve ser tocada; mas a melodia vem da mulher. — Ou, expresso para aqueles que sabem perceber algo:[130] as mulheres têm a inteligência, os homens o sentimento e a paixão.[131] Isso não está em contradição com o fato de os homens realizarem muito mais coisas com a sua inteligência: eles têm impulsos mais profundos, mais poderosos; são estes que levam tão longe a sua inteligência, que em si é algo passivo. Não é raro as mulheres secretamente se admirarem da veneração que os homens tributam ao seu sentimento. Se os homens, na escolha do cônjuge, buscam antes de tudo um ser profundo e sensível, enquanto as mulheres buscam alguém sagaz, brilhante e com presença de espírito, vê-se claramente que no fundo o homem busca um homem idealizado, e a mulher, uma mulher idealizada, ou seja, não um complemento, mas sim um aperfeiçoamento das próprias qualidades.

412. *Um julgamento de Hesíodo confirmado.*[132] — Um indício da sagacidade das mulheres é que em quase toda parte elas souberam como se fazer sustentar, como zangões na colméia. Pensemos no que isto significa originalmente e por que os homens não se fazem sustentar pelas mulheres. Certamente porque a vaidade e a ambição masculinas são maiores que a sagacidade feminina; pois as mulheres souberam assegurar para si, através da submissão, uma forte vantagem e mesmo a dominação. Até a guarda das crianças pode originalmente ter sido usada, pela inteligência das mulheres, como pretexto para se furtar o quanto pudessem ao trabalho. Ainda hoje, quando realmente trabalham, como donas-de-casa, por exemplo, elas sabem fazer disso um desconcertante alarde: de modo que o mérito do seu trabalho costuma ser enormemente superestimado pelos homens.

413. *Os míopes se apaixonam.* — Às vezes bastam óculos mais fortes para curar um apaixonado; e quem tivesse força de imaginação para conceber um rosto, uma silhueta vinte anos mais velha, talvez passasse pela vida imperturbado.

414. *Mulheres com ódio.* — Tomadas pelo ódio as mulheres são mais perigosas que os homens; antes de mais nada porque, uma vez despertado o seu sentimento hostil, não são freadas por nenhuma consideração de justiça, deixando o seu ódio crescer até as últimas conseqüências; depois, porque são exercitadas em descobrir feridas (que todo homem, todo partido tem) e espicaçá-las: no que sua inteligência, aguda como um punhal, presta-lhes um ótimo serviço (ao passo que os homens, vendo feridas, tornam-se contidos, são com freqüência generosos e conciliadores).

415. *Amor*. — A idolatria que as mulheres têm pelo amor é, no fundo e originalmente, uma invenção da inteligência, na medida em que, através das idealizações do amor, elas aumentam seu poder e se apresentam mais desejáveis aos olhos dos homens. Mas, tendo se habituado a essa superestimação do amor durante séculos, aconteceu que elas caíram na própria rede e esqueceram tal origem. Hoje elas são mais iludidas que os homens, e por isso sofrem mais com a desilusão que quase inevitavelmente ocorre na vida de toda mulher — desde que ela tenha imaginação e intelecto bastantes para ser iludida e desiludida.

416. *Sobre a emancipação das mulheres*. — Podem as mulheres ser justas, se estão tão acostumadas a amar, a imediatamente simpatizar ou antipatizar? Em virtude disso não têm tanto interesse por causas como têm por pessoas: mas, sendo a favor de uma causa, tornam-se de imediato suas partidárias, e assim corrompem sua pura, inocente influência. Há então um perigo nada pequeno, quando lhes são confiados a política e certos ramos da ciência (a História, por exemplo). Pois o que seria mais raro do que uma mulher que realmente soubesse o que é ciência? As melhores nutrem inclusive um secreto desprezo a ela, como se de algum modo lhe fossem superiores. Talvez tudo isso possa mudar; no momento é assim.

417. *A inspiração no julgamento das mulheres*. — As súbitas decisões a favor ou contra, que as mulheres costumam tomar, os lampejos de simpatias e aversões que iluminam suas relações pessoais, em suma, as provas da injustiça feminina foram envolvidas de uma aura pelos homens apaixonados, como se todas as

mulheres tivessem inspirações de sabedoria, mesmo sem a trípode délfica e a coroa de louros:[133] e muito tempo depois suas sentenças são interpretadas e explicadas como oráculos sibilinos. No entanto, se refletirmos que se pode dizer algo em favor de cada pessoa, de cada causa, mas também contra elas, que todas as coisas têm não apenas dois, mas três ou quatro lados, é difícil se equivocar totalmente nessas decisões súbitas; e poderíamos até dizer que a natureza das coisas é tal que as mulheres têm sempre razão.

418. *Fazer-se amar*. — Como, num par amoroso, geralmente uma pessoa ama e a outra é amada, surgiu a crença de que em todo comércio amoroso há uma medida constante de amor: quanto mais uma delas toma para si, tanto menos resta para a outra. Pode ocorrer, excepcionalmente, que a vaidade convença cada uma das duas pessoas de que é ela quem deve ser amada; de modo que ambas querem se fazer amar: do que resultam, em especial no casamento, cenas algo cômicas, algo absurdas.

419. *Contradições nas cabeças femininas*. — Sendo as mulheres tão mais pessoais do que objetivas, tendências que se contradizem logicamente toleram uma à outra no seu círculo de idéias: elas costumam se entusiasmar precisamente pelos representantes dessas tendências, um após o outro, e adotam redondamente os seus sistemas; mas de modo tal que sempre surge um ponto morto, onde mais tarde uma nova personalidade vem a preponderar. Pode acontecer que toda a filosofia, na cabeça de uma mulher de idade, consista em pontos mortos desse tipo.

420. *Quem sofre mais?* — Após uma desavença e disputa pessoal entre uma mulher e um homem, uma parte sofre mais com a idéia de ter magoado a outra; enquanto esta sofre mais com a idéia de não ter magoado o outro o bastante, e por isso se empenha depois, com lágrimas, soluços e caras feias, em lhe amargurar o coração.

421. *Ocasião para a generosidade feminina.* — Se por um momento puséssemos de lado as exigências dos costumes, bem poderíamos considerar se a natureza e a razão não destinam o homem a vários matrimônios sucessivos, talvez de forma que inicialmente, na idade de vinte e dois anos, ele se case com uma jovem mais velha, que lhe seja superior intelectual e moralmente e se torne sua guia em meio aos perigos dos vinte anos (ambição, ódio, autodesprezo, paixões de todo tipo). Mais tarde o amor dessa mulher se converteria em maternal, e ela não apenas suportaria como estimularia, da maneira mais salutar, que aos trinta o homem estabelecesse uma relação com uma moça bastante jovem, cuja educação ele tomaria nas próprias mãos. — Para o homem de vinte anos, o casamento é uma instituição necessária, para o de trinta, útil, mas não necessária: para a vida posterior ele é freqüentemente prejudicial e favorece a regressão intelectual do homem.

422. *Tragédia da infância.* — Não é raro que homens nobres e de altas aspirações tenham tido que empreender seu combate mais duro na infância: talvez por terem que impor seu modo de pensar contra um pai de pensamento baixo, afeito à aparência e à mentira, ou, como lorde Byron, por viverem perpetuamente em luta com uma mãe infantil e colérica. Se vivenciamos algo assim, por toda a vida não superaremos a dor de saber quem foi realmente nosso maior e mais perigoso inimigo.

423. *Tolice dos pais.* — Os erros mais crassos, no julgamento de uma pessoa, são cometidos por seus pais: isto é um fato; mas como explicá-lo? Terão os pais demasiada experiência de seu filho, já não podendo reuni-la numa unidade? Observou-se que um viajante só capta corretamente os traços distintivos gerais de um povo na primeira fase de sua estadia; quanto mais conhece o povo, mais deixa de ver o que nele é típico e diferente. Atendo-se ao que está perto, seus olhos não mais percebem o que está longe. Então os pais julgam erradamente o filho por nunca terem estado suficientemente longe dele? — Uma explicação bem outra seria: as pessoas costumam não refletir sobre aquilo que as cerca, aceitando-o simplesmente. Talvez a habitual falta de reflexão dos pais seja a razão por que, tendo de julgar seus filhos, julguem tão equivocadamente.

424. *Do futuro do casamento.* — Essas mulheres nobres e livres, que assumem como tarefa a educação e elevação do sexo feminino, não devem ignorar uma consideração: o casamento concebido em sua mais alta forma, enquanto amizade espiritual entre duas pessoas de sexo diferente, isto é, realizado como o futuro espera que seja, com o fim de gerar e educar uma nova geração — um tal casamento, que usa o elemento sensual apenas, digamos, como um meio raro e ocasional para um fim maior, provavelmente requer, devemos desconfiar,[134] um auxílio natural, o do *concubinato*. Pois, se por razões de saúde do homem a esposa deverá também se prestar sozinha à satisfação da necessidade sexual, então na escolha de uma esposa será determinante uma consideração errada, oposta aos fins indicados: a obtenção da prole será casual, e a educação bem-sucedida, bastante improvável. Uma boa esposa, que deve ser amiga, ajudante, genitora, mãe, cabeça de família, administradora, e talvez tenha de, separadamente do marido, cuidar até do seu próprio negócio ou ofício, não pode ser ao mesmo tempo concubina: em geral, significaria exigir demais dela. Assim poderia ocorrer, no futuro, o oposto do que se deu em Atenas na época de Péricles: os homens, que em suas esposas tinham pouco mais que concubinas, recorriam também às Aspásias,[135] porque ansiavam pelos encantos de uma convivência liberadora da mente e do coração, que somente a graça e a docilidade espiritual das mulheres podem criar. Todas as instituições humanas, como o casamento, permitem apenas um grau moderado de idealização prática, de outro modo remédios grosseiros se fazem necessários.

425. *Período de Tempestade e Ímpeto das mulheres.*[136] — Nos três ou quatro países civilizados da Europa pode-se fazer das mulheres, com alguns séculos de educação, tudo o que se queira, até mesmo homens; não no sentido sexual, está claro, mas em qualquer outro sentido. Após tal influência, elas terão adquirido todas as virtudes e forças masculinas, e deverão adotar igualmente as fraquezas e os vícios dos homens: tudo isso pode-se obter, como disse. Mas como suportaremos o estado intermediário então produzido, que pode ele mesmo durar alguns séculos, durante os quais as loucuras e injustiças femininas, seus dotes ancestrais, ainda predominarão sobre tudo o que foi ganho e aprendido? Será o tempo em que a ira constituirá o afeto propriamente masculino, ira pelo fato de que todas as artes e ciências estarão inundadas e enlameadas por um diletantismo inaudito, a filosofia será silenciada por um atordoante palavrório, a política será mais fantástica e partidária do que nunca, a sociedade estará em total dissolução, porque as guardiãs dos velhos costumes[137] terão se tornado ridículas para si mesmas e se empenharão em ficar fora dos costumes em todo sentido. Pois, tendo as mulheres seu maior poder *nos* costumes, a que recorrerão elas para reconquistar semelhante plenitude de poder, após terem renunciado aos costumes?

426. *O espírito livre e o casamento.* — Viverão com mulheres os espíritos livres? Creio que em geral, como as aves proféticas da Antigüidade, sendo aqueles que hoje pensam verdadeiramente e dizem a verdade,[138] eles preferirão *voar sozinhos*.

427. *Felicidade do casamento.* — Tudo o que é habitual tece à nossa volta uma rede de teias de aranha cada vez mais firme; e logo percebemos que os fios se tornaram cordas e que nós nos achamos no meio, como uma aranha que ali ficou presa e tem de se alimentar do próprio sangue. Eis por que o espírito livre odeia todos os hábitos e regras, tudo o que é duradouro e definitivo, eis por que sempre torna a romper, dolorosamente, a rede em torno de si; embora sofra, em conseqüência disso, feridas inúmeras, pequenas e grandes — pois esses fios ele tem que arrancar *de si mesmo*, de seu corpo, de sua alma. Ele tem que aprender a amar, ali onde até então odiava, e inversamente. Nada deve ser impossível para ele, nem mesmo semear dentes de dragão no campo[139] em que fizera transbordar as cornucópias de sua bondade. — A partir disso podemos julgar se ele é feito para a felicidade do casamento.

428. *Próximo demais.* — Se vivemos próximos demais a uma pessoa, é como se repetidamente tocássemos uma boa gravura com os dedos nus: um dia teremos nas mãos um sujo pedaço de papel, e nada além disso. Também a alma de uma pessoa, ao ser continuamente tocada, acaba se desgastando; ao menos assim ela nos *parece* afinal — nós nunca mais vemos seu desenho e sua beleza originais. — Sempre se perde no relacionamento íntimo demais com mulheres e amigos; às vezes se perde a pérola de sua própria vida.

429. *O berço dourado.* — O espírito livre respira aliviado, quando afinal decide se desvencilhar dos cuidados e da proteção maternais com que governam as mulheres à sua volta. Pois que mal lhe pode fazer uma corrente de ar mais fria de que o abrigam tão ansiosamente, o que significa desvantagem, perda, acidente, doença, dívida, ilusão a mais ou a menos em sua vida, comparados ao cativeiro do berço dourado, do abanador de cauda de pavão e da sensação oprimente de, além disso, ter de ser grato por ser tratado e mimado como um bebê? Por isso, o leite que lhe é dado pelo sentimento maternal das mulheres ao seu redor pode facilmente se transformar em fel.

430. *Sacrifício voluntário.* — Mulheres notáveis aliviam a vida de seus maridos, no caso de eles serem grandes e famosos, ao se tornarem como que o recipiente do desfavor geral e do ocasional mau humor das demais pessoas. Os contemporâneos costumam relevar muitos erros, tolices e mesmo atos de grossa injustiça dos seus grandes homens, se encontram alguém que, como verdadeiro animal de sacrifício, possam maltratar e abater para aliviar seus sentimentos. Não é raro que uma mulher tenha a ambição de se oferecer para tal sacrifício, e então o homem ficará satisfeito — caso seja egoísta o bastante para tolerar em seu convívio esse voluntário pára-raios, guarda-chuva e abrigo contra tempestades.

431. *Amáveis adversárias.* — O pendor natural das mulheres para a existência e as relações calmas, regulares, feliz-harmoniosas, a espécie de brilho apaziguador que suas ações deixam no mar da vida, contraria involuntariamente o íntimo impulso heróico do espírito livre. Sem que o percebam, as mulheres agem como quem tira as pedras do caminho de um mineralogista, para que seus pés não tropecem nelas — quando ele saiu precisamente para nelas tropeçar.

432. *Dissonância de duas consonâncias.* — As mulheres querem servir, e nisso está sua felicidade; o espírito livre não quer ser servido, e nisso está sua felicidade.

433. *Xantipa.* — Sócrates encontrou uma mulher tal como precisava — mas não a teria buscado, se a tivesse conhecido suficientemente bem: mesmo o heroísmo desse espírito livre não teria ido tão longe. Pois Xantipa o impeliu cada vez mais para a sua peculiar profissão, ao tornar sua casa e seu lar inabitáveis e inóspitos:[140] ela o ensinou a viver nas ruas e em todo lugar onde se pudesse prosear e exercer o ócio, e com isso o transformou no maior dos dialéticos de rua de Atenas: que afinal se comparou a um moscardo impertinente, colocado por um deus no pescoço do belo cavalo Atenas, para impedi-lo de repousar.[141]

434. *Cegas para o que está longe.* — Assim como as mães só têm mesmo olhos e sentido para as dores sensíveis e visíveis dos filhos, também as esposas de homens altamente ambiciosos não suportam ver seus maridos padecendo, sofrendo privações e menosprezo — quando tudo isso talvez seja não apenas sinal de uma correta escolha de seu modo de vida, mas até a garantia de que suas grandes metas *terão* de ser alcançadas um dia. As mulheres sempre conspiram sigilosamente contra a alma superior de seus maridos; elas querem fraudar-lhes o futuro, em favor de um presente indolor e confortável.

435. *Poder e liberdade.* — Por mais que as mulheres respeitem seus maridos, elas respeitam ainda mais as autoridades e noções reconhecidas pela sociedade: há milênios estão acostumadas a inclinar-se, com as mãos sobre o peito, diante daqueles que dominam, e desaprovam toda rebeldia contra o poder público. É por isso que, sem a intenção de fazê-lo, mas como que por instinto, prendem-se como um freio às rodas de um esforço independente e de pensamento livre, e em certas ocasiões tornam seus maridos muito impacientes, sobretudo quando estes persuadem a si mesmos que no fundo é o amor que as leva a isso. Desaprovar os meios das mulheres e magnanimamente respeitar os motivos desses meios — esta é a maneira masculina, e freqüentemente o desespero masculino.

436. *Ceterum censeo* [Além disso, sou de opinião].[142] — É ridículo que uma sociedade de homens sem vintém decrete a abolição do direito de herança, e não menos ridículo que aqueles sem filhos elaborem a legislação prática de um país: — eles não possuem lastro bastante em seu barco, para poder navegar seguramente no oceano do futuro. Mas parece igualmente descabido que um homem que escolheu por missão o conhecimento mais universal e a avaliação da existência como um todo assuma o fardo de preocupações pessoais com família, segurança, alimentação, amparo de mulher e filhos, e estenda ante o seu telescópio um véu opaco, que alguns raios do firmamento distante mal conseguem atravessar. De modo que também eu chego à afirmação de que, em questões filosóficas mais elevadas, todos os homens casados são suspeitos.

437. *Enfim.* — Há várias espécies de cicuta, e geralmente o destino encontra oportunidade de pôr nos lábios do espírito livre um cálice desse veneno — para "puni-lo", como diz depois o mundo inteiro. O que fazem então as mulheres à sua volta?

Elas gritam e se lamentam, perturbando talvez o descanso crepuscular do pensador: tal como fizeram na prisão de Atenas: "Ó Críton, manda alguém levar para fora essas mulheres!" — falou Sócrates enfim.[143]

Capítulo oitavo
UM OLHAR SOBRE O ESTADO

438. *Pedindo a palavra*. — O caráter demagógico e a intenção de influir sobre as massas são comuns a todos os partidos políticos atuais: por causa dessa intenção, todos são obrigados a transformar seus princípios em grandes afrescos de estupidez, pintando-os nas paredes. Nisso já não há o que fazer, é inútil erguer um só dedo contra isso; pois nesse âmbito vale o que afirmou Voltaire: *quand la populace se mêle de raisonner, tout est perdu* [quando o populacho se mete a raciocinar, tudo está perdido].[144] Desde que isso aconteceu, é preciso adaptar-se às novas condições, assim como nos adaptamos quando um terremoto muda as velhas fronteiras e os contornos do solo e altera o valor da propriedade. Além do mais, se em toda política a questão é tornar suportável a vida para o maior número de pessoas, que esse maior número defina o que entende por uma vida suportável; se confiam que o seu intelecto achará também os meios certos para alcançar esse fim, de que serve duvidar disso? Eles *querem* ser os forjadores da própria felicidade ou infelicidade; e, se este sentimento de autodeterminação, o orgulho pelas cinco ou seis noções que a sua mente abriga e manifesta, realmente lhes torna a vida agradável a ponto de suportarem com gosto as fatais conseqüências de sua estreiteza: então não há muito a objetar, desde que a estreiteza não vá ao cúmulo de exigir que *tudo* deve se tornar política nesse sentido, que *todos* devem viver e agir conforme esse critério. Pois antes de mais nada é preciso permitir a alguns, mais do que nunca, que se abstenham da política e se coloquem um pouco à parte: a isso também os impele o prazer da autodeterminação, e também algum orgulho que talvez derive do fato de calar, quando falam muitos ou mesmo apenas muitos. Depois é preciso perdoar esses poucos, se eles não levarem muito a sério a felicidade dos muitos, sejam povos ou camadas da população, e vez por outra incorrerem numa atitude irônica; pois sua seriedade reside em outro canto, sua felicidade é um outro conceito, seu objetivo não pode ser abarcado por uma mão canhestra que dispõe de apenas cinco dedos. Por fim, de quando em quando chega — o que sem dúvida é o mais difícil de lhes conceder, mas tem de lhes ser concedido — um instante em que eles saem de seu taciturno isolamento e de novo experimentam a força de seus pulmões: então gritam uns para os outros, como gente perdida numa floresta, para se dar a conhecer e se encorajar mutuamente; e é certo que então se ouvem coisas que soam mal aos ouvidos para os quais não foram dirigidas. — Logo depois faz-se novo silêncio na floresta, tanto silêncio que de novo se escuta claramente o zumbido, o sussurro e o bater de asas dos incontáveis insetos que vivem no seu interior e também acima e abaixo dela.

439. *Cultura e casta.* — Uma cultura superior pode surgir apenas onde houver duas diferentes castas na sociedade: a dos que trabalham e a dos ociosos, os que são capazes de verdadeiro ócio; ou, expresso de maneira mais forte: a casta do trabalho forçado e a casta do trabalho livre. A consideração da partilha da felicidade não é essencial, quando se trata de produzir uma cultura superior; mas de todo modo a casta dos ociosos é mais capacitada para o sofrer, sofre mais, seu gosto em existir é menor, e sua tarefa, maior. Se acontece uma troca entre as duas castas, de modo que as famílias e os indivíduos mais obtusos e menos intelectuais da casta superior são rebaixados para a inferior e os homens mais livres desta têm acesso à superior, atinge-se um estado além do qual se vê apenas o mar aberto dos desejos indefinidos. — Assim nos fala a voz, cada vez mais distante, dos tempos antigos; mas onde ainda há ouvidos para escutá-la?

440. *De sangue.* — O que homens e mulheres de boa linhagem têm como vantagem diante dos outros, e que lhes dá o direito indubitável a uma maior estima, são duas artes crescentemente aumentadas pela hereditariedade: a arte de saber comandar e a arte da obediência orgulhosa. — Em todo lugar onde comandar é parte da vida diária (como no mundo da indústria e do comércio), forma-se algo semelhante às linhagens "de sangue", mas em que falta a atitude nobre na obediência, que naquelas é uma herança de condições feudais e que no clima de nossa cultura já não cresce.

441. *Subordinação*. — A subordinação, que é tão valorizada no Estado militar e burocrático, logo se tornará tão desacreditada como já se tornou a tática serrada[145] dos jesuítas; e quando essa subordinação não for mais possível, já não haverá como obter muitos dos efeitos mais assombrosos, e o mundo se tornará mais pobre. Ela tem que desaparecer, pois desaparece o seu fundamento: a crença na autoridade absoluta, na verdade definitiva; mesmo nos Estados militares não basta a coerção física para produzi-la, mas se requer a hereditária adoração do principesco como algo sobre-humano. — Em circunstâncias *mais livres*, as pessoas se subordinam apenas sob condições, em conseqüência de acordo recíproco, isto é, com todas as reservas do interesse pessoal.

442. *Exércitos nacionais*. — A maior desvantagem dos exércitos nacionais, agora tão enaltecidos, está no desperdício de homens superiormente civilizados, que existem apenas graças ao favor de muitas circunstâncias — deveríamos ser parcimoniosos e temerosos com eles, pois são necessários enormes lapsos de tempo, a fim de criar as condições fortuitas para a geração de cérebros tão delicadamente organizados! Mas assim como os gregos se banharam no sangue grego, também os europeus de hoje derramam sangue europeu: e os superiormente educados são aqueles sacrificados em proporção maior, aqueles que garantiriam uma posteridade boa e abundante; pois na batalha eles ficam à frente, como comandantes, e também se expõem mais aos perigos, devido à sua elevada ambição. — Agora, quando se apresentam tarefas muito diferentes e mais elevadas do que *pa*-

tria e *honor* [pátria e honra], o grosseiro patriotismo romano é algo desonesto ou indício de atraso.

443. *A esperança como presunção.* — Nossa ordem social lentamente se dissolverá, como sucedeu a todas as ordens anteriores, quando os sóis de novas opiniões brilharam sobre os homens com novo ardor. Pode-se *desejar* esta dissolução apenas na medida em que se tenha esperança: e ter razoável esperança é possível apenas quando se atribui, a si mesmo e a seus iguais, mais força na mente e no coração do que aos representantes da ordem vigente. Logo, normalmente esta esperança será uma presunção, uma superestimação.

444. *Guerra.* — Em detrimento da guerra pode-se dizer que ela faz estúpido o vencedor e maldoso o derrotado. A favor da guerra, que com esses dois efeitos ela barbariza, e com isso torna mais natural; ela é o sono ou o inverno da cultura, dela o homem sai mais forte, para o bem e para o mal.

445. *A serviço do príncipe.* — Para poder agir com total ausência de considerações, o melhor que faz um estadista é executar sua obra não para si mesmo, mas para um príncipe. O olho do espectador é ofuscado pelo brilho desse altruísmo geral, de modo que não vê as perfídias e durezas que a obra do estadista comporta.

446. *Uma questão de poder, não de direito.* — Para aqueles que sempre consideram a utilidade superior de algo, não há no socialismo, caso ele seja *realmente* a sublevação, contra os opressores, dos que por milênios foram oprimidos e subjugados, nenhum problema de *direito* (com a ridícula e débil questão: "até que ponto *devemos* ceder a suas exigências?"), mas sim um problema de *poder* ("até que ponto *podemos* utilizar suas exigências?"); o mesmo sucede com um poder da natureza, o vapor, por exemplo, que é forçado pelo homem a servi-lo, como a um deus das máquinas, ou, havendo erros da máquina, isto é, erros de cálculo humano em sua construção, despedaça-a juntamente com o homem. Para solucionar essa questão de poder, é necessário saber que força tem o socialismo, em que forma modificada ele pode ainda ser usado como uma alavanca poderosa no atual jogo de forças político; em determinadas circunstâncias, deveríamos fazer tudo para fortalecê-lo. Deparando com uma grande força — por mais perigosa que seja — a humanidade tem de pensar em como torná-la um instrumento de suas intenções. — O socialismo só adquirirá direitos quando parecer iminente a guerra entre os dois poderes, entre os representantes do velho e do novo, e o cálculo prudente das chances de conservação e de vantagem, em ambos os lados, fizer nascer o desejo de um pacto. Sem pacto não há direito. Mas até agora não há guerra nem pactos, no território mencionado, e portanto nenhum direito, nenhum "dever".

447. *Utilização da pequena desonestidade.* — O poder da imprensa consiste em que todo indivíduo que para ela trabalha sente-se muito pouco comprometido e vinculado. Em geral ele diz *sua* opinião, mas ocasionalmente *não* a diz, para ser útil a seu partido, à política de seu país ou a si mesmo. Esses pequenos delitos da desonestidade, ou apenas da reticência desonesta, não são difíceis de suportar para o indivíduo, mas as suas conseqüências são extraordinárias, porque tais pequenos delitos são cometidos por muitos ao mesmo tempo. Cada um deles diz para si: "Com serviços tão diminutos vivo melhor, posso ganhar a vida; se recuso essas pequenas considerações, eu me torno impossível". Como moralmente parece não importar escrever ou deixar de escrever uma linha a mais — talvez sem assinar, além disso —, alguém que possua dinheiro e influência pode transformar qualquer opinião em opinião pública. Quem sabe que a maioria das pessoas é fraca nas pequenas coisas, e deseja alcançar seus objetivos através delas, é sempre um indivíduo perigoso.

448. *Um tom alto demais na reclamação.* — Se uma situação crítica (como os vícios de uma administração, ou corrupção e favoritismo em entidades políticas ou culturais) é descrita de forma bastante exagerada, a descrição certamente perde efeito junto aos perspicazes,[146] mas age com tanto mais força sobre os não-perspicazes (que teriam permanecido indiferentes, no caso de uma exposição cuidadosa e moderada). Mas, existindo estes em número consideravelmente maior, e abrigando em si forças de vontade mais intensas e mais impetuoso desejo de ação, o exagero favorece investigações, castigos, promessas, reorganizações. — Nesse sentido, é útil exagerar na descrição das crises.

449. *Aqueles que aparentemente fazem o tempo na política.* — Assim como o povo, no caso daquele que entende do tempo e o prevê com um dia de antecedência, supõe secretamente que ele faz o tempo, mesmo pessoas cultas e sabedoras atribuem a grandes estadistas, fazendo uso da crença supersticiosa, todas as importantes mudanças e conjunturas que sobrevieram durante seu governo, como sendo obra particularmente sua, se está claro que eles sabiam algo sobre elas antes dos outros e que então fizeram seus cálculos: eles são igualmente vistos como "fazedores do tempo" — e essa crença não é o instrumento menor do seu poder.

450. *Novo e velho conceito de governo.* — Diferenciar entre governo e povo, como se duas distintas esferas de poder, uma mais forte, mais elevada, e outra mais fraca, mais baixa, negociassem e entrassem em acordo, é um traço da sensibilidade política herdada, que ainda hoje corresponde exatamente ao dado histórico das relações de poder na *maioria* dos Estados. Quando, por exemplo, Bismarck define a forma constitucional como um compromisso entre governo e povo, ele fala segundo um princípio que tem sua razão na história (e, precisamente por isso, também seu grão de irracionalidade, sem o qual nada humano pode existir). Mas agora devemos aprender — conforme um princípio que brotou puramente da *cabeça* e que ainda deve *fazer* história — que o governo nada é senão um órgão do povo, e não um providente e venerável "acima" que se relaciona a um "abaixo" habituado à modéstia. Antes de aceitarmos tal formulação do conceito de governo, que até o momento é a-histórica e arbitrária, ainda que mais lógica, vamos considerar as conseqüências: pois a relação entre governo e povo é a mais forte relação exemplar, o modelo segundo o qual se forma involuntariamente o comércio entre professor e aluno, pai e família, patrão e empregado, comandante e soldado, mestre e aprendiz. Todas essas relações se reorganizam agora um pouco, sob influência da forma constitucional de governo que domina: elas se *tornam* compromissos. Mas como deverão elas se transformar e se deslocar, mudar de nome e de natureza, quando esse novíssimo conceito tiver se apoderado de todas as cabeças! — para o que, no entanto, talvez necessite de mais um século. Nisso nada é mais *desejável* do que cautela e uma lenta evolução.

451. *A justiça como chamariz dos partidos.* — Representantes nobres (embora não muito perspicazes) da classe dominante podem muito bem jurar a si mesmos: "Vamos tratar os homens como iguais, dar-lhes direitos iguais". Em tal medida, um modo de pensar socialista baseado na *justiça* é possível; mas, como foi dito, apenas no interior da classe dominante, que neste caso *exerce* a justiça com sacrifícios e renúncias. Por outro lado, *exigir* igualdade de direitos, como fazem os socialistas da casta subjugada, não é jamais produto da justiça, mas da cobiça. — Se alguém mostra pedaços de carne sangrenta a uma fera e depois os retira, até que afinal ela ruge: vocês acham que esse rugido significa justiça?

452. *Propriedade e justiça.* — Quando os socialistas demonstram que a divisão da propriedade, na humanidade de hoje, é conseqüência de inúmeras injustiças e violências, e *in summa* rejeitam a obrigação para com algo de fundamento tão injusto, eles vêem apenas um aspecto da questão. O passado inteiro da cultura antiga foi construído sobre a violência, a escravidão, o embuste, o erro; mas nós, herdeiros de todas essas situações, e mesmo concreções de todo esse passado, não podemos abolir a nós mesmos, nem nos é permitido querer extrair algum pedaço dele.

A disposição injusta se acha também na alma dos que não possuem, eles não são melhores do que os possuidores e não têm prerrogativa moral, pois em algum momento seus antepassados foram possuidores. O que é necessário não são novas distribuições pela força, mas graduais transformações do pensamento;[147] em cada indivíduo a justiça deve se tornar maior e o instinto de violência mais fraco.

453. *O timoneiro das paixões.* — O estadista provoca paixões públicas, a fim de tirar proveito da paixão contrária que assim é despertada. Vejamos um exemplo. Um estadista alemão sabe muito bem que a Igreja católica nunca terá os mesmos planos que a Rússia, e que se aliaria antes aos turcos do que a ela; sabe também que uma aliança entre a Rússia e a França ameaçaria a Alemanha. Se ele puder tornar a França o lar e bastião da Igreja católica, terá afastado esse perigo por um longo tempo. Assim, terá interesse em demonstrar ódio aos católicos e, mediante hostilidades de toda espécie, transformar os partidários da autoridade do papa numa apaixonada força política que será hostil à política alemã e que deverá naturalmente se fundir com a França, rival da Alemanha: seu objetivo será necessariamente a catolização da França, da mesma forma como Mirabeau via na descatolização a salvação de sua pátria. — Portanto, um Estado quer o obscurecimento de milhões de cabeças de outro Estado, para tirar desse obscurecimento sua própria vantagem. É a mesma disposição de espírito que apóia o regime republicano no Estado vizinho — *le désordre organisé* [a desordem organizada], como diz Mérimée[148] — pela razão única de supor que ele torna o povo mais fraco, mais dividido e menos apto para a guerra.

454. *Os perigosos entre os subversivos.* — Podemos dividir os que pretendem uma subversão da sociedade entre aqueles que desejam alcançar algo para si e aqueles que o desejam para seus filhos e netos. Esses últimos são os mais perigosos; porque têm a fé e a boa consciência do desinteresse. Os demais podem ser contentados com um osso: a sociedade dominante é rica e inteligente o bastante para isso. O perigo começa quando os objetivos se tornam impessoais; os revolucionários movidos por interesse impessoal podem considerar todos os defensores da ordem vigente como pessoalmente interessados, sentindo-se então superiores a eles.

455. *Valor político da paternidade.* — Quando um homem não tem filhos, não tem pleno direito de intervir na discussão sobre as necessidades de um Estado. É preciso ter arriscado, juntamente com os outros, aquilo que mais se ama: apenas isso vincula fortemente ao Estado; é preciso ter em vista a felicidade de seus pósteros, e por isso, antes de tudo, ter pósteros, a fim de participar justa e naturalmente nas instituições e em suas mudanças. O desenvolvimento de uma moral superior depende de que a pessoa tenha filhos; isso desfaz o seu egoísmo, ou, mais corretamente: isso amplia o seu egoísmo no tempo, e a faz perseguir seriamente objetivos que vão além da duração de sua vida individual.

456. *Orgulho dos antepassados.* — Com razão podemos sentir orgulho de uma linha ininterrupta de *bons antepassados* que chega até o pai — mas não da linha mesma, pois cada um de nós todos a tem. A descendência de bons antepassados constitui a genuína nobreza de nascimento; uma única interrupção na corrente, isto é, um mau ancestral, anula essa nobreza. Devemos perguntar a qualquer um que fale da própria nobreza: entre os seus ancestrais não há nenhum violento, cobiçoso, dissoluto, maldoso, cruel? Se, com boa ciência e consciência, ele puder responder "não" a essa pergunta, então procuremos a sua amizade.

457. *Escravos e trabalhadores.* — O fato de que damos mais valor à satisfação da vaidade do que a todas as outras comodidades (segurança, moradia, prazeres de toda espécie) se mostra, num grau ridículo, em que todo mundo (excetuando razões políticas) deseja a abolição da escravatura e tem completo horror à redução dos homens a esse estado: ao mesmo tempo, cada qual deve admitir que em todo aspecto os escravos vivem de maneira mais segura e feliz do que o trabalhador moderno, e que o trabalho escravo é pouco trabalho em relação àquele do "trabalhador". Protesta-se em nome da "dignidade humana": mas isso, em termos mais simples, é a velha vaidade que experimenta como a sina mais dura não ser colocado no mesmo nível, ser considerado inferior publicamente. — O cínico pensa de modo diferente sobre essa questão, porque despreza as honras: — é assim que Diógenes foi, durante um certo tempo, escravo e preceptor.

458. *Os espíritos que lideram e seus instrumentos.* — Vemos que os grandes estadistas, e em geral todos os que precisam utilizar muitos homens para a realização de seus planos, agem de uma ou de outra forma: ou escolhem com muito cuidado e sutileza os homens adequados aos seus planos e lhes deixam uma liberdade relativamente grande, porque sabem que a natureza das pessoas escolhidas as conduz exatamente até onde eles as querem ter; ou então escolhem mal, tomam aquilo que lhes cai nas mãos, mas formam a partir desse barro algo valioso para seus fins. Essa última espécie é a mais violenta, e também deseja instrumentos mais submissos; seu conhecimento dos homens é normalmente muito menor, e seu desprezo pelos homens maior que o dos espíritos mencionados antes, mas a máquina que constroem trabalha geralmente melhor do que a máquina da oficina daqueles.

459. *Necessidade de um direito arbitrário.* — Os juristas disputam se num povo deveria prevalecer o direito mais extensamente examinado ou o mais facilmente compreensível. O primeiro, cujo modelo maior é o romano, parece incompreensível para o leigo, não exprimindo então o seu sentimento do direito. Os direitos populares, como o germânico, por exemplo, eram toscos, supersticiosos, ilógicos, às vezes tolos, mas correspondiam a costumes e sentimentos bem determinados, herdados, nativos. — Mas onde o direito não é mais tradição, como entre nós, ele só pode ser *comando*, coerção; nenhum de nós possui mais um sentimento tradicional do direito, por isso temos de nos contentar com *direitos arbitrários*, que são a expressão da necessidade de *haver* um direito. O mais lógico é então o mais aceitável, porque o mais *imparcial*: mesmo admitindo que em todo caso a menor unidade de medida, na relação entre delito e punição, é arbitrariamente fixada.

460. *O grande homem da massa.* — É fácil dar a receita para o que a massa denomina grande homem. Em qualquer circunstância, arranjem-lhe algo que lhe seja agradável, ou lhe ponham na cabeça que isto ou aquilo seria muito agradável e lhe dêem tal coisa. Mas de modo algum imediatamente: deve-se lutar por isso com grande esforço, ou parecer lutar. A massa deve ter a impressão de que há uma força de vontade poderosa e mesmo invencível; ao menos ela deve parecer que está presente. Todos admiram a vontade forte, pois ninguém a tem, e cada um diz a si mesmo que, se a tivesse, não haveria mais limite para si e seu egoísmo. Vendo-se que uma tal vontade forte produz algo bastante agradável à massa, em vez de escutar os apelos de sua própria cobiça, as pessoas ficam novamente admiradas e felicitam a si mesmas. Quanto ao resto, ele deve ter todas as qualidades da massa: quanto menos se envergonhar ela diante dele, tanto mais popular ele será. Logo, ele deve ser violento, invejoso, explorador, intrigante, adulador, servil, arrogante, tudo conforme as circunstâncias.

461. *Príncipe e deus.* — Freqüentemente os homens se relacionam com seus príncipes como fazem com seu deus, o príncipe tendo sido muitas vezes o representante do deus, seu sumo sacerdote, pelo menos. Tal sentimento, quase inquietante, de reverência, medo e vergonha, já se tornou e continua se tornando mais fraco, mas ocasionalmente se inflama e se liga a pessoas poderosas. O culto ao gênio é um eco dessa veneração a príncipes e deuses. Em todo lugar onde se busca elevar indivíduos a um plano sobre-humano, surge também a tendência a imaginar camadas inteiras do povo como sendo mais baixas e grosseiras do que são na realidade.

462. *Minha utopia*. — Numa ordenação melhor da sociedade, as fainas e penas da vida serão destinadas àquele que menos sofre com elas, ou seja, ao mais embotado, e assim gradualmente até aquele que é mais sensível às espécies mais elevadas e sublimadas do sofrimento, e que portanto sofre mesmo quando a vida é aliviada ao extremo.

463. *Uma ilusão na doutrina da subversão*. — Há visionários políticos e sociais que com eloqüência e fogosidade pedem a subversão de toda ordem, na crença de que logo em seguida o mais altivo templo da bela humanidade se erguerá por si só. Nestes sonhos perigosos ainda ecoa a superstição de Rousseau, que acredita numa miraculosa, primordial, mas, digamos, *soterrada* bondade da natureza humana, e que culpa por esse soterramento as instituições da cultura, na forma de sociedade, Estado, educação. Infelizmente aprendemos, com a história, que toda subversão desse tipo traz a ressurreição das mais selvagens energias, dos terrores e excessos das mais remotas épocas, há muito tempo sepultados: e que, portanto, uma subversão pode ser fonte de energia numa humanidade cansada, mas nunca é organizadora, arquiteta, artista, aperfeiçoadora da natureza humana. — Não foi a natureza moderada de *Voltaire*, com seu pendor a ordenar, purificar e modificar, mas sim as apaixonadas tolices e meias verdades de *Rousseau* que despertaram o espírito otimista da Revolução, contra o qual eu grito: "*Ecrasez l'infâme* [Esmaguem o infame]!".[149] Graças a ele *o espírito do Iluminismo e da progressiva evolução* foi por muito tempo afugentado: vejamos — cada qual dentro de si — se é possível chamá-lo de volta!

464. *Comedimento*. — A completa firmeza de pensamento e investigação, ou seja, a liberdade de espírito, quando se tornou qualidade do caráter, traz comedimento na ação: pois enfraquece a avidez, atrai muito da energia existente, para promover objetivos espirituais, e mostra a utilidade parcial ou a inutilidade e o perigo de todas as mudanças repentinas.

465. *Ressurreição do espírito.* — No leito de enfermo da política, geralmente um povo rejuvenesce e redescobre seu espírito, que ele havia gradualmente perdido ao buscar e assegurar o poder. A cultura deve suas mais altas conquistas aos tempos politicamente debilitados.

466. *Opiniões novas na casa velha.* — À derrubada das opiniões não segue imediatamente a derrubada das instituições; as novas opiniões habitam por muito tempo a casa de suas antecessoras, agora desolada e sinistra, e até mesmo a preservam, por falta de moradia.

467. *Instrução pública.* — Nos grandes Estados a instrução pública será sempre, no melhor dos casos, medíocre, pelo mesmo motivo por que nas grandes cozinhas cozinha-se mediocremente.

468. *Inocente corrupção.* — Em todas as instituições em que não sopra o ar cortante da crítica pública, uma inocente corrupção brota como um fungo (por exemplo, nas associações eruditas e senados).

469. *Os eruditos enquanto políticos.* — Aos eruditos que se tornam políticos se atribui habitualmente o cômico papel de ter que ser a boa consciência de uma política.

470. *O lobo por trás da ovelha.* — Em determinadas circunstâncias, quase todo político tem tal necessidade de um homem honesto, que como um lobo faminto irrompe num redil: não para devorar o cordeiro que rapta, porém, mas para se esconder atrás de seu dorso lanoso.

471. *Tempos felizes.* — Uma época feliz é completamente impossível, porque as pessoas querem desejá-la, mas não tê-la, e todo indivíduo, em seus dias felizes, chega quase a implorar por inquietude e miséria. O destino dos homens se acha disposto para *momentos felizes* — cada vida humana tem deles —, mas não para tempos felizes. No entanto, estes perduram na fantasia humana como "o que está além dos montes", como uma herança dos antepassados;[150] pois a noção de uma era feliz talvez[151] provenha, desde tempos imemoriais, daquele estado em que o homem, após violentos esforços na caça e na guerra, entrega-se ao repouso, distende os membros e ouve o rumor das asas do sono. Há uma conclusão errada em imaginar, conforme aquele antigo hábito, que após *períodos inteiros* de carência e fadiga se pode partilhar também aquele estado de felicidade, *com intensidade e duração correspondentes*.

472. *Religião e governo*. — Enquanto o Estado ou, mais precisamente, o governo se souber investido da tutela de uma multidão menor de idade, e por causa dela considerar se a religião deve ser mantida ou eliminada, muito provavelmente se decidirá pela conservação da religião. Pois esta satisfaz o ânimo do indivíduo em tempos de perda, de privação, de terror, de desconfiança, ou seja, quando o governo se sente incapaz de diretamente fazer algo para atenuar o sofrimento psíquico da pessoa: mesmo em se tratando de males universais, inevitáveis, inicialmente irremediáveis (fomes coletivas, crises monetárias, guerras), a religião confere à massa uma atitude calma, paciente e confiante. Onde as deficiências necessárias ou casuais do governo estatal, ou as perigosas conseqüências de interesses dinásticos, fazem-se notórias para o homem perspicaz e o dispõem à rebeldia, os não perspicazes pensam enxergar o dedo de Deus e pacientemente se submetem às determinações do *alto* (conceito em que habitualmente se fundem os modos humano e divino de governar): assim se preserva a paz civil interna e a continuidade do desenvolvimento. O poder que reside na unidade do sentimento popular, em opiniões e fins comuns a todos, é protegido e selado pela religião, excetuando os raros casos em que o clero e o poder estatal não chegam a um acordo quanto ao preço e entram em conflito. Normalmente o Estado sabe conquistar os sacerdotes, porque tem necessidade de sua privatíssima, oculta educação das almas, e estima servidores que aparentemente, exteriormente, representam um interesse bastante diverso. Sem a ajuda dos sacerdotes nenhum poder é capaz, ainda hoje, de tornar-se "legítimo": como bem entendeu Napoleão. — Assim, governo tutelar absoluto e cuidadosa preservação da religião caminham necessariamente juntos. Nisto se pressupõe que as pessoas e classes governantes sejam esclarecidas a respeito das vantagens que a religião lhes oferece, e que até certo ponto se sintam superiores a ela, na medida em que a usam como instrumento: eis aqui a origem do livre-pensar. — Mas o que ocorre, quando começa a prevalecer a concepção totalmente diversa de governo que é ensinada nos Estados *democráticos*? Quando nele se enxerga apenas o instrumento da vontade popular, não um "alto" em comparação a um "baixo", mas meramente uma função do único soberano, do povo? Também nesse caso o governo só poderá ter a mesma atitude do povo ante a religião; toda propagação das Luzes terá de encontrar eco em seus representantes, uma utilização e exploração das forças motrizes e consolações religiosas para fins estatais não será tão fácil (a não ser que poderosos líderes partidários exerçam temporariamente uma influência semelhante à do despotismo esclarecido). Mas se o Estado já não pode tirar proveito da religião, ou se o povo pensa muito variadamente sobre coisas religiosas para permitir ao governo um procedimento homogêneo e uniforme nas medidas religiosas — então necessariamente aparecerá o recurso de tratar a religião como assunto privado e remetê-la à consciência e ao costume de cada indivíduo. A primeira conseqüência é que a sensibilidade religiosa aparece fortalecida, na medida em que movimentos seus escondidos e oprimidos, aos quais o Estado, involuntária ou intencionalmente, não concedia nenhum sopro vital, agora irrompem e se exaltam ao extremo; mais tarde se vê que a religião é sobrepujada por seitas, e que uma profusão de dentes de dragão foi semeada, no momento em que a religião se transformou em coisa privada. A visão dessa luta, o hostil desnudamento de todas as fraquezas dos credos religiosos, afinal já não admite outra saída senão a de que todo indivíduo melhor e mais dotado faça da irreligiosidade seu assunto privado: mentalidade que então prevalece também no espírito dos governantes e que, quase contra a vontade deles, dá às medidas que tomam um caráter hostil à religião. Tão logo isto sucede, a disposição dos homens ainda motivados religiosamente, que antes adoravam o Estado como algo semi- ou inteiramente sagrado, torna-se decididamente *hostil ao Estado*; eles ficam à espreita das medidas do governo, procuram obstruir, atravessar, inquietar o máximo que puderem, e com o ardor de sua oposição impelem o partido contrário, o anti-religioso, a um entusiasmo quase fanático *pelo* Estado; no que ainda concorre secretamente o fato de nesses círculos os ânimos, desde a separação da religião, sentirem um vazio e buscarem provisoriamente criar, com a dedicação ao Estado, um substituto, uma espécie de preenchimento. Após essas lutas de transição, que talvez durem bastante, finalmente se decidirá se os partidos religiosos ainda são fortes o bastante para restabelecer o antigo estado de coisas e fazer girar a roda para trás: caso em que o despotismo esclarecido (talvez menos esclarecido e mais temeroso do que antes) inevitavelmente receberá nas mãos o Estado, — ou se os partidos não religiosos predominam, e por algumas gerações dificultam e afinal tornam impossível a multiplicação dos adversários, talvez mediante a educação e o sistema escolar. Mas então diminui também neles o entusiasmo pelo Estado; torna-se cada vez mais evidente que com a adoração religiosa, para a qual o Estado é um mistério, uma instituição acima do mundo, também foi abalada a relação piedosa e reverente para com ele. Daí em diante os indivíduos só vêem nele o aspecto em que lhes pode ser útil ou prejudicial, e disputam entre si, usando de todos os meios para obter influência sobre ele. Mas essa concorrência logo se torna grande demais, os homens e os partidos mudam rápido demais, derrubam uns aos outros montanha abaixo, de maneira selvagem demais, quando mal alcançaram o topo. A todas as medidas executadas por um governo falta a garantia da duração; as pessoas recuam ante empreendimentos que necessitariam décadas, séculos de crescimento tranqüilo, para produzir frutos maduros. Ninguém sente mais obrigação ante uma lei, senão curvar-se momentaneamente ao poder que introduziu a lei: mas logo começam a miná-la com um novo poder, uma nova maioria a ser formada. Enfim — pode-se dizer com segurança — a suspeita em relação a todos os que governam, a percepção do que há de inútil e desgastante nessas lutas de pouco fôlego tem de levar os homens a uma decisão totalmente nova: a abolição do conceito de Estado, a supressão da oposição "privado e público". As sociedades privadas incorporam passo a passo os negócios do Estado: mesmo o resíduo mais tenaz do velho trabalho de governar (por exemplo, as atividades que se destinam a proteger as pessoas privadas umas das outras) termina a cargo de empreendedores privados. O desprezo, o declínio e a *morte do Estado*, a liberação da pessoa privada (guardo-me de dizer: do indivíduo), são conseqüência da noção democrática de Estado; nisso está sua missão. Se ele cumpriu a sua tarefa — que, como tudo humano, traz em si muita razão e muita desrazão —, se todas as recaídas da velha doença foram superadas, então se abrirá uma nova página no livro de fábulas da humanidade, em que serão lidas todas as espécies de histórias estranhas e talvez alguma coisa boa. — Repetindo brevemente o que foi dito: os interesses do governo tutelar e os interesses da religião caminham de mãos dadas, de modo que, quando esta última começa a definhar, também o fundamento do Estado é abalado. A crença numa ordenação divina das coisas políticas, no mistério que seria a existência do Estado, é de procedência religiosa: se desaparecer a religião, o Estado inevitavelmente perderá seu antigo véu de Ísis[152] e não mais despertará reverência. Observada de perto, a soberania do povo serve para afugentar também o último encanto e superstição no âmbito destes sentimentos; a democracia moderna é a forma histórica do *declínio do Estado*. — Mas a perspectiva que resulta desse forte declínio não é infeliz em todos os aspectos: entre as características dos seres humanos, a sagacidade e o interesse pessoal[153] são as mais bem desenvolvidas; se o Estado não mais corresponder às exigências dessas forças, não ocorrerá de maneira alguma o caos: uma invenção ainda mais pertinente que aquilo que era o Estado, isto sim, triunfará sobre o Estado. Quantas forças organizadoras a humanidade já não viu se extinguirem — por exemplo, a do clã hereditário, que por milênios foi bem mais poderosa que a da família, e que muito antes desta já reinava e ordenava. Nós mesmos vemos a significativa noção legal e política da família, que um dia predominou em toda a extensão do mundo romano, tornar-se cada vez mais pálida e impotente. Assim, uma geração posterior também verá o Estado se tornar insignificante em vários trechos da Terra — algo que muitos homens da atualidade não podem conceber sem medo e horror. *Trabalhar* pela difusão e realização dessa idéia é certamente outra coisa: é preciso pensar muito presunçosamente de sua própria razão e mal compreender a história pela metade, para já agora pôr as mãos no arado — já que ainda ninguém pode mostrar as sementes que depois serão lançadas no terreno rasgado. Confiemos, portanto, na "sagacidade e interesse pessoal dos homens", para que o Estado subsista por bastante tempo *ainda*, e sejam rechaçadas as tentativas destruidoras de supostos sábios zelosos e precipitados!

473. *O socialismo em vista de seus meios.* — O socialismo é o visionário irmão mais novo do quase extinto despotismo, do qual quer ser herdeiro; seus esforços, portanto, são reacionários no sentido mais profundo. Pois ele deseja uma plenitude de poder estatal como até hoje somente o despotismo teve, e até mesmo supera o que houve no passado, por aspirar ao aniquilamento formal do indivíduo: o qual ele vê como um luxo injustificado da natureza, que deve aprimorar e transformar num pertinente *órgão da comunidade*. Devido à afinidade, o socialismo sempre aparece na vizinhança de toda excessiva manifestação de poder, como o velho, típico socialista Platão na corte do tirano da Sicília;[154] ele deseja (e em algumas circunstâncias promove) o cesáreo Estado despótico neste século, porque, como disse, gostaria de vir a ser seu herdeiro. Mas mesmo essa herança não bastaria para os seus objetivos, ele precisa da mais servil submissão de todos os cidadãos ao Estado absoluto, como nunca houve igual; e, já não podendo contar nem mesmo com a antiga piedade religiosa ante o Estado, tendo, queira ou não, que trabalhar incessantemente para a eliminação deste — pois trabalha para a eliminação de todos os *Estados* existentes —, não pode ter esperança de existir a não ser por curtos períodos, aqui e ali, mediante o terrorismo extremo. Por isso ele se prepara secretamente para governos de terror, e empurra a palavra "justiça" como um prego na cabeça das massas semicultas, para despojá-las totalmente de sua compreensão (depois que esta já sofreu muito com a semi-educação) e criar nelas uma boa consciência para o jogo perverso que deverão jogar. — O socialismo pode servir para ensinar, de modo brutal e enérgico, o perigo que há em todo acúmulo de poder estatal, e assim instilar desconfiança do próprio Estado. Quando sua voz áspera se junta ao grito de guerra que diz *o máximo de Estado possível*, este soa, inicialmente, mais ruidoso do que nunca: mas logo também se ouve, com força tanto maior, o grito contrário que diz: *O mínimo de Estado possível*.

474. *A evolução do espírito, temida pelo Estado*. — A pólis grega era excludente, como todo poder político organizador, e desconfiava do crescimento da cultura entre seus cidadãos; em relação a esta, seu poderoso instinto básico se mostrou quase que estritamente paralisante e inibidor. Não queria admitir história ou devir na cultura; a educação fixada na lei do Estado deveria ser imposta a todas as gerações e mantê-las num só nível. Mais tarde, Platão quis a mesma coisa para o seu Estado ideal. Portanto, a cultura se desenvolveu *apesar* da pólis: é certo que ela ajudou indiretamente e contra a vontade, porque a ambição do indivíduo era estimulada ao máximo na pólis, de maneira que, tendo tomado a via da formação do espírito, ele continuava nela até o fim. Não se deve invocar, argumentando contra isso, o panegírico de Péricles: pois este é apenas uma fantasia grande e otimista acerca do nexo supostamente necessário entre a pólis e a cultura ateniense; Tucídides faz com que, logo antes de a noite cair sobre Atenas (a peste e a ruptura da tradição), ela brilhe ainda uma vez, como um crepúsculo transfigurador que nos leva a esquecer o dia ruim que o precedeu.[155]

475. *O homem europeu e a destruição das nações*. — O comércio e a indústria, a circulação de livros e cartas, a posse comum de toda a cultura superior, a rápida mudança de lar e de região, a atual vida nômade dos que não possuem terra — essas circunstâncias trazem necessariamente um enfraquecimento e por fim uma destruição das nações, ao menos das européias: de modo que a partir delas, em conseqüência de contínuos cruzamentos, deve surgir uma raça mista, a do homem europeu. Hoje em dia o isolamento das nações trabalha contra esse objetivo, de modo consciente ou inconsciente, através da geração de hostilidades *nacionais*, mas a mistura avança lentamente, apesar dessas momentâneas correntes contrárias: esse nacionalismo artificial é, aliás, tão perigoso como era o catolicismo artificial, pois é na essência um estado de emergência e de sítio que alguns poucos impõem a muitos, e que requer astúcia, mentira e força para manter-se respeitável. Não é o interesse de muitos (dos povos), como se diz, mas sobretudo o interesse de algumas dinastias reinantes, e depois de determinadas classes do comércio e da sociedade, o que impele a esse nacionalismo; uma vez que se tenha reconhecido isto, não é preciso ter medo de proclamar-se um *bom europeu* e trabalhar ativamente pela fusão das nações: no que os alemães, graças à sua antiga e comprovada qualidade de *intérpretes e mediadores dos povos*, serão capazes de colaborar. — Diga-se de passagem que o problema dos *judeus* existe apenas no interior dos Estados nacionais, na medida em que neles a sua energia e superior inteligência, o seu capital de espírito e de vontade, acumulado de geração em geração em prolongada escola de sofrimento, devem preponderar numa escala que desperta inveja e ódio, de modo que em quase todas as nações de hoje — e tanto mais quanto mais nacionalista é a pose que adotam — aumenta a grosseria literária[156] de conduzir os judeus ao matadouro, como bodes expiatórios de todos os males públicos e particulares. Quando a questão não for mais conservar as nações, mas criar uma raça européia mista que seja a mais vigorosa possível, o judeu será um ingrediente tão útil e desejável quanto qualquer outro vestígio nacional. Características desagradáveis, e mesmo perigosas, toda nação, todo indivíduo tem: é cruel exigir que o judeu constitua exceção. Nele essas características podem até ser particularmente perigosas e assustadoras; e talvez o jovem especulador da Bolsa judeu seja a invenção mais repugnante da espécie humana. Apesar disso gostaria de saber o quanto, num balanço geral, devemos relevar num povo que, não sem a culpa de todos nós, teve a mais sofrida história entre todos os povos, e ao qual devemos o mais nobre dos homens (Cristo), o mais puro dos sábios (Spinoza), o mais poderoso dos livros e a lei moral mais eficaz do mundo. E além disso: nos tempos mais sombrios da Idade Média, quando as nuvens asiáticas pesavam sobre a Europa, foram os livres-pensadores, eruditos e médicos judeus que, nas mais duras condições pessoais, mantiveram firme a bandeira das Luzes e da independência intelectual, defendendo a Europa contra a Ásia; tampouco se deve menos aos seus esforços o fato de finalmente vir a triunfar uma explicação do mundo mais natural, mais conforme à razão e certamente não mítica, e de o anel da cultura que hoje nos liga às luzes da Antigüidade greco-romana não ter se rompido. Se o cristianismo tudo fez para orientalizar o Ocidente, o judaísmo contribuiu de modo essencial para ocidentalizá-lo de novo: o que, num determinado sentido, significa fazer da missão e da história da Europa uma *continuação da grega*.

476. *Aparente superioridade da Idade Média.* — A Idade Média nos mostra, na Igreja, uma instituição com um objetivo inteiramente universal, objetivo este que abrangia toda a humanidade e que dizia respeito aos — supostamente — mais elevados interesses dessa humanidade; em contraste, os objetivos dos Estados e nações, tais como a história recente os mostra, causam uma impressão desalentadora; parecem mesquinhos, vis, materiais, geograficamente limitados. Mas essas impressões distintas sobre a imaginação não devem determinar nosso julgamento, pois aquela instituição universal refletia necessidades artificiais, baseadas em ficções que ela primeiramente teve de criar, quando não existiam (necessidade da Redenção); as novas instituições atendem a calamidades reais; e não está longe o tempo em que haverá instituições para servir as verdadeiras necessidades comuns de todos os homens e pôr nas sombras e no esquecimento esse fantástico protótipo, a Igreja católica.

477. *É indispensável a guerra*. — É um sonho vão de belas almas ainda esperar muito (ou só então realmente muito) da humanidade, uma vez que ela tenha desaprendido de fazer a guerra. Por enquanto não conhecemos outro meio que pudesse transmitir a povos extenuados a rude energia do acampamento militar, o ódio profundo e impessoal, o sangue-frio de quem mata com boa consciência, o ardor comum em organizar a destruição do inimigo, a orgulhosa indiferença ante as grandes perdas, ante a própria existência e a dos amigos, o surdo abalo sísmico das almas, de maneira tão forte e segura como faz toda grande guerra: os regatos e torrentes que nela irrompem, embora arrastem pedras e imundícies de toda espécie e arrasem campos de tenras culturas, em circunstâncias favoráveis farão depois girar, com nova energia, as engrenagens das oficinas do espírito. A cultura não pode absolutamente dispensar as paixões, os vícios e as maldades. — Quando os romanos imperiais se cansaram um tanto da guerra, procuraram obter nova energia da caça aos animais, dos combates de gladiadores e da perseguição aos cristãos. Os ingleses de hoje, que no conjunto também parecem ter renunciado à guerra, adotam um outro meio para regenerar essas forças que desaparecem: as perigosas viagens de descobrimentos, circunavegações e escaladas de montanhas, realizadas com objetivos científicos, segundo dizem, mas na verdade a fim de levar para casa energias extras, oriundas de perigos e aventuras de toda espécie. Ainda se descobrirão muitos desses substitutos da guerra, mas talvez se compreenda cada vez mais, graças a eles, que uma humanidade altamente cultivada e por isso necessariamente exausta, como a dos europeus atuais, não apenas precisa de guerras, mas das

maiores e mais terríveis guerras — ou seja, de temporárias recaídas na barbárie —, para não perder, devido aos meios da cultura, sua própria cultura e existência.

478. *A laboriosidade no Sul e no Norte.* — A laboriosidade nasce de dois modos bem distintos. Os trabalhadores do Sul se tornam laboriosos não pelo impulso de ganhar, mas pela constante necessidade alheia. Porque sempre há alguém a desejar que lhe ferrem o cavalo, que lhe reparem a carroça, o ferreiro está sempre em atividade. Se ninguém aparecesse, ele iria vadiar na praça do mercado. Não é preciso muito para se alimentar num país fértil, ele não necessitaria mais que uma pequena quantidade de trabalho, e nenhuma laboriosidade, certamente; em último caso ele mendigaria e ficaria satisfeito. — Mas a laboriosidade dos trabalhadores ingleses tem por trás de si o sentido do ganho: ele é cônscio de si mesmo e de suas metas e com a posse quer o poder, e com o poder o máximo de liberdade e nobreza individual possível.

479. *A riqueza como origem de uma nobreza de sangue.* — A riqueza produz necessariamente uma aristocracia da raça, pois permite escolher as mulheres mais belas, pagar os melhores professores, confere ao homem asseio, tempo para exercícios físicos e, acima de tudo, afastamento do trabalho físico embrutecedor. Assim ela cria todas as condições para, no período de algumas gerações, fazer as pessoas andarem e até mesmo agirem de maneira nobre e bonita: a maior liberdade de sentimento, a ausência do que é mísero e mesquinho, da humilhação ante os empregadores, da economia de centavos. — Precisamente essas qualidades negativas são o mais rico dom da felicidade para um jovem; um homem totalmente pobre em geral se arruína com a nobreza de temperamento, não vai adiante e nada adquire, sua raça não é viável. — Mas deve-se considerar que a riqueza tem quase os mesmos efeitos, quer a pessoa disponha de trezentos ou de trinta mil táleres por ano: não há progressão substancial das circunstâncias favoráveis. Mas ter menos, mendigar e se humilhar quando criança é terrível: embora talvez seja, para os que buscam a fortuna no brilho das cortes, na subordinação aos poderosos e influentes, ou querem se tornar cabeças da Igreja, o ponto de partida correto. (Ensina a penetrar curvado nos subterrâneos corredores do favor.)

480. *Inveja e indolência em direções diversas.* — Os dois partidos opostos, o socialista e o nacionalista — ou como quer que se denominem nos diversos países da Europa —, são dignos um do outro: inveja e preguiça são as forças que movem ambos. No acampamento do primeiro quer-se trabalhar o mínimo possível com as mãos, no do segundo o mínimo possível com a cabeça; neste se odeia e se inveja os indivíduos eminentes, que crescem por si mesmos e não se deixam enquadrar e alinhar para os fins de uma ação em massa; no primeiro, a melhor casta da sociedade, exteriormente bem colocada, cuja efetiva tarefa, a produção de bens culturais superiores, torna a vida bem mais difícil e dolorosa interiormente. Sem dúvida, se conseguirem fazer do espírito da ação em massa o espírito das classes superiores da sociedade, as hostes socialistas terão todo o direito de buscar nivelar-se também exteriormente com aquelas, uma vez que interiormente, na cabeça e no coração, já estarão niveladas. — Vivam como homens superiores e realizem continuamente os atos da cultura superior — e tudo o que nela está vivo reconhecerá o seu direito, e a ordem social de que vocês são o topo estará imune a todo golpe e todo olhar perverso!

481. *A grande política e suas perdas.* — Assim como um povo não sofre as perdas maiores, trazidas pela guerra e pelo estado de prontidão, com as despesas bélicas, a obstrução dos transportes e do comércio ou a manutenção de um exército regular — embora tais perdas sejam grandes também agora, quando oito Estados da Europa gastam com isso a soma de dois a três bilhões anuais —, mas sim com o fato de que ano a ano os homens mais capazes, mais vigorosos, mais trabalhadores são removidos em número extraordinário de suas ocupações e profissões, para se tornarem soldados: de igual modo, um povo que se dispõe a praticar a grande política e a garantir uma voz decisiva entre os Estados mais poderosos não experimenta suas maiores perdas onde geralmente as encontramos. É verdade que a partir desse momento ele sacrifica muitos dos talentos mais eminentes no "altar da pátria" ou da ambição nacional, quando previamente, antes de serem devorados pela política, esses talentos tinham outras esferas de ação diante de si. Mas além dessas hecatombes públicas, e bem mais horrendo que elas, no fundo, há um espetáculo que continuamente se desenrola em milhares de atos simultâneos: todo homem capaz, trabalhador, engenhoso e empreendedor, pertencente a um povo ávido das glórias políticas, é dominado por essa avidez e não mais se dedica inteiramente ao seu próprio negócio: as questões e os cuidados relativos ao bem público, diariamente renovados, consomem um tributo diário do capital de coração e mente de todo cidadão: a soma de todos esses sacrifícios e perdas de energia e trabalho individual é tão monstruosa que o florescimento político de um povo quase necessariamente acarreta um empobrecimento e debilitação espiritual, uma menor capacidade para obras que exigem grande concentração e exclusividade. E enfim é lícito perguntar: *vale a pena* esse florescimento e fausto do todo (que, afinal, manifesta-se apenas no medo dos outros Estados ao novo colosso e no favorecimento obtido para o comércio e o tráfego nacionais), se têm de ser sacrificados a esta flor grosseira e espalhafatosa as plantas e os rebentos mais nobres, delicados e espirituais, de que o solo da nação era até agora tão rico?

482. *Dizendo mais uma vez.* — Opiniões públicas — indolências privadas.[157]

Capítulo nono
O HOMEM A SÓS CONSIGO

483. *Inimigos da verdade.* — Convicções são inimigos da verdade mais perigosos que as mentiras.

484. *Mundo às avessas.* — Criticamos mais duramente um pensador quando ele oferece uma proposição que nos é desagradável; no entanto, seria mais razoável fazê-lo quando sua proposição nos é agradável.

485. *Ter caráter.* — Um homem parece ter caráter muito mais freqüentemente por seguir sempre o seu temperamento do que por seguir sempre os seus princípios.

486. *A coisa necessária.* — Uma coisa é necessário ter: ou um espírito leve por natureza ou um espírito *aliviado* pela arte e pelo saber.

487. *A paixão pelas causas.* — Quem dirige suas paixões para as causas (ciência, bem-estar público, interesses culturais, artes) retira muito fogo de sua paixão pelas pessoas (mesmo que elas sejam representantes daquelas causas, como estadistas, filósofos e artistas são representantes de suas criações).

488. *A calma na ação.* — Assim como uma cascata se torna mais lenta e mais rarefeita na queda, também o grande homem de ação costuma agir com *mais* calma do que faria esperar seu impetuoso desejo antes da ação.

489. *Indo profundamente demais.* — Pessoas que compreendem algo em toda a sua profundeza raramente lhe permanecem fiéis para sempre. Elas justamente levaram luz à profundeza: então há muita coisa ruim para ver.

490. *Ilusão dos idealistas.* — Os idealistas estão convencidos de que as causas a que servem são essencialmente melhores que as outras causas do mundo, e não querem acreditar que a sua causa necessita, para prosperar, exatamente do mesmo esterco malcheiroso que requerem todos os demais empreendimentos humanos.

491. *Observação de si mesmo.* — O homem está muito bem defendido de si mesmo, da espionagem e do assédio que faz a si mesmo, e geralmente não enxerga mais que o seu antemuro. A fortaleza mesma lhe é inacessível e até invisível, a não ser que amigos e inimigos façam de traidores e o conduzam para dentro por uma via secreta.

492. *A profissão certa.* — Os homens raramente suportam uma profissão, se não crêem ou não se convencem de que no fundo ela é mais importante que todas as outras. O mesmo ocorre com as mulheres em relação aos amantes.

493. *Nobreza de caráter.* — A nobreza de caráter consiste, em boa parte, na bondade e ausência de desconfiança, ou seja, exatamente aquilo sobre o qual as pessoas gananciosas e bem-sucedidas gostam de falar com superioridade e ironia.

494. *Meta e caminho.* — Muitos são obstinados em relação ao caminho tomado, poucos em relação à meta.

495. *O que há de revoltante num estilo de vida individual.* — As pessoas se irritam com aqueles que adotam padrões de vida muito individuais; elas se sentem humilhadas, reduzidas a seres ordinários, com o tratamento extraordinário que eles dispensam a si mesmos.

496. *Prerrogativa da grandeza.* — É prerrogativa da grandeza proporcionar enorme felicidade com pequeninos dons.

497. *Involuntariamente nobre.* — O homem se comporta de maneira involuntariamente nobre, quando se habituou a nada querer dos homens e a sempre lhes dar.

498. *Condição de heroísmo.* — Quando alguém quer se tornar herói, é preciso que antes a serpente se tenha transformado em dragão, senão lhe faltará o inimigo adequado.

499. *Amigo.* — É a partilha da alegria, não do sofrimento, o que faz o amigo.

500. *Saber usar a maré.* — Para os fins do conhecimento é preciso saber usar a corrente interna que nos leva a uma coisa, e depois aquela que, após algum tempo, nos afasta da coisa.

501. *Prazer em si.* — "Prazer com uma coisa" é o que se diz: mas na verdade é o prazer consigo mesmo mediante uma coisa.

502. *O homem modesto.* — Quem é modesto em relação às pessoas mostra tanto mais em relação às coisas (cidade, Estado, sociedade, época, humanidade) a sua pretensão. É a sua vingança.

503. *Inveja e ciúme.* — Inveja e ciúme são as partes pudendas da alma humana. A comparação talvez possa ser estendida.

504. *O mais nobre dos hipócritas.* — Não falar absolutamente de si mesmo é uma bem nobre hipocrisia.

505. *Aborrecimento.* — O aborrecimento é uma doença física que não é suprimida pelo fato de seu motivo ser eliminado.

506. *Defensores da verdade.* — Não é quando é perigoso dizer a verdade que ela raramente encontra defensores, mas sim quando é enfadonho.

507. *Mais incômodos que os inimigos.* — As pessoas as quais não temos certeza de que serão simpáticas em todas as ocasiões, e em relação às quais uma razão qualquer (gratidão, por exemplo) nos obriga a manter uma aparência de simpatia incondicional, atormentam nossa imaginação muito mais do que nossos inimigos.

508. *Em plena natureza.* — Gostamos muito de estar em plena natureza, porque ela não tem opinião alguma sobre nós.

509. *Cada qual superior em algo.* — Nas relações civilizadas, cada qual se sente superior aos outros em pelo menos uma coisa: nisto se baseia a benevolência geral entre as pessoas, na medida em que cada um é alguém que em certas circunstâncias pode ajudar, e que então pode, sem vergonha, permitir que o ajudem.

510. *Motivos de consolo.* — Quando morre alguém, em geral necessitamos de motivos de consolo, não tanto para mitigar a dor quanto para ter uma desculpa por nos sentirmos tão facilmente consolados.

511. *Os fiéis às convicções.* — Quem tem muito o que fazer mantém quase inalterados seus pontos de vista e opiniões gerais. Igualmente aquele que trabalha a serviço de uma idéia: nunca mais examina a idéia mesma, já não tem tempo para isso; e vai de encontro ao seu interesse considerá-la sequer discutível.

512. *Moralidade e quantidade.* — A moralidade superior de um homem, em comparação com a de outro, muitas vezes consiste apenas em que os seus objetivos são quantitativamente maiores. A ocupação com o que é pequeno, numa esfera estreita, puxa o outro para baixo.

513. *A vida como lucro da vida.* — Por mais que o homem se estenda em seu conhecimento, por mais objetivo que pareça a si mesmo: enfim nada tirará disso, a não ser sua própria biografia.

514. *A necessidade férrea.* — A necessidade férrea é uma coisa acerca da qual os homens aprendem, no curso da história, que não é férrea nem necessária.

515. *Tirado da experiência.* — A irracionalidade de uma coisa não é um argumento contra a sua existência, mas sim uma condição para ela.

516. *Verdade.* — Ninguém morre de verdades mortais atualmente: há antídotos demais.

517. *Percepção fundamental.* — Não há harmonia preestabelecida entre o progresso da verdade e o bem da humanidade.

518. *Humana sina.* — Quem pensa mais profundamente sabe que está sempre errado, não importa como proceda e julgue.

519. *A verdade como Circe.*[158] — O erro fez dos animais homens; a verdade seria capaz de tornar a fazer do homem um animal?

520. *O perigo de nossa civilização.* — Pertencemos a uma época cuja civilização corre o perigo de ser destruída pelos meios da civilização.

521. *Grandeza significa: dar direção.* — Nenhum rio é por si mesmo grande e abundante; é o fato de receber e levar adiante muitos afluentes que o torna assim. O mesmo sucede com todas as grandezas do espírito. Interessa apenas que um homem dê a direção que os muitos afluentes devem seguir; e não que ele inicialmente seja pobre ou rico em dons.

522. *Débil consciência.* — Homens que falam de sua importância para a humanidade têm uma débil consciência quanto à integridade burguesa comum, na manutenção de pactos e promessas.

523. *Querer ser amado.* — A exigência de ser amado é a maior das pretensões.

524. *Desprezo dos homens.* — O mais inequívoco indício de menosprezo pelas pessoas é levá-las em consideração apenas como meio para *nossos* fins, ou não considerá-las absolutamente.

525. *Partidários por contradição.* — Quem enfureceu as pessoas contra si mesmo, sempre ganhou também um partido a seu favor.

526. *Esquecendo as vivências.* — Quem pensa muito e pensa objetivamente, esquece com facilidade as próprias vivências, mas não os pensamentos por elas suscitados.

527. *Apego à opinião.* — Uma pessoa se atém a uma opinião porque julga haver chegado a ela por si só; outra, porque a adquiriu com esforço e está orgulhosa de tê-la compreendido: ambas, portanto, por vaidade.

528. *Fugindo da luz.* — A boa ação foge da luz tão ansiosamente quanto a má ação: esta por temer que, ao se tornar conhecida, sobrevenha a dor (na forma de punição); aquela teme que, ao se tornar conhecida, desapareça o prazer (o puro prazer consigo mesmo, que cessa quando a ele se junta a satisfação da vaidade).

529. *A duração do dia.* — Quando temos muitas coisas para pôr dentro dele, o dia tem centenas de bolsos.

530. *Gênio tirânico.* — Quando está vivo na alma um desejo invencível de se impor tiranicamente, e o fogo é constantemente animado, mesmo um pequeno talento (em políticos, artistas) torna-se aos poucos uma quase irresistível força natural.

531. *A vida do inimigo*. — Aquele que vive de combater um inimigo tem interesse em que ele continue vivo.

532. *Mais importante*. — A coisa obscura e inexplicada é vista como mais importante do que a clara e explicada.

533. *Avaliação de serviços prestados*. — Avaliamos os serviços que uma pessoa nos presta segundo o valor que ela lhes atribui, e não segundo o valor que têm para nós.

534. *Infortúnio*. — A distinção que há no infortúnio (como se fosse indício de superficialidade, despretensão e banalidade sentir-se feliz) é tão grande, que normalmente protestamos quando alguém diz: "Mas como você é feliz!".

535. *Fantasia do medo*. — A fantasia do medo é aquele perverso, simiesco duende que pula sobre as costas do homem quando ele carrega justamente o fardo mais pesado.

536. *Valor de adversários insípidos*. — Às vezes só permanecemos fiéis a uma causa porque os seus adversários não deixam de ser insípidos.

537. *Valor de uma profissão*. — Uma profissão nos torna irrefletidos; nisso está sua maior bênção. Pois ela é um baluarte, atrás do qual podemos licitamente nos retirar, quando nos assaltam dúvidas e preocupações comuns.

538. *Talento*. — Em algumas pessoas o talento parece menor do que é, pois elas sempre se impõem tarefas grandes demais.

539. *Juventude*. — A juventude é desagradável, porque nela não é possível ou não é razoável ser produtivo em qualquer sentido.

540. *Objetivos grandes demais.* — Quem publicamente se propõe grandes metas e depois percebe, privadamente, que é fraco demais para elas, em geral também não possui força bastante para renegar em público aqueles objetivos, e inevitavelmente se torna um hipócrita.

541. *Na corrente.* — Correntes fortes arrastam consigo muitas pedras e arbustos; espíritos fortes, muitas cabeças tolas e confusas.

542. *Perigos da liberação do espírito.* — Quando um homem busca seriamente a liberação do espírito, também os seus desejos e paixões esperam secretamente obter vantagem disso.

543. *Encarnação do espírito.* — Quando alguém pensa muito e inteligentemente, não apenas seu rosto, mas também seu corpo assume um aspecto inteligente.

544. *Ver mal e ouvir mal.* — Quem vê pouco, vê sempre menos; quem ouve mal, ouve sempre algo mais.

545. *O deleite consigo na vaidade.* — O vaidoso não quer tanto se distinguir quanto se sentir distinto; por isso não desdenha nenhum meio de iludir e lograr a si mesmo. Não é a opinião dos outros, mas a sua opinião sobre a opinião dos outros que lhe interessa.

546. *Excepcionalmente vaidoso.* — Quando está fisicamente doente, o homem que normalmente basta a si mesmo é, de modo excepcional, vaidoso e sensível à fama e ao louvor. Na medida em que perde a si mesmo, busca se recuperar a partir de fora, pela opinião alheia.

547. *Os "ricos de espírito".* — Quem procura o espírito não tem espírito.

548. *Sugestão para chefes de partido.* — Se conseguimos levar as pessoas a se declarar publicamente por algo, em geral as levamos também a se declarar intimamente a favor daquilo; elas querem ser vistas como conseqüentes.

549. *Desprezo.* — O homem é mais sensível ao desprezo que vem dos outros do que ao que vem de si mesmo.

550. *O laço da gratidão.* — Existem almas servis, que levam a tal ponto o reconhecimento por benefícios, que estrangulam a si mesmas com o laço da gratidão.

551. *Artifício de profeta.* — Para antecipar o modo de agir das pessoas ordinárias, devemos supor que elas sempre fazem o menor dispêndio de espírito para se libertar de uma situação desagradável.

552. *O único direito do homem.* — Aquele que se desvia do tradicional é vítima do extraordinário; aquele que permanece no tradicional é seu escravo. Em ambos os casos ele é arruinado.

553. *Abaixo do animal.* — Quando o homem relincha ao gargalhar, supera todos os animais com sua vulgaridade.

554. *Meio-saber.* — Aquele que fala pouco uma língua estrangeira tem mais prazer nisso do que aquele que a fala bem. O prazer está com os meio-sabedores.

555. *Perigosa solicitude.* — Há pessoas que querem tornar a vida mais difícil para os outros, pela razão única de depois lhes oferecer sua própria receita para aliviar a vida, seu cristianismo, por exemplo.

556. *Diligência e consciência.* — A diligência e a consciência são freqüentemente antagonistas, porque a diligência quer colher os frutos ainda verdes na árvore, enquanto a consciência os deixa pender muito longamente, até caírem e se destroçarem.

557. *Suspeitos.* — As pessoas que não podemos suportar procuramos tornar suspeitas.

558. *Faltam as circunstâncias.* — Muitas pessoas esperam a vida inteira pela oportunidade de serem boas à *sua* maneira.

559. *Falta de amigos.* — A falta de amigos faz pensar em inveja ou presunção. Há pessoas que devem seus amigos à feliz circunstância de não ter motivo para a inveja.

560. *O perigo na multiplicidade.* — Com um talento a mais estamos às vezes menos seguros do que com um talento a menos: assim como a mesa se sustenta melhor sobre três pés do que sobre quatro.

561. *Modelo para os outros.* — Quem quer dar um bom exemplo deve acrescentar à sua virtude um grão de tolice; então os outros imitam e também se elevam acima daquele imitado — algo que as pessoas adoram.

562. *Ser um alvo.* — É freqüente que as maledicências a nosso respeito não se dirijam de fato a nós, mas sejam expressão de uma contrariedade, um mau humor de causas bem diversas.

563. *Facilmente resignados.* — Não sofremos muito com desejos frustrados se ensinamos nossa fantasia a enfear o passado.

564. *Em perigo.* — Corremos o perigo maior de ser atropelados quando acabamos de nos desviar de um carro.

565. *O papel conforme a voz.* — Quem é obrigado a falar mais alto do que é seu costume (a uma pessoa semi-surda, digamos, ou para um grande auditório), habitualmente exagera o que tem a comunicar. — Alguns se tornam conspiradores, difamadores malévolos, intrigantes, somente porque suas vozes se prestam melhor ao cochicho.

566. *Amor e ódio.* — O amor e o ódio não são cegos, mas ofuscados pelo fogo que trazem consigo.

567. *Vantajosamente hostilizado.* — Pessoas incapazes de fazer o mundo ver claramente os seus méritos procuram despertar uma forte hostilidade contra si. Têm então o consolo de pensar que ela se interpõe entre seus méritos e o reconhecimento deles — e que outros supõem o mesmo: o que é vantajoso para a sua reputação.

568. *Confissão.* — Esquecemos nossa culpa quando a confessamos a outro alguém; mas geralmente o outro não a esquece.

569. *Auto-suficiência.* — O velo de ouro[159] da auto-suficiência protege das bordoadas, mas não das alfinetadas.

570. *Sombras na chama.* — A chama não é tão clara para si mesma quanto para aqueles que ilumina: assim também o sábio.

571. *Opiniões próprias.* — A primeira opinião que nos ocorre, quando repentinamente somos indagados acerca de algo, não é geralmente a nossa própria opinião, mas sim aquela corrente, de nossa casta, posição ou origem: é raro as opiniões próprias ficarem perto da superfície.

572. *Origem da coragem.* — O homem comum é corajoso e invulnerável como um herói quando não vê o perigo, quando não tem olhos para ele. E, inversamente, o único ponto vulnerável do herói está nas costas, ou seja, onde não tem olhos.

573. *O perigo do médico.* — É preciso termos nascido para o nosso médico, senão perecemos por causa dele.

574. *Vaidade miraculosa.* — Quem ousadamente previu o tempo três vezes e acertou, acredita um pouco, no fundo da alma, em seu dom profético. Admitimos o miraculoso, o irracional, quando ele lisonjeia nossa auto-estima.

575. *Profissão.* — Uma profissão é a espinha dorsal da vida.

576. *Perigo da influência pessoal.* — Quem sente que exerce grande influência interior sobre alguém deve lhe dar rédea solta, e mesmo gostar de ver e até induzir uma eventual resistência: de outro modo, criará inevitavelmente um inimigo.

577. *Admitindo herdeiros.* — Quem desinteressadamente funda uma coisa grande procura formar herdeiros. É indício de uma natureza ignóbil e tirânica ver adversários em todos os possíveis herdeiros de sua obra e viver em permanente defesa contra eles.

578. *O meio-saber.* — O meio-saber é mais vitorioso que o saber inteiro: ele conhece as coisas de modo mais simples do que são, o que torna sua opinião mais compreensível e mais convincente.

579. *Inaptidão para o partido.* — Quem pensa muito não é apto para ser homem de partido: seu pensamento atravessa e ultrapassa o partido rapidamente.

580. *Memória ruim.* — A vantagem de uma memória ruim é poder fruir as mesmas coisas boas várias vezes pela primeira vez.

581. *Causando dor a si mesmo.* — A intransigência no pensar é freqüentemente sinal de uma disposição interior inquieta, que anseia pelo embotamento.

582. *Mártires.* — O discípulo de um mártir sofre mais do que o mártir.

583. *Vaidade residual.* — A vaidade de algumas pessoas que não necessitariam ser vaidosas é o hábito, conservado e desenvolvido, de um tempo em que elas não tinham o direito de acreditar em si, e mendigavam dos outros a pequena moeda dessa crença.

584. *Punctum saliens* [*ponto saliente*] *da paixão.* — Quem está na iminência de sucumbir à raiva ou a um violento amor atinge um ponto em que a alma está cheia como um vaso: mas é preciso ainda que se lhe acrescente uma gota d'água, a boa vontade para a paixão (que geralmente chamamos de má). Basta apenas esse pequenino ponto, e o vaso transborda.

585. *Pensamento mal-humorado.* — Aos homens sucede o mesmo que aos montes de carvão na floresta. Apenas depois de terem queimado e se carbonizado, como estes, os homens jovens se tornam *úteis*. Enquanto ardem e fumegam, são talvez mais interessantes, mas inúteis e freqüentemente incômodos. — De modo implacável, a humanidade emprega todo indivíduo como material para aquecer suas grandes máquinas: mas para que então as máquinas, se todos os indivíduos (ou seja, a humanidade) servem apenas para mantê-las? Máquinas que são um fim em si mesmas — será esta a *umana commedia* [comédia humana]?

586. *O ponteiro de horas da vida.* — A vida consiste em raros momentos da mais alta significação e de incontáveis intervalos, em que, quando muito, as sombras de tais momentos nos rondam. O amor, a primavera, toda bela melodia, a Lua, as montanhas, o mar — apenas uma vez tudo fala plenamente ao coração: se é que atinge a plena expressão. Pois muitos homens não têm de modo algum esses momentos, e são eles próprios intervalos e pausas na sinfonia da vida real.

587. *Atacar ou intervir.* — Não é raro cometermos o erro de vivamente hostilizar uma tendência, um partido ou um período, porque nos aconteceu enxergar apenas seu lado exteriorizado, seu estiolamento ou "os defeitos de suas virtudes",[160] que lhe são inescapáveis — talvez porque nós mesmos tivemos notável participação neles. Então lhes viramos as costas e buscamos uma direção contrária; mas o melhor seria procurar os aspectos bons e fortes, ou desenvolvê-los em nós mesmos. Isto requer, sem dúvida, um olhar mais vigoroso e uma vontade maior de promover o que é imperfeito e está em evolução, em vez de perscrutá-lo e negá-lo na sua imperfeição.

588. *Modéstia*. — Existe modéstia verdadeira (isto é, o reconhecimento de que não somos nossas obras); e ela convém aos grandes espíritos, porque justamente eles são capazes de apreender a idéia da completa irresponsabilidade (também para com aquilo que criam de bom). As pessoas não odeiam a imodéstia dos grandes enquanto eles sentem a própria força, mas quando querem experimentá-la ferindo os demais, tratando-os imperiosamente e vendo até onde suportam. Isso habitualmente demonstra a falta de um seguro sentimento da força, e faz com que se ponha em dúvida a sua grandeza. Nesse sentido a imodéstia, do ponto de vista da prudência, é bastante desaconselhável.

589. *O primeiro pensamento do dia*. — A melhor maneira de começar o dia é, ao acordar, imaginar se nesse dia não podemos dar alegria a pelo menos uma pessoa. Se isso pudesse valer como substituto do hábito religioso da oração, nossos semelhantes lucrariam com tal mudança.

590. *A presunção como o último meio de consolo*. — Quando alguém interpreta um infortúnio, sua carência intelectual, sua doença, de modo a ver nele um destino predeterminado, uma provação ou a misteriosa punição por algo cometido no passado, torna o próprio ser interessante para si mesmo e se eleva, na imaginação, acima dos semelhantes. O pecador orgulhoso é uma figura conhecida em todas as seitas das igrejas.

591. *Vegetação da felicidade.* — Bem junto à dor do mundo, e com freqüência no solo vulcânico dela, o ser humano fez seu pequeno jardim de felicidade; se consideramos a vida com o olhar daquele que da existência deseja tão-só conhecimento, ou daquele que se abandona e se resigna, ou daquele que se alegra pela dificuldade vencida, — em toda parte encontramos alguma felicidade que brota ao lado da desgraça — e tanto mais felicidade quanto mais vulcânico é o solo; apenas seria ridículo dizer que com essa felicidade o próprio sofrimento estaria justificado.

592. *O caminho dos antepassados.* — É razoável que alguém continue a desenvolver o *talento* a serviço do qual seu pai ou seu avô despendeu esforços, e não se volte para algo totalmente novo; de outro modo, afasta a possibilidade de atingir a perfeição em qualquer ofício. É por isso que o provérbio diz: "Que caminho deves percorrer? — o de teus antepassados".

593. *Vaidade e ambição como educadoras.* — Enquanto um homem não se torna instrumento do interesse humano geral, pode atormentá-lo a ambição; mas sendo esse objetivo alcançado, trabalhando ele necessariamente como uma máquina para o bem de todos, pode então surgir a vaidade; ela o humanizará nas pequenas coisas, o tornará mais sociável, mais indulgente, mais suportável, quando a ambição tiver completado nele o trabalho mais grosseiro (torná-lo útil).

594. *Principiantes filosóficos.* — Se alguém começou a partilhar a sabedoria de um filósofo, anda pelas ruas com o sentimento de haver mudado e se tornado um grande homem; pois depara com muitos que não conhecem tal sabedoria, e então tem de apresentar um julgamento novo e desconhecido acerca de tudo: porque reconhece um código de leis, acha que é obrigado a se comportar como um juiz.

595. *Agradando pelo desagrado.* — As pessoas que buscam dar o que falar, e assim desagradar, desejam o mesmo que as que procuram agradar e não dar o que falar, apenas num grau muito bem elevado e de maneira indireta, através de um estágio que aparentemente as afasta do seu objetivo. Querem influência e poder, e por isso mostram sua superioridade, embora de uma maneira tal que é sentida como desagradável; pois sabem que quem alcança o poder agrada em quase tudo o que diz e faz, e mesmo quando desagrada parece ainda agradar. — Também o espírito livre, e igualmente o indivíduo crente, querem ter poder, para com ele agradar; quando, por causa de sua doutrina, são ameaçados de um mau destino, de perseguição, cárcere, execução, eles se comprazem no pensamento de que desse modo sua doutrina será gravada e marcada a fogo na humanidade; tomam isso como um meio doloroso, mas potente, embora de ação retardada, para afinal alcançar o poder.

596. *Casus belli e outros casos.* — O príncipe que inventa um *casus belli* [motivo de guerra], uma vez tomada a decisão de fazer guerra ao vizinho, é como o pai que atribui ao filho uma outra mãe, que deverá ser tida como a verdadeira. Os motivos declarados de nossas ações não seriam quase todos como essas mães supostas?

597. *Paixão e direito.* — Ninguém fala com mais paixão de seus direitos do que aquele que no fundo da alma tem dúvida em relação a esses direitos. Levando a paixão para o seu lado, ele quer entorpecer a razão e suas dúvidas: assim adquire uma boa consciência, e com ela o sucesso entre os homens.

598. *Artifício do abstinente.* — Quem protesta contra o casamento, à maneira dos padres católicos, procurará entendê-lo na sua concepção mais baixa, mais vulgar. De modo igual, quem recusa as honras dos contemporâneos apreenderá o conceito de honra de uma forma baixa; assim torna mais fáceis, para si mesmo, a privação e a luta contra ela. Além disso, aquele que em geral renuncia a muita coisa será mais indulgente consigo em coisas menores. É possível que aquele que se eleva acima do aplauso dos contemporâneos não queira renunciar à satisfação de pequenas vaidades.

599. *Idade da presunção.* — O autêntico período de presunção, nos homens de talento, está entre os vinte e seis e os trinta anos de idade; é o tempo da primeira maturação, com um forte resto de acidez. Com base no que sentem dentro de si, exigem respeito e humildade de pessoas que pouco ou nada percebem deles, e, faltando isso num primeiro momento, vingam-se com aquele olhar, aquele gesto presunçoso, aquele tom de voz que um ouvido e um olho sutis reconhecem em todas as produções dessa idade, sejam poemas ou filosofias, pinturas ou composições. Homens mais velhos e mais experientes sorriem diante disso, e comovidos se recordam dessa bela idade da vida, na qual nos irritamos com a vicissitude de *ser* tanto e *parecer* tão pouco. Depois *parecemos* mais, é verdade — mas perdemos a boa crença de *sermos* muita coisa: que continuemos então a ser, por toda a vida, incorrigíveis tolos vaidosos.

600. *Ilusório, porém firme.* — Assim como, para passar junto a um precipício ou cruzar uma frágil ponte sobre um rio profundo, necessitamos de um corrimão, não para nos agarrar a ele — pois logo se romperia conosco —, mas para despertar na visão a idéia da segurança, assim também precisamos, quando jovens, de pessoas que inconscientemente nos prestem o serviço daquele corrimão. É verdade que elas não nos ajudariam, se realmente nos apoiássemos nelas em caso de perigo, mas dão a impressão tranqüilizadora de que há uma proteção ao lado (os pais, professores e amigos, por exemplo, tais como são normalmente os três).

601. *Aprender a amar.* — É preciso aprender a amar, aprender a ser bom, e isso desde a juventude; se a educação e o acaso não nos derem oportunidade para a prática desses sentimentos, nossa alma se tornará seca e até mesmo inapta para um entendimento das delicadas invenções dos seres amorosos. Da mesma maneira deve o ódio ser aprendido e alimentado, caso se queira odiar adequadamente: do contrário, também o seu germe se extinguirá pouco a pouco.

602. *As ruínas como adorno*. — Aqueles que passam por freqüentes mudanças espirituais conservam algumas idéias e hábitos dos estados anteriores, que então, como fragmentos de inexplicável antigüidade, como cinzentas muralhas, afloram em seu novo modo de pensar e agir: muitas vezes adornando toda a região.

603. *Amor e reverência*. — O amor deseja, o medo evita. Por causa disso não podemos ser amados e reverenciados pela mesma pessoa, não no mesmo período de tempo, pelo menos. Pois quem reverencia reconhece o poder, isto é, o teme: seu estado é de medo-respeito.[161] Mas o amor não reconhece nenhum poder, nada que separe, distinga, sobreponha ou submeta. E, como ele não reverencia, pessoas ávidas de reverência resistem aberta ou secretamente a serem amadas.

604. *Preconceito a favor das pessoas frias*. — Pessoas que rapidamente pegam fogo se esfriam depressa, sendo então de pouca confiança. Por isso as que são sempre frias, ou assim se comportam, têm a seu favor o preconceito de que são particularmente seguras e dignas de confiança: são confundidas com aquelas que pegam fogo lentamente e o conservam por muito tempo.

605. *O que há de perigoso nas opiniões livres*. — O contato ligeiro com opiniões livres é algo que estimula, uma espécie de comichão; cedendo a ela, começamos a coçar o ponto; até que enfim aparece uma dolorosa ferida aberta, ou seja: até que a opinião livre começa a nos perturbar, a nos atormentar na posição que temos na vida, em nossas relações humanas.

606. *O desejo de uma dor profunda*. — A paixão deixa, ao passar, um obscuro anseio por ela, e ao desaparecer ainda lança um olhar sedutor. Deve ter havido uma espécie de prazer em ser golpeado por seu açoite. Os sentimentos mais moderados parecem insípidos, em comparação; ao que parece, preferimos ainda um mais intenso desprazer a um prazer mortiço.

607. *Mau humor com os outros e com o mundo.* — Quando, como é tão freqüente, desafogamos nosso mau humor nos outros, e na realidade o sentimos em relação a nós mesmos, o que no fundo procuramos é anuviar e enganar o nosso julgamento: queremos motivar esse mau humor *a posteriori*, mediante os erros, as deficiências dos outros, e assim não ter olhos para nós mesmos. — Os homens religiosamente severos, juízes implacáveis consigo mesmos, foram também os que mais denegriram a humanidade: nunca houve um santo que reservasse para si os pecados e para os outros as virtudes; e tampouco alguém que, conforme o preceito do Buda, ocultasse às pessoas o que tem de bom e lhes deixasse ver apenas o que tem de mau.

608. *Confusão entre causa e efeito.* — Inconscientemente buscamos os princípios e as teorias adequados ao nosso temperamento, de modo que afinal parece que esses princípios e teorias criaram o nosso caráter, deram-lhe firmeza e segurança: quando aconteceu justamente o contrário. O nosso pensamento e julgamento, assim parece, é transformado posteriormente em causa de nosso ser: mas na realidade é nosso ser a causa de pensarmos e julgarmos desse ou daquele modo. — E o que nos induz a essa comédia quase inconsciente? A indolência e a comodidade, e também o desejo vaidoso de ser considerado inteiramente consistente, uniforme no ser e no pensar: pois isso conquista respeito, empresta confiança e poder.

609. *Idade e verdade.* — Os jovens amam o que é interessante e peculiar, não importa até onde seja verdadeiro ou falso. Espíritos mais maduros amam na verdade aquilo que nela é interessante e peculiar. Por fim, cabeças totalmente amadurecidas amam a verdade também onde ela parece ingênua e simples e é enfadonha para o homem comum, porque notaram que a verdade costuma dizer com ar de simplicidade o que tem de mais alto em espírito.

610. *Os seres humanos como maus poetas.* — Assim como, na segunda metade do verso, os maus poetas buscam o pensamento que se ajuste à rima, na segunda metade da vida, tendo se tornado mais receosas, as pessoas buscam as ações, atitudes e situações que combinem com as de sua vida anterior, de modo que exteriormente tudo seja harmonioso: mas sua vida já não é dominada e repetidamente orientada por um pensamento forte; no lugar deste surge a intenção de encontrar uma rima.

611. *O tédio e o jogo.* — A necessidade nos obriga ao trabalho, e com o produto deste a necessidade é satisfeita; o contínuo redespertar das necessidades nos acostuma ao trabalho. Mas nos intervalos em que as necessidades estão satisfeitas e dormem, por assim dizer, somos assaltados pelo tédio. O que é o tédio? É o hábito do trabalho mesmo, que se faz valer como uma necessidade nova e adicional; será tanto mais forte quanto mais estivermos habituados a trabalhar, e talvez quanto mais tivermos sofrido necessidades. Para escapar ao tédio, ou o homem trabalha além da medida de suas necessidades normais ou inventa o jogo, isto é, o trabalho que não deve satisfazer nenhuma outra necessidade a não ser a de trabalho. Quem se fartou do jogo, e não tem novas necessidades que lhe dêem motivo para trabalhar, é às vezes tomado pelo desejo de uma terceira condição, que está para o jogo assim como o pairar para o dançar, e o dançar para o caminhar, uma movimentação jubilosa e serena: é a visão da felicidade que têm os artistas e filósofos.

612. *A lição dos retratos.* — Observando uma série de retratos de nós mesmos, do final da infância à idade adulta, somos agradavelmente surpreendidos pela descoberta de que o homem se parece mais com a criança do que com o jovem: e que, provavelmente em consonância com esse fato, sobreveio nesse ínterim uma temporária alienação do caráter básico, à qual novamente se impôs a força acumulada e concentrada do homem adulto. A esta percepção corresponde outra, a de que todas as fortes influências das paixões, dos mestres, dos acontecimentos políticos, que nos arrastam na juventude, aparecem depois novamente reduzidas a uma medida fixa: sem dúvida, continuam a viver e a atuar em nós, mas a sensibilidade e as opiniões básicas predominam e as usam como fontes de energia, não mais como reguladores, porém, como ocorre aos vinte anos. De modo que também o pensar e sentir do homem adulto parece novamente mais conforme ao de sua infância — e esse fato interior se expressa naquele exterior, mencionado acima.

613. *Tom de voz das idades.* — O tom no qual os jovens falam, elogiam, censuram, escrevem, desagrada aos mais velhos por ser alto demais, e ao mesmo tempo surdo e indistinto como o som dentro de uma abóbada, que adquire ressonância por causa do vazio; pois a maior parte do que os jovens pensam não brota da plenitude de sua natureza, mas ressoa e ecoa o que foi pensado, falado, elogiado e censurado ao seu redor. Mas como os sentimentos (de atração e de aversão) ecoam nos jovens muito mais fortemente do que os motivos por trás deles, forma-se, quando mais uma vez dão voz ao sentimento, aquele tom surdo e retumbante que caracteriza a ausência ou escassez de motivos. O tom da idade madura é rigoroso, abrupto, moderadamente elevado, mas, como tudo o que é claramente articulado, de alcance vasto. Por fim, a idade freqüentemente confere à voz uma certa brandura e indulgência, e como que a edulcora: em alguns casos também a azeda, sem dúvida.

614. *Homens atrasados e homens antecipadores.* — O caráter desagradável, que é pleno de desconfiança, que recebe com inveja todos os êxitos de competidores e vizinhos, que é violento e raivoso com opiniões divergentes, mostra que pertence a um estágio anterior da cultura, que é então um resíduo: pois o seu modo de lidar com as pessoas era certo e apropriado para as condições de uma época em que vigorava o "direito dos punhos"; ele é um homem *atrasado*. Um outro caráter, que prontamente partilha da alegria alheia, que conquista amizades em toda parte, que tem afeição pelo que cresce e vem a ser, que tem prazer com as honras e sucessos de outros e não reivindica o privilégio de sozinho conhecer a verdade, mas é pleno de uma modesta desconfiança — este é um homem antecipador, que se move rumo a uma superior cultura humana. O caráter desagradável procede de um tempo em que os toscos fundamentos das relações humanas estavam por ser construídos; o outro vive nos andares superiores destas relações, o mais afastado possível do animal selvagem que encerrado nos porões, sob os fundamentos da cultura, uiva e esbraveja.

615. *Consolo para hipocondríacos.* — Quando um grande pensador se acha momentaneamente sujeito à tortura da hipocondria, pode consolar a si mesmo com estas palavras: "É de sua grande força que este parasita se alimenta e cresce; se ela fosse menor, você teria menos com que sofrer". Assim também pode o estadista falar, quando os ciúmes e o sentimento de vingança, em suma, o ânimo do *bellum omnum contra omnes* [guerra de todos contra todos], do qual ele, como representante de uma nação, deve necessariamente ser bastante capaz, ocasionalmente se introduz também nas relações pessoais e lhe torna a vida difícil.

616. *Alienado do presente.* — Há grandes vantagens em alguma vez alienar-se muito de seu tempo e ser como que arrastado de suas margens, de volta para o oceano das antigas concepções do mundo. Olhando para a costa a partir de lá, abarcamos pela primeira vez sua configuração total, e ao nos reaproximarmos dela teremos a vantagem de, no seu conjunto, entendê-la melhor do que aqueles que nunca a deixaram.

617. *Semear e colher nas deficiências pessoais.* — Homens como Rousseau sabem utilizar suas fraquezas, lacunas e vícios como adubo para seu talento, por assim dizer. Quando ele lamenta a corrupção e degeneração da sociedade como triste conseqüência da cultura, isso tem por base a experiência pessoal; a amargura desta proporciona agudeza à sua condenação geral e envenena as flechas que ele dispara; ele se desoprime inicialmente como indivíduo, e pensa em buscar um remédio que seja útil diretamente à sociedade, mas também indiretamente, por meio dela, a ele próprio.

618. *Ter espírito filosófico.* — Habitualmente nos empenhamos em alcançar, ante todas as situações e acontecimentos da vida, *uma* atitude mental, *uma* maneira de ver as coisas — sobretudo a isto se chama ter espírito filosófico. Para enriquecer o conhecimento, no entanto, pode ser de mais valor não se uniformizar desse modo, mas escutar a voz suave das diferentes situações da vida; elas trazem consigo suas próprias maneiras de ver. Assim participamos atentamente[162] da vida e da natureza de muitos, não tratando a nós mesmos como um indivíduo fixo, constante, único.

619. *No fogo do desprezo.* — É um novo passo rumo à independência, ousar expressar opiniões que são tidas como vergonhosas para quem as possui; também os amigos e conhecidos costumam então ficar receosos. A pessoa dotada deve passar também através desse fogo; depois disso pertencerá muito mais a si mesma.

620. *Sacrifício.* — Havendo a escolha, deve-se preferir um grande sacrifício a um pequeno: pois compensamos o grande sacrifício com a auto-admiração, o que não é possível no caso do pequeno.

621. *O amor como artifício.* — Quem realmente quiser *conhecer* algo novo (seja uma pessoa, um evento ou um livro), fará bem em receber esta novidade com todo o amor possível, e rapidamente desviar os olhos e mesmo esquecer tudo o que nela pareça hostil, desagradável, falso: de modo a dar ao autor de um livro, por exemplo, uma boa vantagem inicial, e, como se estivesse numa corrida, desejar ardentemente que ele atinja sua meta. Pois assim penetramos até o coração, até o centro motor da coisa nova: o que significa justamente conhecê-la. Se alcançamos este ponto, a razão pode fazer suas restrições; a superestimação, a desativação temporária do pêndulo crítico, foi somente um artifício para fazer aparecer a alma de uma coisa.

622. *Pensando bem demais e mal demais do mundo.* — Se pensamos bem demais ou mal demais das coisas, sempre temos a vantagem de colher uma satisfação superior: com uma opinião preconcebida que é boa demais, geralmente introduzimos nas coisas (nas vivências) mais doçura do que elas realmente contêm. Uma opinião preconcebida que é ruim demais produz uma decepção agradável: o que havia de agradável nas coisas é aumentado pelo agradável da surpresa. — Mas um temperamento sombrio terá a experiência inversa em ambos os casos.

623. *Homens profundos.* — Aqueles cuja força está na profundidade das impressões — geralmente chamados de homens profundos — são relativamente controlados e decididos ante o que surge de repente: pois no primeiro momento a impressão era ainda superficial, só depois *se torna* profunda. Coisas e pessoas há muito esperadas e previstas, porém, são as que mais agitam essas naturezas, tornando-as, ao chegar finalmente, quase incapazes de manter a presença de espírito.

624. *Relações com o eu superior.* — Cada pessoa tem o seu dia bom, em que descobre o seu eu superior; e a verdadeira humanidade exige que alguém seja avaliado conforme esse estado, e não conforme seus "dias de semana" de cativeiro e sujeição. Deve-se, por exemplo, julgar e reverenciar um pintor segundo a visão mais elevada que ele pôde ver e representar. Mas os próprios indivíduos se relacionam de modo muito variado com este eu superior, e com freqüência são atores de si mesmos, na medida em que depois repetem continuamente o que são nesses momentos. Muitos vivem no temor e na humildade frente a seu ideal, e bem gostariam de negá-lo: temem o seu eu superior, porque este, quando fala, fala de modo exigente. Além disso, ele possui uma espectral liberdade de aparecer ou de permanecer ausente; por isso é freqüentemente chamado de dom dos deuses, quando tudo o mais, na realidade, é dom dos deuses (do acaso): ele, porém, é a própria pessoa.

625. *Pessoas solitárias.* — Existem pessoas tão habituadas a estar só consigo mesmas, que não se comparam absolutamente com outras, mas, com disposição alegre e serena, em boas conversas consigo e até mesmo sorrisos, continuam tecendo sua vida-monólogo. Se as levamos a se comparar com outras, tendem a uma cismadora subestimação de si mesmas: de modo que devem ser obrigadas a *reaprender* com os outros uma opinião boa e justa sobre si: e também dessa opinião aprendida quererão deduzir e rebaixar alguma coisa. — Portanto, devemos conceder a certos indivíduos a sua solidão e não ser tolos a ponto de lastimá-los, como freqüentemente sucede.

626. *Sem melodia.* — Há pessoas nas quais um constante repousar em si mesmas e uma harmoniosa disposição das faculdades são tão próprios, que lhes repugna qualquer atividade dirigida para um fim. Elas semelham uma música que consiste apenas em acordes harmônicos sustentados por longo tempo, sem mostrar sequer o início de um movimento melódico articulado. Toda movimentação vinda de fora serve apenas para dar imediatamente a seu barco um novo equilíbrio, no lago da consonância harmônica. Em geral as pessoas modernas ficam muito impacientes, ao se defrontar com essas naturezas que nada se *tornam*, sem que delas se possa dizer que nada *são*. Mas há estados de espírito em que a sua visão desperta a pergunta inusitada: para que melodia, afinal? Por que não nos basta que a vida se espelhe quietamente num lago profundo? — A Idade Média era mais rica em tais naturezas do que o nosso tempo. Como é raro ainda encontrarmos alguém capaz de seguir vivendo de maneira pacífica e alegre consigo também no torvelinho, dizendo a si mesmo as palavras de Goethe: "O melhor é a calma profunda em que diante do mundo eu vivo e cresço, e adquiro o que não me podem tirar com o fogo e com a espada".[163]

627. *Vida e vivência*. — Se observamos como alguns indivíduos sabem lidar com suas vivências — suas insignificantes vivências diárias —, de modo a elas se tornarem uma terra arável que produz três vezes por ano; enquanto outros — muitos outros! — são impelidos através das ondas dos destinos mais agitados, das multifárias correntes de tempos e povos, e no entanto continuam leves, sempre em cima, como cortiça: então ficamos tentados a dividir a humanidade numa minoria ("minimaria")[164] que sabe transformar o pouco em muito e numa maioria que sabe transformar muito em pouco; sim, deparamos com esses bruxos ao avesso, que, em vez de criar o mundo a partir do nada, criam o nada a partir do mundo.

628. *A seriedade no jogo*. — Em Gênova, à hora do crepúsculo, ouvi o prolongado repicar dos sinos de uma torre: algo que não queria parar e, como que insaciável de si mesmo, ressoava por sobre o ruído das ruas, pelo céu vespertino e o ar marinho, tão sinistro e ao mesmo tempo tão pueril, tão melancólico. Então me recordei das palavras de Platão, e de imediato as senti no coração: *Nada humano é digno de grande seriedade; no entanto...*[165]

629. *Da convicção e da justiça*. — Aquilo que um homem diz, promete e decide na paixão deve depois sustentar na frieza e na sobriedade — tal exigência é um dos fardos que mais pesam sobre a humanidade. Ter de reconhecer, por todo o tempo futuro, as conseqüências da ira, da vingança inflamada, da devoção entusiasmada — isto pode suscitar, contra esses sentimentos, uma irritação tanto maior por eles serem objeto de idolatria, em toda parte e sobretudo pelos artistas. Estes cultivam largamente a *estima das paixões*, e sempre o fizeram; é certo que também exaltam as terríveis reparações pela paixão que o indivíduo obtém de si mesmo, as erupções de vingança acompanhadas de morte, mutilação, exílio voluntário, e a resignação do coração partido. Em todo caso, mantêm desperta a curiosidade pelas paixões; é como se quisessem dizer: "Sem paixões, vocês nada viveram". — Por termos jurado fidelidade, talvez até a um ser apenas fictício como um deus, por termos entregado o coração a um príncipe, a um partido, a uma mulher, a uma ordem sacerdotal, a um artista, a um pensador, num estado de cega ilusão que nos pôs encantados e os fez parecerem dignos de toda veneração, todo sacrifício — estamos agora inescapavelmente comprometidos? Não teríamos enganado a nós mesmos naquela época? Não teria sido uma promessa hipotética, feita sob o pressuposto (tácito, sem dúvida) de que os seres aos quais nos consagramos eram realmente os mesmos que apareciam em nossa imaginação? Estamos obrigados a ser fiéis aos nossos erros, ainda percebendo que com essa fidelidade causamos prejuízo ao nosso eu superior? — Não, não existe nenhuma lei, nenhuma obrigação dessa espécie; *temos* de nos tornar traidores, praticar a infidelidade, sempre abandonar nossos ideais. Não passamos de um período a outro da vida sem causar essas dores da traição e sem sofrê-las também. Não seria necessário, para evitar essas dores, nos guardarmos dos fervores de nossos sentimentos? O mundo não se tornaria ermo demais, espectral demais para nós? Perguntemo-nos antes se tais dores por uma mudança de convicção são *necessárias*, e se não dependem de uma opinião e avaliação *errada*. Por que admiramos aquele que permanece fiel às suas convicções e desprezamos aquele que as muda? Receio que a resposta tenha de ser: porque todos pressupõem que apenas motivos de baixo interesse ou de medo pessoal provocam tal mudança. Ou seja: no fundo acreditamos que ninguém muda sua opinião enquanto ela lhe traz vantagem ou, pelo menos, enquanto não lhe causa prejuízo. Se for assim, porém, eis aí um péssimo atestado da significação *intelectual* das convicções. Examinemos como se formam as convicções, e observemos se não são grandemente superestimadas: com isto se verificará que também a *mudança* de convicção é sempre medida conforme um critério errado, e que até hoje tivemos o costume de sofrer demais com tais mudanças.

630. Convicção é a crença de estar, em algum ponto do conhecimento, de posse da verdade absoluta. Esta crença pressupõe, então, que existam verdades absolutas; e, igualmente, que tenham sido achados os métodos perfeitos para alcançá-las; por fim, que todo aquele que tem convicções se utilize desses métodos perfeitos. Todas as três asserções demonstram de imediato que o homem das convicções não é o do pensamento científico; ele se encontra na idade da inocência teórica e é uma criança, por mais adulto que seja em outros aspectos. Milênios inteiros, no entanto, viveram com essas pressuposições pueris, e delas brotaram as mais poderosas fontes de energia da humanidade. Os homens inumeráveis que se sacrificaram por suas convicções acreditavam fazê-lo pela verdade absoluta. Nisso estavam todos errados: provavelmente nenhum homem se sacrificou jamais pela verdade; ao menos a expressão dogmática de sua crença terá sido não científica ou semicientífica. Mas realmente queriam ter razão, porque achavam que *deviam* ter razão. Permitir que lhes fosse arrancada a sua crença talvez significasse pôr em dúvida a sua própria beatitude eterna. Num assunto de tal extrema importância, a "vontade" era perceptivelmente a instigadora do intelecto.[166] A pressuposição de todo crente de qualquer tendência era não *poder* ser refutado; se os contra-argumentos se mostrassem muito fortes, sempre lhe restava ainda a possibilidade de difamar a razão e até mesmo levantar o *credo quia absurdum est* [creio porque é absurdo] como bandeira do extremado fanatismo. Não foi o conflito de opiniões que tornou a história tão violenta, mas o conflito da fé nas opiniões, ou seja, das convicções. Se todos aqueles que tiveram em tão alta conta a sua convicção, que lhe fizeram sacrifícios de toda espécie e não pouparam honra, corpo e vida para servi-la, tivessem dedicado apenas metade de sua energia a investigar com que direito se apegavam a esta ou àquela convicção, por que caminho tinham a ela chegado: como se mostraria pacífica a história da humanidade! Quanto mais conhecimento não haveria! Todas as cruéis cenas, na perseguição aos hereges de toda espécie, nos teriam sido poupadas por duas razões: primeiro, porque os inquisidores teriam inquirido antes de tudo dentro de si mesmos, superando a pretensão de defender a verdade absoluta; segundo, porque os próprios hereges não teriam demonstrado maior interesse por teses tão mal fundamentadas como as dos sectários e "ortodoxos" religiosos, após tê-las examinado.

631. Dos tempos em que os homens estavam habituados a crer na posse da verdade absoluta deriva um profundo *mal-estar* com todas as posições céticas e relativistas ante alguma questão do conhecimento; em geral preferimos nos entregar incondicionalmente a uma convicção tida por pessoas de autoridade (pais, amigos, professores, príncipes), e sentimos uma espécie de remorso quando não o fazemos. Tal inclinação é perfeitamente compreensível, e suas conseqüências não nos dão direito a censuras violentas ao desenvolvimento da razão humana. Aos poucos, no entanto, o espírito científico deve amadurecer no homem a virtude da *cautelosa abstenção*, o sábio comedimento que é mais conhecido no âmbito da vida prática que no da vida teórica, e que Goethe, por exemplo, apresentou em Antonio como alvo de irritação para todos os Tassos, ou seja, para as naturezas não científicas e também passivas.[167] O homem de convicção tem o direito de não entender o homem do pensamento cauteloso, o teórico Antonio; o homem científico, por sua vez, não tem o direito de criticá-lo por isso, é indulgente para com o outro e sabe que em determinado caso este ainda se apegará a ele, como Tasso fez afinal com Antonio.

632. Quem não passou por diversas convicções, mas ficou preso à fé em cuja rede se emaranhou primeiro, é em todas as circunstâncias, justamente por causa dessa imutabilidade, um representante de culturas *atrasadas*;[168] em conformidade com esta ausência de educação (que sempre pressupõe educabilidade), ele é duro, irrazoável, incorrigível, sem brandura, um eterno desconfiado, um inescrupuloso, que emprega todos os meios para impor sua opinião, por ser incapaz de compreender que têm de existir outras opiniões; assim considerado, ele é talvez uma fonte de força, e em culturas que se tornaram demasiado livres e frouxas é até mesmo salutar, mas apenas porque incita fortemente à oposição; pois a delicada estrutura da nova cultura que é obrigada a lutar contra ele se tornará forte ela mesma.

633. Ainda somos, no essencial, os mesmos homens da época da Reforma: como poderia ser diferente? Mas o fato de já não nos permitirmos certos meios de contribuir para a vitória de nossas opiniões nos diferencia daquele tempo, e prova que pertencemos a uma cultura superior. Quem ainda hoje combate e derruba opiniões com suspeitas, com acessos de raiva, como se fazia durante a Reforma, revela claramente que teria queimado os seus rivais, se tivesse vivido em outros tempos, e que teria recorrido a todos os meios da Inquisição, se tivesse vivido como adversário da Reforma. Essa Inquisição era razoável na época, pois não significava outra coisa senão o estado de sítio que teve de ser proclamado em todo o domínio da Igreja, que, como todo estado de sítio, autorizava os meios mais extremos, com base no pressuposto (que já não partilhamos com aqueles homens) de que a Igreja *tinha* a verdade, e de que *era preciso* conservá-la para a salvação da humanidade, a todo custo e com todo sacrifício. Hoje em dia, porém, já não admitimos tão facilmente que alguém possua a verdade: os rigorosos métodos de investigação propagaram desconfiança e cautela bastantes, de modo que todo aquele que defende opiniões com palavras e atos violentos é visto como um inimigo de nossa presente cultura ou, no mínimo, como um atrasado. Realmente: o *pathos* de possuir a verdade vale hoje bem pouco em relação àquele outro, mais suave e nada altissonante, da busca da verdade, que nunca se cansa de reaprender e reexaminar.

634. Além disso, a própria busca metódica da verdade é resultado das épocas em que as convicções se achavam em conflito. Se o indivíduo não tivesse se preocupado com *sua* "verdade", isto é, com a razão que lhe cabia, não haveria nenhum método de investigação; mas, na eterna luta entre as reivindicações de

diferentes indivíduos pela verdade absoluta, avançou-se pouco a pouco até achar princípios irrefutáveis, segundo os quais o direito dessas reivindicações podia ser examinado e a disputa apaziguada. Inicialmente se decidia conforme as autoridades, depois os indivíduos criticavam mutuamente os meios e caminhos pelos quais a suposta verdade fora encontrada; entrementes houve um período em que tiravam as conseqüências da tese adversária e as viam talvez como prejudiciais e causadoras de infelicidade: do que então devia resultar, no juízo de cada um, que a convicção do adversário continha um erro. *A luta pessoal dos pensadores*, enfim, aguçou de tal maneira os métodos, que verdades puderam realmente ser descobertas e os erros de métodos passados ficaram expostos diante de todos.

635. No conjunto, os métodos científicos são um produto da pesquisa ao menos tão importante quanto qualquer outro resultado: pois o espírito científico repousa na compreensão do método, e os resultados todos da ciência não poderiam impedir um novo triunfo da superstição e do contra-senso, caso esses métodos se perdessem. Pessoas de espírito podem *aprender* o quanto quiserem sobre os resultados da ciência: em suas conversas, particularmente nas hipóteses que nelas surgem, nota-se que lhes falta o espírito científico: elas não possuem a instintiva desconfiança em relação aos descaminhos do pensar, que após prolongado exercício deitou raízes na alma de todo homem científico. Basta-lhes encontrar uma hipótese qualquer acerca de algo, e então se tornam fogo e flama no que diz respeito a ela, achando que com isso tudo está resolvido. Para essas pessoas, ter uma opinião significa ser fanático por ela e abrigá-la no peito como convicção. Diante de algo inexplicado, exaltam-se com a primeira idéia de sua mente que pareça uma explicação: do que sempre resultam as piores conseqüências, sobretudo no âmbito da política. — Por isso cada um, atualmente, deveria chegar a conhecer no mínimo *uma* ciência a fundo: então saberia o que é método e como é necessária uma extrema circunspecção. Sobretudo às mulheres deve-se dar esse conselho; sendo elas hoje, irremediavelmente, vítimas de todas as hipóteses, em especial quando estas dão a impressão de algo inteligente, arrebatador, animador, revigorante. De fato, uma observação mais precisa revela que a grande maioria das pessoas educadas ainda pede ao pensador convicções e nada além disso, e que somente uma pequena minoria quer *certeza*. As primeiras querem ser fortemente arrebatadas, para desse modo alcançarem maior força elas mesmas; as outras, poucas, têm o interesse objetivo que não considera as vantagens pessoais, nem mesmo a referida maior força. Em toda parte onde o pensador se comporta e se designa como *gênio*, isto é, quando olha os demais como um ser superior ao qual compete a autoridade, ele conta com aquela classe de pessoas, de longe a predominante. Na medida em que o gênio dessa espécie mantém o fervor das convicções e provoca desconfiança frente ao espírito modesto e cauteloso da ciência, ele é um inimigo da verdade, por mais que acredite ser seu enamorado pretendente.

636. É certo que há uma espécie bastante diversa de genialidade, a da justiça; e de modo algum posso me resolver a considerá-la inferior a uma outra genialidade, seja filosófica, política ou artística. É de sua natureza evitar, com sentida indignação, tudo aquilo que ofusca e confunde o julgamento acerca das coisas; ela é, portanto, uma *adversária das convicções*, pois quer dar a cada coisa, viva ou morta, real ou imaginada, o que é seu — e para isso deve conhecê-la exatamente; por isso põe cada coisa na melhor das luzes e anda à sua volta com olhar cuidadoso. Enfim, dá até mesmo à sua adversária, a cega ou míope "convicção" (como é chamada pelos homens; as mulheres a chamam de "fé"), aquilo que é da convicção — em nome da verdade.

637. É das *paixões* que brotam as opiniões; a *inércia do espírito* as faz enrijecerem na forma de *convicções*. Mas quem sente o seu próprio espírito *livre* e infatigavelmente vivo pode evitar esse enrijecimento mediante uma contínua mudança; e se no conjunto ele for mesmo uma bola de neve pensante, não terá na

cabeça opiniões, mas apenas certezas e probabilidades medidas com precisão. Mas nós, que somos seres mistos, ora inflamados pelo fogo, ora resfriados pelo espírito, queremos nos ajoelhar ante a Justiça, como a única deusa que reconhecemos acima de nós. *O fogo* em nós nos faz habitualmente injustos, e também impuros no sentido dessa deusa; nesse estado nunca nos é permitido tomar de sua mão, e jamais pousa sobre nós o grave sorriso de sua complacência. Nós a adoramos como a velada Ísis de nossa vida; envergonhados lhe oferecemos nossa dor como penitência e sacrifício, quando o fogo nos queima e nos quer consumir. *O espírito* é que nos salva, de modo a não ardermos e virarmos cinzas totalmente; de vez em quando ele nos arranca do altar sacrificial da Justiça, ou nos envolve num tecido de amianto. Salvos do fogo, avançamos instigados pelo espírito, de opinião em opinião, através da mudança de partidos, como nobres *traidores* de todas as coisas que podem ser traídas — e no entanto sem sentimento de culpa.

638. *O andarilho.* — Quem alcançou em alguma medida a liberdade da razão, não pode se sentir mais que um andarilho sobre a Terra — e não um viajante que se dirige a uma meta final: pois esta não existe. Mas ele observará e terá olhos abertos para tudo quanto realmente sucede no mundo; por isso não pode atrelar o coração com muita firmeza a nada em particular; nele deve existir algo de errante, que tenha alegria na mudança e na passagem. Sem dúvida esse homem conhecerá noites ruins, em que estará cansado e encontrará fechado o portão da cidade que lhe deveria oferecer repouso; além disso, talvez o deserto, como no Oriente, chegue até o portão, animais de rapina uivem ao longe e também perto, um vento forte se levante, bandidos lhe roubem os animais de carga. Sentirá então cair a noite terrível, como um segundo deserto sobre o deserto, e o seu coração se cansará de andar. Quando surgir então para ele o sol matinal, ardente como uma divindade da ira, quando para ele se abrir a cidade, verá talvez, nos rostos que nela vivem, ainda mais deserto, sujeira, ilusão, insegurança do que no outro lado do portão — e o dia será quase pior do que a noite. Isso bem pode acontecer ao andarilho; mas depois virão, como recompensa, as venturosas manhãs de outras paragens e outros dias, quando já no alvorecer verá, na neblina dos montes, os bandos de musas passarem dançando ao seu lado, quando mais tarde, no equilíbrio de sua alma matutina, em quieto passeio entre as árvores, das copas e das folhagens lhe cairão somente coisas boas e claras, presentes daqueles espíritos livres que estão em casa na montanha, na floresta, na solidão, e que, como ele, em sua maneira ora feliz ora meditativa, são andarilhos e filósofos. Nascidos dos mistérios da alvorada, eles ponderam como é possível que o dia, entre o décimo e o décimo segundo toque do sino, tenha um semblante assim puro, assim tão luminoso, tão sereno-transfigurado: — eles buscam a *filosofia da manhã*.

ENTRE AMIGOS:
UM EPÍLOGO

UNTER FREUNDEN
Ein Nachspiel

1.
Schön ist's, mit einander schweigen,
Schöner, mit einander lachen, —
Unter seidenem Himmels-Tuche
Hingelehnt zu Moos und Buche
Lieblich laut mit Freunden lachen
Und sich weiße Zähne zeigen.

Macht' ich's gut, so woll'n wir schweigen;
Macht' ich's schlimm —, so woll'n wir lachen
Und es immer schlimmer machen,
Schlimmer machen, schlimmer lachen,
Bis wir in die Grube steigen.

Freunde! Ja! So soll's geschehen? —
Amen! Und auf Wiedersehn!

2.
Kein Entschuld'gen! Kein Verzeihen!
Gönnt ihr Frohen, Herzens-Freien
Diesem unvernünft'gen Buche
Ohr und Herz und Unterkunft!
Glaubt mir, Freunde, nicht zum Fluche
Ward mir meine Unvernunft!

Was ich finde, was ich suche —,
Stand das je in einem Buche?
Ehrt in mir die Narren-Zunft!

ENTRE AMIGOS
Um epílogo[169]

1.
É belo guardar silêncio juntos
Ainda mais belo sorrir juntos —
Sob a tenda do céu de seda
Encostado ao musgo da faia
Dar boas risadas com os amigos
Os dentes brancos mostrando.

Se fiz bem, vamos manter silêncio;
Se fiz mal — vamos rir então
E fazer sempre pior,
Fazendo pior, rindo mais alto
Até descermos à cova.

Amigos! Assim deve ser? —
Amém! E até mais ver!

2.
Sem desculpas! Sem perdão!
Vocês contentes, de coração livre,
Queiram dar, a este livro irrazoável,
Ouvido, coração e abrigo!
Creiam, amigos, a minha desrazão
Não foi para mim uma maldição!

O que *eu* acho, o que *eu* busco —,
Já se encontrou em algum livro?
Queiram honrar em mim os tolos!

Lernt aus diesem Narrenbuche,
Wie Vernunft kommt — "zur Vernunft"!

Also, Freunde, soll's geschehen? —
Amen! Und auf Wiedersehn!

E aprender, com este livro insano,
Como a razão chegou — "à razão"!

Então, amigos, assim deve ser?
Amém! e até mais ver!

NOTAS

Como nos outros volumes desta Coleção das Obras de Nietzsche, estas notas não pretendem ser comentários ao texto, mas apenas elucidações de referências e explicações para as escolhas do tradutor. Para esclarecer as referências foram utilizadas obras gerais de consulta (dicionários, enciclopédias), algumas versões estrangeiras deste livro e o volume de notas da edição crítica de Colli e Montinari (vol. 14). A tradução foi feita com base na edição de Karl Schlechta (*Werke*, vol. I, Frankfurt, Ullstein, 1979), sempre cotejada com a referida edição de Colli e Montinari (*Kritische Studienausgabe*, vol. 2, 2ª ed. rev., Munique, DTV/ de Gruyter, 1988).

Uma tradução deste livro foi feita anteriormente por José Carlos Martins Barbosa, por solicitação do coordenador da coleção. A intenção original era publicar *Humano, demasiado humano* juntamente com *Além do bem e do mal* (lançado em 1992), para com os dois volumes dar início à coleção de Nietzsche. Por vários motivos não foi publicada a primeira versão. Foi feita uma nova, que aqui se oferece ao público. Ao lado das traduções estrangeiras consultadas, a tradução anterior foi (com autorização do tradutor) aproveitada nas notas, onde são reproduzidas as diferentes opções para determinados termos ou frases do original. Cada tradução, o leitor notará, constitui um ponto de vista em relação ao texto de Nietzsche. Portanto, a transcrição de outras soluções contribui para enriquecer a presente edição.

As versões estrangeiras consultadas foram: uma espanhola, feita por Carlos Vergara (Madri, EDAF, 1998 [1984]); uma italiana, por Sossio Giametta e Mazzino Montinari (Milão, Oscar Mondadori, 1970); duas francesas, uma antiga, por A.-M. Desrousseaux (Paris, Denoël/Gonthier, 1982 [1910]), e outra mais recente, por Robert Rovini (Paris, Gallimard, 1968); uma inglesa, por R. J. Hollingdale (Cambridge University Press, 1986); e duas americanas: uma feita por Marion Faber, com a assistência de Stephen Lehmann (University of Nebraska Press, 1984), a outra por Gary Handwerk (vol. 3 da edição dos *Complete works of Friedrich Nietzsche*, em andamento, Stanford University Press, 1997). Elas serão citadas nesta ordem, normalmente. Não será feita indicação de páginas, pois os números das seções bastam para localizá-las. O fato de termos utilizado essas versões, entre as várias que existem em cada língua, não significa que sejam as melhores: foram aquelas a que tivemos acesso. Cabe agradecer a Ubirajara Rebouças, João Henrique de Man e Maria Angélica Almeida, que ajudaram a obtê-las. Maria Angélica também fez uma leitura atenta do texto traduzido e sugeriu mudanças em alguns trechos que não estavam claros.

Pouco antes de enviar esta tradução para a editora, soubemos que há uma edição portuguesa de *Humano, demasiado humano*, publicada pela Relógio d'Água, de Lisboa. Fica então registrada a existência dessa outra versão, que não chegamos a utilizar.

Por fim, observemos que uma tradução mais rigorosa do título seria "Coisas (ou temas, ou questões) humanas, demasiado humanas", pois o adjetivo *menschlich* ("humano") vem substantivado; o substantivo, "coisas" (ou "temas", ou "questões"), está implícito. Mas, naturalmente, *Humano, demasiado humano* é uma versão mais satisfatória, sendo já uma expressão consagrada em português.

PRÓLOGO (pp. 7-14)

(1) O prólogo atual foi acrescentado por Nietzsche em 1886. A primeira edição de *Humano, demasiado humano*, impressa em abril de 1878, trazia também, na página de rosto, a seguinte frase: "Dedicado à memória de Voltaire, em comemoração do aniversário de sua morte, [ocorrida] em 30 de maio de 1778". E no verso da página lia-se ainda: "Este livro monológico, que surgiu durante uma estadia de inverno em Sorrento (1876-7), não seria dado a público agora, se a proximidade do dia 30 de maio de 1878 não houvesse estimulado vivamente o desejo de prestar uma homenagem pessoal a um dos grandes libertadores do espírito".

O texto seguinte foi igualmente omitido pelo autor na segunda edição:
"No lugar de um prólogo

"Durante um certo tempo, examinei as diferentes ocupações a que os homens se entregam nesta vida, e procurei escolher a melhor entre elas. Mas não é preciso relatar aqui os pensamentos que então me vieram: basta dizer que, de minha parte, nada parecia melhor do que me ater firmemente ao meu propósito, isto é, empregar todo o meu prazo de vida em cultivar minha razão e buscar a trilha da verdade, tal como me havia proposto. Pois os frutos que já tinha provado nesse caminho eram tais que nesta vida, segundo meu julgamento, nada se poderia encontrar de mais agradável e inocente; e depois que me socorri dessa maneira de reflexão, cada dia me fez descobrir algo novo, que tinha alguma importância e não era em absoluto de conhecimento geral. Então minha alma se encheu de tamanha alegria, que nada mais poderia incomodá-la.

"Traduzido do latim de *Descartes*" [extraído do *Discurso do método*, 3ª parte; traduzido do alemão de Nietzsche].

1. DAS COISAS PRIMEIRAS E ÚLTIMAS (pp. 15-40)

(2) "representações e sentimentos": *Vorstellungen und Empfindungen*; traduzido da mesma forma na versão de José Carlos Martins Barbosa; idem na edição

espanhola e nas duas edições francesas consultadas; na italiana, *idee e sentimenti*; na inglesa, *conceptions and sensations*; nas duas americanas, *ideas and feelings* e *representations and sensations*. Cf. o título da obra de Paul Rée — então amigo de Nietzsche — publicada pouco antes de *Humano, demasiado humano*: *Ursprung der moralischen Empfindungen* ["Origem dos sentimentos (ou sensações, ou impressões) morais"]. Ver nota sobre "sensação" e "sentimento" em outro volume desta coleção, *Além do bem e do mal* (trad., notas e posfácio Paulo César de Souza, São Paulo, Companhia das Letras, 1992, ed. de bolso, 2005, nota 51). Na mesma frase, "emoções" traduz *Regungen*, substantivo do verbo *regen*, "mover, agitar" (também pode ser reflexivo). Os tradutores de línguas neolatinas usaram também "emoções"; os americanos usaram *impulses* e *stimuli*, o inglês preferiu *agitations*. Na frase anterior, "sublimações" é a versão natural para *Sublimierungen*; ver, a propósito, nota 101 da nossa edição de *Além do bem e do mal* (doravante apenas *ABM*).

(3) "instintos": *Instinkte*; a palavra *Trieb*, "equivalente" germânico do termo latino *Instinkt* (na grafia alemã), será normalmente traduzida por "impulso" na presente edição (cf. nota 21 de *ABM*).

(4) "cultura superior": tradução dada a *höhere Kultur*; literalmente, "cultura mais elevada". De modo correspondente, empregamos "inferior" para *niederer*, "mais baixo" — como no título do capítulo quinto. Com exceção dos de língua inglesa, que usam *higher and lower culture*, os tradutores consultados adotam uma ou outra solução: *cultura superiore e inferiore* e *haute et basse civilisation*, por exemplo.

(5) "o olhar inteligente": *der geistreiche Blick* — nas outras traduções: "a visão espiritual", *la visión espiritual, lo sguardo intelligente, la vision espirituelle, un simple regard où brille l'esprit, the eye of insight, a glance full of intelligence, a spirited glance*.

(6) "a suposição de um simulacro corporal da alma": *die Annahme eines Seelenscheinleibes*. A primeira palavra (do verbo *annehmen*, "aceitar, supor") é geralmente traduzida por "suposição" ou "hipótese"; mas a segunda, cunhada por Nietzsche, oferece alguma dificuldade, como atestam as diferentes soluções dos tradutores: "a hipótese de um exterior corpóreo para a alma", *la creencia en una envoltura aparente del alma, l'ammissione di una forma corporea dell'anima, la croyance à une enveloppe apparente de l'âme, l'hypothèse d'un simulacre corporel de l'âme, the postulation of a life of the soul, the assumption of a spiritual apparition, the assumption that the soul can appear in bodily form*.

(7) "explicação pneumática" — "A expressão alude a uma forma de exegese na qual se supõe que o santo espírito [*pneuma*: "sopro, espírito", em grego], e não a análise filológica, revela o sentido das palavras" (nota do tradutor americano Gary Handwerk). Na primeira frase desta seção, "eruditos" é uma versão um tanto precária para *Gelehrten*; os outros tradutores usam, no caso: "eruditos", *sabios, dottori, savants, docteurs, scholars*, idem, idem; ver, sobre esse termo, a nota 37 de *ABM*.

(8) "fenômeno": *Erscheinung* — nas demais traduções: "aparência", *apariencia, apparenza, apparence, phénomène, appearance*, idem, idem. O substantivo português procede — através do francês — do grego *phainomenon* ("que nos chega aos sentidos", ligado ao verbo *phaino*, "tornar visível"); o substantivo alemão é aparentado a *scheinen*, "brilhar" (*shine*, em inglês), e *Schein*, "brilho, aparência". Sem mencionar o nome de Kant, Nietzsche está claramente se referindo à distinção kantiana entre *Erscheinung* e *Ding an sich* ("coisa em si", que já aparece na seção 1). Cf. nota sobre "aparência" em *ABM* (nota 72) e verbetes sobre essa palavra e sobre "fenômeno" em A. Lalande, *Vocabulário técnico e crítico da filosofia*, São Paulo, Martins Fontes, 1993. *Erscheinung* aparece vertido, nos dicionários bilíngües, por "aparição, manifestação, aparência, aspecto, fenômeno" etc. Em outras passagens deste livro se verá como Nietzsche tira partido da polissemia desse termo.

Na frase seguinte desta seção, "representação" traduz *Vorstellung*. Há quem prefira a versão por "idéia" (a aparição mais célebre do termo se dá no título de Schopenhauer, *O mundo como vontade e Vorstellung*, não explicitado, mas certamente considerado por Nietzsche, aqui e em outros lugares). Na mesma frase, "intuição" traduz *Ahnung*.

(9) "a essência inferida do mundo": *das erschlossene Wesen der Welt*. A palavra *Wesen* pode ser vertida por "ser", "essência" ou "natureza"; a forma verbal *erschlossen* é particípio passado de *erschließen*, que os dicionários bilíngües alemão-português (o da Porto Editora, assinado por Udo Schau, e o *Michaelis*, publicado em Nova York no início do século XX e ainda hoje o mais extenso) traduzem por "abrir, tornar acessível", mas que também significa "alcançar mediante o raciocínio, inferir". Por causa dessas duas variáveis, não surpreende que as traduções variem: "a essência do mundo inferida racionalmente", *la naturaleza del mundo inferido* [sic] *por razonamiento, l'essenza del mondo conosciuta razionalmente, la nature du monde conclue par raisonnement, l'essence du monde que l'on a inférée, the disclosed nature of the world, the disclosed essence of the world*, idem.

(10) "quase todos os órgãos liberam substâncias e estão ativos": *fast alle Organe sezernieren und sind in Tätigkeit*. O verbo *sezernieren* (do latim *secernere*) significa "liberar uma secreção", conforme o *Duden — Deutsches Universalwörterbuch* (2ª ed., Mannheim, Dudenverlag, 1989). Ele não consta nos seis dicionários bilíngües consultados (três alemão-português e mais inglês, francês e italiano). Alguns dos tradutores o entendem de outra forma nesse contexto: "segregam e estão em atividade", *se separan y siguen en actividad, secernono e sono in attività, se séparent et sont en activité, sont séparement en activité, are active* (é omitido na versão britânica), *secrete and are active, are secreting and active*.

(11) A oração precedente é citada por Freud no capítulo VII da *Interpretação dos sonhos* (final da seção B), mas vem seguida de outra que não se encontra nesta passagem. Pouco antes, e também mais acima no texto, a palavra "causa", grifada por Nietzsche, está em latim no original, tendo a mesma grafia que em português.

(12) "evento": *Vorgang* — a polissemia do termo se mostra na variedade das demais traduções: "evento", *escena, processo, scène, déroulement, scene, event, incidents*.

(13) "o intelecto humano fez aparecer o fenômeno": *der menschliche Intellekt hat die Erscheinung erscheinen lassen* — "fez surgir a aparência", *ha hecho aparecer esta "apariencia", ha fatto comparire il fenomeno, a fait apparaître cette "apparence", a fait apparaître le phénomène, has made appearance appear, allowed appearance to appear, has made appearance appear*. O mesmo jogo com o substantivo e o verbo foi feito algumas linhas acima: "de modo que no fenômeno precisamente a coisa em si *não* aparece" (*so daß in der Erscheinung eben durchaus* nicht *das Ding an sich erscheine*).

(14) Citação de Afrikan Spir, *Denken und Wirklichkeit* (Pensamento e realidade) (Leipzig, 1877).

(15) "sensação": *Gefühl*; em ocasiões anteriores, traduziu-se também *Empfindung* por "sensação". Os dois substantivos derivam dos verbos *fühlen* e *empfinden*, que são praticamente sinônimos. Sobre *Gefühl*, ver nota do tradutor em *ABM* (nota 51).

(16) "agitações iniciais da lógica": *die Regungen des Logischen*. A tradução de *Regung* sempre oferece dificuldade (ver nota 2); das outras versões, a mais fiel, no caso, parece-me ser a(s) americana(s): "as emoções lógicas", idem na espanhola e na primeira versão francesa, *moti di logicità, les tendences logiques, the impulse to the logical, the stirrings of logic*, idem.

(17) Nietzsche cita a última frase da seção 36 dos *Prolegômenos*: *der Verstand schöpft seine Gesetze (a priori) nicht aus der Natur, sondern schreibt sie dieser vor*; a expressão entre parênteses foi omitida na citação (o texto dos *Prolegômenos a toda metafísica futura* se acha nos volumes de Kant da coleção Os Pensadores, numa tradução ruim, porém).

(18) É pertinente registrar, talvez, que no original o pronome "ela" diz respeito a "a prova científica" (respectivamente *ihn* e *der wissenschafliche Beweis*, tanto na edição de Schlechta como na de Colli e Montinari), não à metafísica, como seria de esperar no contexto do parágrafo (e que pediria o pronome *sie*, no lugar de *ihn*). Nas versões isto não é lembrado, já que em português, espanhol, italiano e francês, diferentemente do alemão, "prova" é do mesmo gênero de "metafísica", e em inglês usa-se *it*.

(19) *Exegi monumentum aere perennius*, "Executei um monumento mais duradouro que o bronze". Verso de Horácio (*Odes*, Livro III, 30, 1), expressão de justo orgulho ao dar o poeta a lume os três primeiros livros de suas *Odes* (Paulo Rónai, *Não perca o seu latim*, 5ª ed., Rio de Janeiro, Nova Fronteira, 1980).

(20) "convicções": tradução que aqui demos a *Ansichten*, geralmente vertido como nas outras edições consultadas: "opiniões", *opiniones, credenze, vues, perspectives, outlook, views*, idem. O dicionário *Duden* dá "convicção" (*Überzeugung*) como possível sinônimo.

(21) "o ânimo sobrecarregado de sentimentos": *das mit Empfindungen überladene Gemüt*. Como os dois substantivos têm, se não significados diferentes, vá-

rias nuances de significado, as versões variam: "a índole sobrecarregada de sensações", *la conciencia sobrecargada de sensaciones, l'animo sovraccarico di sentimenti, la conscience surchargée de sensations, l'âme surchargée de sentiments, the heart overladen with feeling, a heart overburdened with feelings*, idem.

(22) "a manifestação de uma perversa vontade de vida": *die Erscheinung eines bösen Willens zum Leben*. A palavra "manifestação" é talvez a melhor versão para *Erscheinung*, neste caso; cf. nota 8.

(23) "Aí se deduz a pertinência a partir da capacidade de viver, e a legitimidade a partir da pertinência": *Hier wird aus der Lebensfähigkeit auf die Zweckmäßigkeit, aus der Zweckmäßigkeit auf die Rechtmäßigkeit geschlossen*. O verbo *schließen* (particípio passado: *geschlossen*) tem o significado de "deduzir, concluir, raciocinar"; achamos necessário usar as três alternativas no texto. Quanto ao substantivo *Zweckmäßigkeit*, preferimos vertê-lo por "pertinência"; *Zweck* significa "fim, finalidade"; o adjetivo *mäßig* vem de *Maß*, "medida"; logo, *zweckmäßig* designa o que é adequado aos fins, apropriado, conveniente. Como era de esperar, a frase adquiriu formas diversas nas traduções: "Aqui concluímos da capacidade de viver à apropriabilidade, da apropriabilidade à legitimidade"; *En este caso se infiere de la capacidad de existir, de la adaptación a un fin, su legitimidad* [sic; erro de tradução (ou edição) da frase francesa adiante]; *Qui si conclude dall'attitudine alla vita all' opportunità e dall' opportunità alla legittimità*; *En ce cas l'on infère de la capacité de vivre à l'adaptation à une fin, de l'adaptation à une fin à sa légitimité*; *On conclut ici de la capacité d'existence à la finalité, de la finalité à la legitimité*; *Here the conclusion is from the capacity to live to the fitness to live, from the fitness to live to the right to live*; *Here one is concluding functionality from viability, and legitimacy from functionality*; *The purposiveness of a thing is here deduced from its viability, its legitimacy from its purposiveness*.

(24) Sobre a tradução de *Trieb* por "impulso" no texto de Nietzsche, ver nota 21 de *Além do bem e do mal*; há um capítulo sobre esse termo em Paulo César de Souza, *As palavras de Freud — O vocabulário freudiano e suas versões*, São Paulo, Ática, 1998 (nova edição revista: São Paulo, Companhia das Letras, 2010). Nos textos de Freud preferimos traduzi-lo geralmente por "instinto"; em Nietzsche temos dado preferência a "impulso", porque é freqüente ele usar, além de *Trieb*, o termo *Instinkt*, em sentidos vários, às vezes figurados, pelo que reservamos "instinto" para esses casos.

(25) *Dichter*, em alemão; a palavra designa o autor de obras de arte literárias em geral, não apenas o autor de poemas.

(26) *Emphasis*, no original. É digno de nota que uma tradutora, a professora americana Marion Faber, preferiu usar o termo *appearance*, diferentemente dos outros tradutores, que também se satisfizeram com a versão literal. Assim fazendo, e reproduzindo no pé da página o termo alemão, ela destacou o sentido primordial da palavra grega *emphasis*: "aparência, exterior" (do verbo *emphaino*, "fazer ver, fazer-se visível").

2. CONTRIBUIÇÃO À HISTÓRIA DOS SENTIMENTOS MORAIS
(pp. 41-78)

(27) O autor de *Observações psicológicas* é Paul Rée (1845-1901).

(28) Nietzsche se refere novamente a Paul Rée; *Sobre a origem dos sentimentos morais* foi escrito na mesma época em que ele redigia as anotações que viriam a ser parte de *Humano, demasiado humano*, em meados da década de 1870.

(29) "liberdade inteligível": *intelligibele Freiheit*. Transcrevemos a nota do tradutor Gary Handwerk: "Essa expressão era usada na Antigüidade, por Platão e outros autores, em referência a um mundo de idéias que podia ser apreendido apenas pela mente, e que servia de modelo [*pattern*] para as coisas do mundo da aparência. Em sua reformulação desse conceito, Kant enfatizou que esses *noumena*, embora independentes da experiência e dos sentidos, e portanto não acessíveis [*knowable*] ao entendimento humano, tinham função reguladora para a razão prática, ao fornecer os objetivos últimos e o impulso em direção à conduta moral".

(30) "se forma": *konkresciert*; nas demais traduções: "concresce", *formada, concresce, formée, résultat d'un enchevêtrement, assembled, an outgrowth, a concretion*. Nietzsche utiliza o verbo latino *concrescere*, "crescer juntamente". Em português, à diferença do italiano e assim como em francês, não se conservou o verbo, mas apenas alguns derivados dele, como "concreto" (originalmente o particípio passado) e "concreção". Por isso recorremos ao prosaico "formar-se".

(31) "conhecimento": *Erkenntnis*, nas versões consultadas: "reconhecimento", *descubrimos, riconoscere, reconnaître, découvrir, knowledge, to understand, knowledge*.

(32) A palavra *Wesen*, aqui traduzida por "ser", pode significar igualmente "natureza" e "essência". Já o verbo "ser", utilizado na frase seguinte, corresponde ao alemão *sein*. Algumas linhas antes, "mal-estar" foi a tradução que aqui demos a *Unmut*; as outras versões recorreram a: "pesar", *pesar, disagio, regret,* idem, *displeasure,* idem, *uneasiness*.

(33) Foi, na realidade, uma observação do poeta Alexander Pope.

(34) "compadecer/ padecer": *Mitleiden/ Leiden*; outras versões possíveis são: "compaixão/ sofrimento", "compaixão/ paixão".

(35) Citação de *Lettres à une inconnue* (Cartas a uma desconhecida), de Prosper Mérimée.

(36) Segundo R. J. Hollingdale, o tradutor inglês de Nietzsche, são termos tomados à escolástica: *individuum* é o que não pode ser dividido sem perder sua essência; *dividuum*, o que é composto e não possui uma essência individual.

(37) *"sancta simplicitas"*: "santa simplicidade" — expressão atribuída a Johann Hus, o sacerdote checo condenado por seu reformismo, ao ver uma velha senhora jogar um pouco de lenha na fogueira onde estava sendo queimado, em 1415.

(38) "vaso": *Faß*, no original. Habitualmente se fala em "caixa de Pandora", mas a consulta a uma edição bilíngüe de *Os trabalhos e os dias*, de Hesíodo

(trad. Mary de Camargo Neves Lafer, São Paulo, Iluminuras, Biblioteca Pólen, 1990, p. 28), revela que o termo grego original é *pithos*, que corresponde a "vaso, recipiente, jarro" (esta a opção da tradutora), em português, e a *Faß*, em alemão. O comentário de Nietzsche sobre o mito de Pandora, nesta seção, tem afinidade com um belo poema de Manuel Bandeira, intitulado "A vida assim nos afeiçoa".

(39) Nietzsche inverte a expressão "fazer da necessidade uma virtude", mas em alemão isso adquire um significado maior do que em português, pois a palavra *Not*, além de "necessidade", pode significar "miséria", "urgência", "dificuldade", "perigo".

(40) Cf. Heródoto, *História*, VII, 38-39. Xerxes foi rei da Pérsia entre 486 e 465 antes de nossa era. Durante os preparativos para a expedição contra a Grécia, Pítios, um súdito abastado e pai de cinco filhos, rogou a Xerxes permissão para que apenas um filho seu não fosse à guerra. O soberano, então, ordenou que esse filho fosse cortado ao meio e que as duas metades do corpo fossem postas à direita e à esquerda da estrada por onde passaria o exército persa.

(41) "moralidade lacrimosa": *Nietzsche is playing with the phrase* comédie larmoyante, *a popular theatrical genre of the eighteenth century, introduced by the plays of Destouches (1680-1754) and later developed by Diderot* (Le Fils naturel, *1757;* Le Père de famille, *1758)*" — nota de Marion Faber.

(42) Tucídides, *História da Guerra do Peloponeso*, V, 85-113.

(43) Spinoza, *Tractatus theologico-politicus*, II, 4 e 8; citado por Schopenhauer em *Parerga e paralipomena*, II, 124.

(44) "*costumes e moral.* — Ser moral, morigerado, ético": no original: *Sitte und sittlich. — Moralisch, sittlich, ethisch sein*. No léxico alemão é evidente a relação entre ética ou moral e "costume" (*ethos*, em grego; *mos*, em latim); e, ao lado do termo germânico *Sitte* ("costume, moral") e seu adjetivo, *sittlich*, usa-se também *Ethik* e *Moral* e os adjetivos *ethisch* e *moralisch*, tomados do grego e do latim, como em português.

(45) "ádito": *Adyton*, no original — a parte mais sagrada dos templos gregos e romanos (do grego *dyo*, "entrar", precedido de *a*, partícula de negação).

(46) "Não julgueis": cf. Mateus 7,1.

(47) "satisfação com o mal alheio": *Schadenfreude* (*Schaden*, "dano, prejuízo", mais *Freude*, "alegria").

(48) "consciente da culpa": *schuldbewußt*; "consciente da inocência": *unschuld-bewußt*; pois "inocência", em alemão, é *Unschuld*, a "não-culpa".

3. A VIDA RELIGIOSA (pp. 79-106)

(49) Byron, *Manfred*, ato I, cena 1.

(50) Horácio, *Odes* 2. II, 11-14.

(51) Goethe, "Kophtisches Lied".

(52) John Lubbock é autor de *A origem da civilização e o estado primitivo da*

raça humana, cuja edição alemã foi adquirida por Nietzsche em 1875, ano em que foi publicada.

(53) No original, *je polyphoner sein Subjekt ist* — nas traduções consultadas: "quanto mais polifônico é o seu sujeito", *más polifónica se vuelve la música y el ruido de su alma, quanto più polifonico è il suo soggetto, plus polyphone se fait la musique et le bruit de son âme, plus son moi est polyphonique, the more polyphonic his subjectivity is, the more polyphonic he is as a subject, the more polyphonic his subjectivity*. Nota-se que a primeira versão francesa "poetiza" desnecessariamente o trecho original, e que nisso é acompanhada pela espanhola, a qual demonstra, nesta passagem como em tantas outras, ter sido traduzida daquela, e não do texto alemão.

(54) "uma regularidade": *eine Gesetzlichkeit* — nas traduções consultadas: "uma legalidade", *un carácter de legalidad, delle leggi* (leis), *un caractère de légalité, un déterminisme, a regularity and rule of law, a lawfulness*, idem. Na oração seguinte, a mesma palavra alemã (desta vez com artigo definido) foi traduzida por "as regras da natureza".

(55) "Simaquia, *s. f.* aliança de guerra entre dois Estados na Grécia Antiga" (Caldas Aulete, *Dicionário contemporâneo da língua portuguesa*, 5ª ed., Rio de Janeiro, Delta, 1964).

(56) "invenções": *Erfindungen*. Em algumas edições (a de Schlechta entre elas) se acha *Empfindungen*, "sensações, sentimentos"; por isso as versões consultadas divergem, conforme a edição que utilizaram: "sensações", *invenciones, sentimenti, inventions*, idem, *sensations, inventions, discoveries*.

(57) Schopenhauer, *O mundo como vontade e representação*, vol. I, Livro 4, seção 71.

(58) "intuições": *Ahnungen*, no original. Algumas edições estrangeiras usam "pressentimentos".

(59) "deduzidas": versão aqui dada ao particípio do verbo *erschließen*; nas demais traduções: "exploradas", *descubiertas, ricavate* (extraídas), *découvertes, établies, that are the outcome of cautious reasoning, deduced, inferred*.

(60) Nietzsche usa o termo latino.

(61) Lichtenberg, *Vermischte Schriften* (Miscelânea), Göttingen, 1867, 1, 83; La Rochefoucauld, *Réflexions, sentences et maximes morales*, Paris, s. d., máxima 374 (obra já citada por Nietzsche nas seções 36 e 50). Esses dois livros faziam parte do espólio de Nietzsche.

(62) Hildelberto de Lavardius (1056-1133), *Carmina miscellanea*, 124 (a elucidação desta referência se acha apenas na nova edição americana dos *Complete works of Friedrich Nietzsche*, iniciada pela Stanford University Press; nem mesmo no volume de notas de Colli e Montinari ela foi encontrada).

(63) "refração": *Brechung* — "quebra", *aniquilamiento, rottura, anéantissement, écrasement, to break himseelf of, to make [...] a break, to break*. Devido ao significado mais comum de *brechen* ("quebrar") as traduções geralmente deixam escapar o sentido especial pretendido por Nietzsche, a metáfora retirada da física. Cf. o verbete "refratar", no *Dicionário Melhoramentos da língua portuguesa* (4ª ed.,

São Paulo, 1980): "Causar refração a, desviar ou quebrar a direção de (raios luminosos, caloríficos ou sonoros)".

(64) Traduzido da citação de Nietzsche em alemão: *die größte Schuld des Menschen/ ist, daß er geboren ward*. No original espanhol se lê: *Pues el delito mayor/ del hombre es haber nacido* (Calderón de la Barca, *La vida es sueño*, ato I, cena 3).

(65) Novalis, *Schriften* (Escritos), citado pela edição de Tieck e Schlegel, 1815, vol. 2, p. 250.

4. DA ALMA DOS ARTISTAS E ESCRITORES (pp. 107-41)

(66) No original, *Das Vollkommene soll nicht geworden sein* — onde se usa *geworden*, particípio passado de *werden*, "vir a ser, tornar-se, devir". Nas demais traduções consultadas: "A coisa perfeita não conheceria o devir", *Lo considerado como perfecto no puede hacerse, Il perfetto non sarebbe divenuto, Le parfait est censé ne s'être pas fait, Que la perfection échapperait au devenir, What is perfect is supposed not to have become, Perfection said not to have evolved, What is perfect cannot have come to be*.

Quanto ao título original deste capítulo, *Aus der Seele der Künstler und Schriftsteller*, devemos registrar que a preposição *aus* significa "de dentro de, extraído de, a partir de", enquanto a preposição "de", em português e nas outras línguas românicas, tem maior riqueza ou ambigüidade de sentidos, podendo ser entendida, no caso, como "a respeito de". As versões em língua inglesa são mais precisas, pois recorrem a *from*.

(67) "ilustração": *Aufklärung*. O termo alemão pode designar tanto o fenômeno histórico do Iluminismo como o processo de esclarecimento em geral; por isso foi vertido, em outras passagens, por "Iluminismo" ou "Luzes".

(68) "percepção": *Einsicht* — "conhecimento profundo", *manera de ver, modo di vedere, façon de voir, profond savoir, insight*, idem, idem; ver nota 67 em *ABM*.

(69) "as intuições repentinas": *die plötzlichen Eingebungen*; sobre o substantivo *Eingebung*, ver nota 16 em *ABM*.

(70) "esboços": *Ansätze*, palavra que admite mais de um sentido, como se nota pelas opções dos demais tradutores: "formulações", *bocetos, spunti, ébauches, esquisses, beginnings*, idem, idem.

(71) Segundo observa Marion Faber, Nietzsche usa alternadamente a forma *der Genius*, mais antiga, e *das Genie*, mais moderna e tomada do francês. No entanto, "*der Genius*, no sentido estrito, refere-se antes ao espírito criativo incorpóreo, enquanto *das Genie* se refere a uma pessoa, um grande homem de gênio".

(72) "aparecimento": tradução mais literal de *Erscheinung*, normalmente vertido por "fenômeno" — nas outras versões: "aparição", *aparición, apparizione, apparition*, [...] *apparaît la grandeur, phenomenon*, idem, *manifestation of greatness*.

(73) "um ser retardado": *ein zurückbleibendes Wesen* — "um ser que ficou

para trás", *un ser retrasado, un essere rimasto indietro, un être arriéré,* idem, *a retarded being, a laggard creature, a backward being.* Em português (no português do Brasil, pelo menos), "retardado" também designa a pessoa cujo desenvolvimento mental está aquém da sua idade. Achamos que esta versão seria aprovada por Nietzsche, que, sendo ele mesmo artista, era amigo do humor e da ambigüidade.

(74) "regredido" a outros tempos: *in andere Zeiten zurückgebildet* — "ele [...] regredir a uma forma de outros tempos", *sufre una deformación que le hace retroceder a otros tiempos, assume* [...] *una forma di altri tempi, il subit une déformation que le fait rétrograder en d'autres temps, cette* [...] *évolution rétrograde qui le restitue à d'autres temps, his* [...] *retrogression to earlier times, he is* [...] *being formed by retrogression into former times, he* [...] *retrogresses into past eras.*

(75) "o protótipo que a natureza imaginou": *das Urbild, welches der Natur vorgeschwebt habe* — "o protótipo idealizado pela natureza", *el modelo que ha flotado ante los ojos de la naturaleza, il modello che la natura ha tenuto presente, le modèle qui a flotté devant les yeux de la nature, l'archetype même que la nature avait en vue, the ideal which hovered dimly before the eye of nature, the original model which nature had in mind, the ideal image which nature conceived.*

(76) Nietzsche se refere a Hegésias de Magnésia, que viveu no século III antes de nossa era.

(77) Citação de um poema de Goethe, "Trost in Tränen" ("Consolo em lágrimas"), que diz: *Die Sterne, die begehrt man nicht/ Man freut sich ihrer Pracht* ("As estrelas, não as desejamos/ Alegramo-nos do seu esplendor").

(78) No original, *alles Fertige, Vollkommene wird angestaunt, alles Werdende unterschätzt.* Nietzsche substantivou os adjetivos *fertig* ("pronto") e *vollkommen* ("acabado", "perfeito") e o particípio presente de *werden* ("tornar-se, devir, vir a ser"). Lembremos que em nossa língua o adjetivo "perfeito" é originalmente particípio passado de "perfazer", e designa tanto algo completo, cabal, como algo sem defeito. Os outros tradutores usaram: "tudo o que está pronto [...] tudo o que está por vir a ser"; *todo lo que es acabado, perfecto* [...] *todo lo que está en vías de hacerse; ogni cosa finita, perfetta* [...] *ogni cosa in divenire; tout ce qui est fini, parfait* [...] *tout ce qui est en train de se faire; tout ce qui est achevé, parfait* [...] *toute chose en train de se faire; everything finished and complete* [...] *everything still becoming; everything that is complete and perfect* [...] *everything evolving; everything finished, perfected* [...] *everything in process.*

(79) "expressão": versão meio heterodoxa que aqui demos a *Darstellung*, acompanhando as traduções francesas; as outras versões usam: "exibição", *expresión, rappresentazione, expression*, idem, *representation*, idem, idem. O verbo *darstellen* se acha no subtítulo de *Mímese*, famoso livro de Erich Auerbach: *Dargestellte Wirklichkeit in der abendländischen Literatur* (*A representação da realidade na literatura ocidental*, na tradução da editora Perspectiva, 2ª ed., São Paulo, 1987).

(80) O termo usado por Nietzsche é *Stoff*, que pouco antes foi vertido por "matéria"; ele reaparece na seção seguinte. Os demais tradutores também opta-

ram por duas palavras diversas nesse ponto, excetuando R. J. Hollingdale, que usa *material* nos dois casos.

(81) "lutar pela glória": *Ehre erstreben* — nas demais traduções: "aspirar à honra", *buscar el honor, ambire onori, rechercher l'honneur, aspirer à la gloire, to aspire to honor, to strive for honor*, idem. No período anterior, a mudança de tempo verbal, do passado para o presente ("procuram"), consta no texto original.

(82) "facultativo": *läßlich* — "dispensável", *facultativo, facoltativo, facultatif*, idem, *easy-going, inessential, careless*.

(83) "a grande sonata em Si maior": denominada *Hammerklavier, opus* 106.

(84) "o grupo de Laocoonte": escultura helenística do século I a.C., representando um episódio da Guerra de Tróia: o sacerdote Laocoonte sendo devorado, juntamente com seus dois filhos, por duas enormes serpentes que saíram do mar.

(85) "repentes": *Einfälle* — "engenhos", *salidas ingeniosas, trovate, des saillies, quelque saillie* (omitido na versão inglesa), *whimsy, witticisms*.

(86) O verbo aqui traduzido por "perder de vista", *übersehen*, pode significar "ver, dar com os olhos, deixar de ver, negligenciar, dominar com a vista" — por isso as traduções consultadas variam: "[parece que] o perde de vista", *verle desde arriba, sovrastare, voir de haut, perdre de vue d'en haut, survey, take him at a glance, survey him from above*.

(87) "ele quer compreender": *er will die Einsicht*; ver nota 68.

(88) *Gymnasium*: escola secundária onde se aprendia letras clássicas; as traduções francesas usam *lycée* ("liceu").

(89) "permeado com séries de concepções mais elevadas": *mit höheren Vorstellungsreihen durchzogen* — "se envolveu com séries de concepções mais elevadas", *se complicó [...] com una serie de concepciones más elevadas, è andata congiungendosi con associazioni di idee più elevate, compliquée de séries de conceptions plus élevées, imprégnée d'associations d'idées plus élevées, has [...] saturated [that affect] with a series of exalted notions, has [...] been permeated with higher kinds of ideas, drawn into more elevated conceptual spheres*.

(90) "insensíveis": *unsinnlich*. Em alemão, o adjetivo *sinnlich* pode ser entendido como "sensual", "sensível" ou "sensorial" (no título original desta seção consta *Entsinnlichung*, aqui vertido por "dessensualização"). Por isso os tradutores oscilam nas versões: "insensíveis", *inmateriales, insensibili, immatériels* (!), *cesse leur sensualité, unsensual, asensual, unsensuous*.

(91) "daquilo que é": *des Seienden*, gerúndio substantivado do verbo *sein*, "ser, estar" — nas demais traduções: "do real", *de lo real, di ciò che è, du réel, de la chose, the simple being, that which exists, of what exists*.

(92) Pietistas: movimento luterano iniciado por Phillip Jakob Spener no século XVII, enfatizando a experiência religiosa direta por parte do indivíduo.

(93) Polímnia: a musa do canto, entre os gregos.

(94) A palavra *Bedeutung* pode ter os sentidos de "importância", "significação", "significado". No caso, o primeiro nos parece o mais pertinente; mas os

tradutores preferem geralmente os outros dois, como se nota pelas versões consultadas: "significado", *importancia, significato, importance, signification, significance, meaning, significance*.

(95) Citação do último verso de "Der Bräutigam" ("O noivo"), poema de Goethe: *Wie es auch sei, das Leben, es ist gut.*

(96) "a coisa helênica": versão insatisfatória para *das Hellenische*, adjetivo substantivado; a substantivação de um adjetivo é recurso freqüente no alemão, mas de pouco uso nas outras línguas de que nos ocupamos. Por isso soa artificial, quando não induz a equívoco, dizer *se ha gozado de lo griego, l'ellenico, the Hellenic*. Na tradução anterior deste livro, José Carlos Martins Barbosa também utilizou "a coisa helênica", enquanto as versões francesas preferiram, a primeira, *ce qui est grec*, e a segunda, *l'heritage hellénique*.

5. SINAIS DE CULTURA SUPERIOR E INFERIOR (pp. 142-80)

(97) "naturezas degenerativas": *abartende Naturen*. De modo significativo, o verbo *abarten* significa tanto "degenerar" como "desviar"; por isso uma versão em inglês, diferentemente de todas as outras, usou *deviating natures* (M. Faber).

(98) "sendo a mais delicada e mais livre": *als die zartere und freiere*. Aqui se acha uma divergência entre as edições de Schlechta e de Colli e Montinari: a primeira dá *feinere* ("mais fina") em vez de *freiere*. Isso porque Colli e Montinari, fazendo uma edição crítica, não apenas recorreram à primeira edição publicada, mas a cotejaram com as provas e os manuscritos.

(99) Maquiavel, *O príncipe*.

(100) "espíritos cativos": tradução dada a *gebundene Geister*. O adjetivo alemão é o particípio do verbo *binden*, "atar, ligar"; ele foi vertido das seguintes formas pelos outros tradutores: "submissos", *siervos, vincolati, serfs, asservis, fettered, bound, constrained*. Cf. *ABM*, seção 21, onde "cativo arbítrio" foi a versão dada a *unfreier Wille* ("vontade não livre"), e a nota correspondente.

(101) "que seus princípios livres têm origem na ânsia de ser notado ou até mesmo levam à inferência de atos livres": *daß seine freien Grundsätze ihren Ursprung entweder in der Sucht, aufzufallen, haben oder gar auf freie Handlungen [...] schließen lassen*. O fato de pelo menos duas palavras desse trecho serem um tanto "problemáticas" levou a diferenças dignas de nota entre as versões consultadas (das quais a antiga francesa — e, portanto, a espanhola que nela se baseou — está claramente equivocada): "que seus princípios livres ou têm origem na busca de chamar atenção ou bem fazem pensar em atos livres"; *que sus libres principios deben ocultar un mal de origen, o bien conducir a acciones libres*; *che i suoi liberi principi trovino origine nella sua smania di farsi notare, oppure addirittura che facciano pensare ad azione libere*; *que ses libres principes doivent comuniquer un mal à leur origine, ou bien aboutir à des actions libres*; *que ses libres principes ou bien ont leur source dans le désir de surprendre ou bien permettent même de conclure à des actes li-*

bres; that his free principles either originate in a desire to shock and offend or eventuate in free actions; that his free principles have their origin either in a need to be noticed, or else may even lead one to suspect him of free actions; that his free principles either have their origin in the desire to attract attention or logically lead to free actions.

(102) "concepções intelectuais": *intelektuelle Einfälle* — o correspondente que os dicionários costumam oferecer para o substantivo *Einfall* é "idéia, pensamento"; ver nota 85, acima, e uma mais detalhada em *ABM*, (nota 16). Nas demais traduções lemos, nesse contexto: "inspirações", *fantasías, ispirazioni, fantaisies, fantaisies, notions, ideas, notions.*

(103) "o ser alemão": *das deutsche Wesen* — "o espírito germânico", *el alemán* (sic), *la germanicità, l'être allemand, German nature, German character*; cf. nota 33.

(104) "a idéia de um *deus em evolução*": *die Vorstellung eines* werdenden Gottes; cf. notas 66 e 78.

(105) "pastores de alma": *Seelsorger* — "curadores da alma", *curanderos de almas, curatori di anime, guérisseur d'âmes, les directeurs dits de conscience, curers of soul, spiritual advisers, ministering to the soul* (nesta versão foi transformado em verbo).

(106) "progresso": *Fortschritt* — literalmente, "passo (*Schritt*) adiante (*fort*)".

(107) A frase de Frederico II é citada por Kant em *Anthropologie in pragmatischer Hinsicht* (1798), 2ª parte, seção E, última nota.

(108) Cf. Mateus, 26, 41.

(109) Nietzsche se refere a "Schopenhauer como educador" (1874), a terceira das *Considerações extemporâneas*; "parenético" é o adjetivo de "parênese", que os dicionários definem como "discurso moral, exortação" (da palavra grega que significa "advertência").

(110) "alcançar um fim de modo pertinente": *einen Zweck zweckmäßig zu erreichen*; ver nota 23.

(111) "oração fúnebre": referência ao discurso de Péricles em louvor dos atenienses que morreram na Guerra do Peloponeso (431 a.C.); cf. Tucídides, *História da Guerra do Peloponeso*, II, 45.

(112) Citação de Hölderlin, *A morte de Empédocles*, primeira versão, ato II, cena 4.

(113) "inveja e cólera": *Eifer- und Geifersucht* — jogo de palavras de difícil recriação: *Eifersucht* vem de *Eifer* ("zelo, fervor") e *Sucht* ("mania, vício") e em geral significa "ciúme, inveja"; *Geifer* é literalmente "baba", e figuradamente "cólera, raiva". Os outros tradutores usaram: "ciúme e rancor", *de celos y de baba, nella gelosia e nell'astio, de jalousie et de bave*, idem, *jealousy and spleen, jealousy and venom*, idem.

(114) "Oclocracia, *s. f.* governo em que o poder reside nas multidões ou na população [...] F. gr. *Okhlokratia, okhlos* (plebe) + *kratein* (governar)" (Caudas Aulete, *Dicionário contemporâneo da língua portuguesa*, 5ª ed., Rio de Janeiro, Delta, 1964).

(115) Schopenhauer, *Ética*, 114.

(116) "vigor": *Spannkraft* — "energia potencial", *energía, elasticità, énergie,* idem, *power of expansion, resilience, vigor.*

(117) Há aqui uma pequena discrepância entre a edição de Schlechta e a de Colli e Montinari: aquela traz um ponto de exclamação, em vez de ponto-e-vírgula.

(118) "de muitas cordas mais": *vielsaitiger* — trocadilho com *vielseitiger,* que significa "mais multifacetado" e tem a mesma pronúncia (o ditongo *ei* soa como "ai").

(119) Referência ao provérbio alemão que diz: *Müssiggang ist aller Last Anfang* (literalmente, "O ócio é o começo de todo vício").

(120) "explorar": tradução aqui dada a *nachgehen*, que significa primariamente "ir atrás de, seguir", mas também "entregar-se a, ocupar-se de; pesquisar"; as demais traduções preferiram: "percorrer", *seguir, ripercorrere, suivre, refaire, follow, pursue, retrace.*

6. O HOMEM EM SOCIEDADE (pp. 181-98)

(121) "confiança e confidência": *Vertrauen und Vertraulichkeit.*

(122) "Isso torna imoral": *Dies macht unmoralisch* — "Isso desmoraliza", *Esto desmoraliza, Ciò rende immorali, Cela rend immoral, C'est chose qui rend immoral, To have this happen makes one immoral, This gives rise to immorality, This makes people immoral.*

(123) "Amigos, não há amigos!": frase atribuída a Aristóteles.

7. A MULHER E A CRIANÇA (pp. 199-213)

(124) "na relação entre o caráter e a atitude dos pais": *im Verhältnis von Charakter und Gesinnung der Eltern* — "na relação de caráter e disposição dos pais", *en las relaciones de carácter y de conformación espiritual de los padres, nel rapporto tra carattere e sentimenti dei genitori, dans les rapports de caractère et de tour d'esprit des parents, entre le caractère et les idées des parents, between the characters and dispositions of the parents, in the relation of the character and disposition of the parents, of character and disposition in the parents' relationship.*

(125) "sensata insensatez": *Vernünftige Unvernunft* — "irracionalidade racional", *sin razón razonable, ragionevole irragionevolezza, déraison raisonnable,* idem, *rational irrationality, reasonable unreason,* idem.

(126) "penúria (necessidade)": *Not (Bedürfnis).* Cf. Platão, *Simpósio,* 203b-d, em que Afrodite é caracterizada como fruto do expediente (*póros*) e da penúria (*penía*).

(127) Em Homero (*Odisséia,* IV, 365 ss.), Proteu é uma divindade marinha que tem o dom da metamorfose.

(128) "hetairas" (ou "heteras"): cortesãs da Grécia antiga.

(129) "Wagner": assistente de Fausto no drama de Goethe; Margarida e Mefistófeles são os outros personagens principais. O erudito a que Nietzsche se refere é o alemão Paul de Lagarde (1827-91).

(130) "que sabem perceber algo": *welche Etwas sich zurecht zu legen wissen* — nas demais traduções: "que sabem interpretar as coisas", *que son capaces de darse cuenta de ello, che sanno trarre profitto da qualcosa, qui sont capables de se rendre compte, des esprits avisés, who know how to interpret, who know how to explain a thing, who know how to construe such things*.

(131) Os termos *Verstand* e *Gemüt*, aqui vertidos por "inteligência" e "sentimento", aparecem, nas outras traduções, como: "razão", "espírito"; *entendimiento, sensibilidad; intelletto, sentimento; entendement, sensibilité,* idem; *reason, temperament; the intelligence, the heart; intelligence, spirit*.

(132) Cf. Hesíodo, *Teogonia*, versos 590-602 (p. 139 da tradução de Jaa Torrano: São Paulo, Iluminuras, Biblioteca Pólen, 1995).

(133) Símbolos do templo de Apolo em Delfos, onde a sacerdotisa proferia oráculos.

(134) "devemos desconfiar": *wie man besorgen muß*; o verbo *besorgen* significa, mais comumente, "providenciar, tratar de", mas também "recear", e este sentido nos parece o mais provável, no contexto. Os demais tradutores, compreensivelmente, se dividiram nesse ponto: "como podemos recear", *hay que reconocerlo, come si deve temere, il faut l'apréhender, c'est à craindre, it is to be anticipated, and must be provided,* [*will probably require us*] *to provide*.

(135) "Aspásias": Aspásia foi a célebre amante de Péricles, no século V a.C.

(136) "Tempestade e Ímpeto": *Sturm und Drang* — alusão ao movimento literário conhecido por esse nome (título de uma peça teatral da época), que teve seu auge na década de 1770; um movimento rebelde, pré-romântico, que enfatizou a inspiração em detrimento da razão.

(137) "costumes": *Sitten*; também pode ser vertida por "moral", como fizeram outros: "moral", *moral, costume, morale, convenances, morality and custom* (o tradutor inglês decidiu ficar com as duas), *custom, morality*. Na seção 23, "moralidade" foi a versão dada a *Sittlichkeit* (mas pouco antes, quando Nietzsche fala em "todos os graus e gêneros de moralidade, de costumes", o original diz *alle Stufen und Arten der Moralität, der Sitten*). Cf. nota 44.

(138) Nietzsche faz aqui um jogo de palavras com *wahrsagend* ("profético"), *Wahrdenkenden* ("os que pensam verdadeiramente", *true-thinking*, em inglês) e *Wahrheit-Redenden* ("os que falam verdade", *truth-speaking*, em inglês). Esse jogo é possível em alemão — e irreproduzível em outras línguas — porque o verbo *wahrsagen* (composto de *wahr*, "verdadeiro", e *sagen*, "dizer") significa "adivinhar, profetizar".

(139) Alusão a um episódio do mito grego de Cadmo, no qual ele semeia os dentes de um dragão que havia matado e deles se originam terríveis guerreiros.

(140) "ao tornar sua casa e seu lar inabitáveis e inóspitos": *indem sie ihm Haus und Heim unhäuslich und unheimlich machte*. Nietzsche faz um belo jogo de palavras, ao empregar dois adjetivos que derivam justamente dos substantivos que eles vêm a negar (sendo que *unheimlich* também significa "inquietante, estranho"). Cf. nota em outro volume de Nietzsche desta coleção: *O caso Wagner/ Nietzsche contra Wagner*, trad. Paulo César de Souza, São Paulo, Companhia das Letras, 1999; Companhia de Bolso, 2017, nota 69.

(141) Cf. Platão, *Apologia*, 30e.

(142) Diz-se que Catão, o Velho, terminava todos os seus discursos no senado romano com a frase: "Além disso, acho que Cartago deve ser destruída" (Cf. Plutarco, *Vidas*).

(143) Cf. Platão, *Fédon*, 116b, 117c-e.

8. UM OLHAR SOBRE O ESTADO (pp. 214-38)

(144) Carta de Voltaire a Danilaville, 1º de abril de 1766.

(145) "tática serrada": *geschlossene Taktik*; eis as outras versões para o adjetivo empregado por Nietzsche: "particular", *compatta, particulière, serrée, closed, secret, resolute*.

(146) "os perspicazes": *die Einsichtigen* — "os instruídos", *los clarividentes, gli intelligenti, les clairvoyants, les esprits clairvoyants, the knowledgeable, insightful people, those who know something about the situation*. Cf. nota 69 sobre *Einsicht*.

(147) "pensamento": *Sinn* — "mentalidades", *ideas, idee, idées, esprit, mind, attitude, sensibility*.

(148) Cf. Mérimée, *Lettres à une inconnue* 2, 272.

(149) *Ecrasez l'infâme*: expressão que Voltaire usou numa carta a D'Alembert, em 28 de novembro de 1762, referindo-se à superstição no catolicismo.

(150) "antepassados": *Urväter* — e não "tempos passados" (*Vorzeiten*), como se acha em várias edições (entre elas a de Schlechta). Pelo que se depreende de uma nota de Colli e Montinari (no volume 14 da sua edição crítica, p. 148), essa variante teria se originado de um erro de leitura da caligrafia de Nietzsche, por parte de Heinrich Köselitz ("Peter Gast"), ao preparar a cópia que seria enviada ao editor. Trata-se, portanto, de um erro — pouco grave, no caso — já presente na primeira edição do livro, e que seria reproduzido em várias edições posteriores. As outras versões consultadas divergem, naturalmente: "tempos passados", *antepasados, tempi remoti, ancêtres, temps passés, ages past, past ages, our forefathers*. Seria de esperar que, entre essas versões, as mais antigas apresentassem a leitura tradicional, e as mais recentes, a correção moderna. Mas não é exatamente o que acontece, pois a nova edição francesa, embora declaradamente baseada em Colli e Montinari, traz *temps passés*, enquanto a velha tradução (de A.-M. Desrousseaux, 1910) traz *ancêtres*; e, das duas versões americanas recentes, uma (a de

Marion Faber) emprega *past ages*, acrescentando, em nota: "*Vorzeiten*. In some editions *Urväter* (ancestors)".

(151) "talvez": *wohl*. Essa partícula denota freqüentemente incerteza ou possibilidade, mas às vezes pode realçar uma afirmação — como neste exemplo, extraído de um dicionário da língua alemã: *ich habe wohl bemerkt, daß...* ("eu bem notei que..."). Há tradutores que a tomam neste sentido de reforço da afirmação, quando não a omitem (o que pode ser válido, eventualmente); é o caso das versões consultadas: (omissão), *indudablemente*, *sans doute*, idem, *no doubt*, (omissão), *doubtless*. Mas não é raro encontrar divergências, como na seguinte frase: *Die beiden Cellosonaten von J. Brahms sind wohl die bedeutendsten Werke dieser Gattung seit Beethovens fünf klassischen Sonaten* ("As duas sonatas para violoncelo de J. Brahms são talvez as obras mais notáveis desse gênero, após as cinco sonatas clássicas de Beethoven"). Os textos costumam vir em várias línguas, nos lançamentos internacionais de música "erudita". Assim, as versões em inglês, francês e espanhol dessa frase, na contracapa do LP (da Deutsche Grammophon, 1958), oferecem, respectivamente, *probably*, *certainement* e *seguramente*, como equivalência para *wohl*.

(152) "véu de Ísis": *Isisschleier*, no original. Em nenhuma edição foi encontrada uma explicação para esta referência. Ísis, como se sabe, foi uma deusa egípcia que teve seu culto difundido também no mundo greco-romano, onde foi associada a Deméter, deusa da fertilidade. Considerando que as imagens de Ísis a mostram com longos cabelos e uma coroa que simbolizava o seu domínio sobre o Alto e o Baixo Egito, Nietzsche talvez tenha isso em mente, ao falar de um *Isisschleier* que indicaria a procedência divina do Estado. Também na seção 637, adiante, ele menciona a "velada Ísis" (*die verhüllte Isis*).

(153) "a sagacidade e o interesse pessoal": *die Klugheit und der Eigennutz* — segundo os demais tradutores, "a inteligência e o interesse pessoal", *la habilidad y el interés*, *l'avvedutezza e l'egoismo*, *l'habileté et l'intérêt*, *le bon sens et l'égoïsme*, *the prudence and self-interest*, *cleverness and selfishness*, *cleverness and self-interest*.

(154) Em mais de uma ocasião Platão foi hóspede de Dionísio II, tirano da cidade-estado de Siracusa, na Sicília, onde ele imaginava pôr em prática seus ideais políticos.

(155) "Tucídides faz com que [...] ela brilhe": o pronome parece se referir a "cultura" (*Kultur*); mas o texto original permite alguma ambigüidade, pois na frase anterior se usa o mesmo pronome (*sie*) para designar o panegírico (*Verherrlichunsgrede*, que é também feminino em alemão). Quanto a esse discurso de Péricles, já citado por Nietzsche na seção 259, ver Tucídides, *História da Guerra do Peloponeso*, II, 35-46.

(156) "grosseria literária": *litterarische Unart*. Nietzsche está se referindo às manifestações de anti-semitismo na imprensa e na literatura da época. Eis como a expressão foi traduzida nas outras versões consultadas: "vício literário", *impertinencia de la prensa*, *malcostume letterario*, *impertinence de la presse*, *odieuse littérature*, *literary indecency*, *literary misconduct*, *literary incivility*.

(157) Nietzsche está aludindo a uma passagem da terceira de suas *Considerações extemporâneas* ("Schopenhauer como educador", seção I). As duas expressões seriam paródia do subtítulo de uma obra de Bernard de Mandeville, *A fábula das abelhas, ou Vícios privados, benefícios públicos* (1714).

9. O HOMEM A SÓS CONSIGO (pp. 239-72)

(158) Circe: personagem de Homero; é a feiticeira que transforma os companheiros de Ulisses em porcos, no canto X da *Odisséia*.

(159) Alusão ao mágico velo (pele de carneiro) de ouro da mitologia grega, procurado por Jasão e os Argonautas.

(160) Referência a uma frase da romancista George Sand: *Chacun a les défauts de ses vertus* ("Cada qual tem os defeitos de suas virtudes").

(161) "medo-respeito": *Ehr-furcht*. Nietzsche separa com hífen o termo alemão *Ehrfurcht* (que os dicionários bilíngües traduzem por "respeito, veneração, deferência, reverência"), para realçar os elementos que o constituem: *Ehre* ("honra, respeito") e *Furcht* ("medo, temor"). No título desta seção, "reverência" foi a tradução para *Ehre*.

(162) "[assim] participamos atentamente": [*so*] *nimmt man erkennenden Anteil* — "se participa inteligentemente", *se toma una parte agradecida, si partecipa in modo conoscitivo, on prend une part reconnaissante, on participe alors par la connaissance, one takes an intelligent interest, we acknowledge and share, we take an attentive interest*. Esta seção tem outros termos que admitem mais de um sentido, ou que não têm a equivalência desejada em outra língua. As expressões "*uma* atitude mental, *uma* maneira de ver as coisas" (eine *Haltung des Gemütes*, eine *Gattung von Ansichten*, no original) foram vertidas da seguinte forma pelos outros tradutores: "uma *única* disposição de espírito, uma espécie *única* de modo de ver as coisas"; una sola *dirección de conciencia*, una sola *especie de puntos de vista*; un solo *atteggiamento dell'animo e* un solo *genere di vedute*; une seule *direction de conscience*, une seule *espèce de points de vues*; *une disposition* unique *de l'âme, des manières de voir d'*un seul *genre; a* single *deportment of feeling, a* single *attitude of mind*; one *emotional stance,* one *viewpoint; a* single *mental posture, a* single *class of opinions*. Quanto ao título da seção (*Philosophisch gesinnt sein*), os tradutores neolatinos coincidiram em usar "Ter espírito filosófico", enquanto os de língua inglesa puderam manter-se mais próximos do original: *Being philosophically minded* (dois deles) e *A philosophical frame of mind*.

(163) Cf. Goethe, *Diário*, 13 de maio de 1780.

(164) No original, *Minorität* (*Minimalität*); em inglês e francês o trocadilho de Nietzsche se conserva: *a minority* (*a minimality*), *une minorité* (*minimalité*).

(165) Platão, *República*, X, 604b-c.

(166) "instigadora do intelecto": aqui se perdeu, na tradução, uma saborosa imagem de Nietzsche, pois o original fala em *Souffleur des Intellekts*. Em

teatro, o *souffleur* (literalmente, "soprador"; o termo francês foi adotado em alemão) é aquele que "sopra" as falas para os atores. A palavra com que designamos o *souffleur* em português, "ponto", não foi usada porque não seria inequívoca.

(167) Tasso e Antonio: personagens da peça *Torquato Tasso*, de Goethe (1790).

(168) "atrasadas": *zurückgeblieben* — "atrasadas", idem, *arretrate*, *arriérées*, idem, *retarded*, *backward*, idem. É a mesma palavra que foi usada na seção 43, "Homens cruéis, homens atrasados". Ver também nota 73, sobre "retardado".

ENTRE AMIGOS: UM EPÍLOGO (pp. 273-7)

(169) Este poema-epílogo foi acrescentado na segunda edição do livro, em 1886.

POSFÁCIO
UM LIVRO SOBERANO

"Este livro é obra minha. Nele trouxe à luz minha mais íntima percepção dos homens e das coisas e pela primeira vez delimitei os contornos de meu próprio pensamento." Assim se manifestou Nietzsche a respeito de *Humano, demasiado humano*, no esboço de uma carta endereçada a Richard Wagner e sua mulher, Cosima, no início de 1878.

Não sabemos se a carta foi concluída e enviada. Nietzsche imaginava o quanto o novo livro poderia afetar sua relação com os Wagner, uma relação que chegou a ser de intensa comunhão de idéias e intimidade pessoal. Em suas publicações anteriores, *O nascimento da tragédia* (1872) e *Considerações extemporâneas* (1872-76), Wagner era louvado como o grande renovador da cultura alemã, o gênio alemão era o possível herdeiro do grego e à arte cabia o papel supremo na condução e justificação da vida. Essa atitude romântica, ardente-esperançosa, dava lugar, na nova publicação redigida em segredo, a um questionamento de matiz iluminista, num tom sóbrio e cético. O nome de Wagner não aparece absolutamente, os franceses são tidos como mais próximos dos gregos e a estima da ciência é "marca de uma cultura superior". Nas palavras de um amigo de Nietzsche, o filólogo Erwin Rohde, foi como se, num banho romano, alguém passasse do *caldarium* (a sala quente) para o *frigidarium*.

Não apenas os Wagner, a maioria dos amigos teve uma reação negativa. A recepção do público leitor não foi diferente: um ano depois, apenas 120 exemplares — de uma tiragem de mil — tinham achado compradores. Mas entre os amigos houve pelo menos duas exceções notáveis: o historiador Jacob Burckhardt e o filósofo Paul Rée. O primeiro, que já não via com bons olhos o wagnerianismo de Nietzsche, qualificou o livro de "soberano".

O segundo foi o principal interlocutor de Nietzsche no período de gestação de *Humano, demasiado humano*.

De outubro de 1876 a setembro de 77, Nietzsche obteve licença médica da Universidade da Basiléia. Ele sofria de sintomas que às vezes o incapacitavam totalmente para o trabalho: enxaquecas, dores nos olhos, náuseas, vômitos. Convidado por uma amiga, a aristocrata e feminista Malwida von Meysenbug, ele passou uma temporada em Sorrento, na Itália, juntamente com Rée e um jovem discípulo. Os quatro formaram uma pequena família de pensadores. As leituras do grupo, em geral escolhidas e feitas em voz alta por Rée, viriam a ter ressonância nas páginas de *Humano, demasiado humano*: entre os autores lidos e discutidos estavam Montaigne, La Rochefoucauld, Vauvernagues e Stendhal. O próprio Rée era autor de ensaios filosófico-psicológicos de viés materialista (Nietzsche se refere a eles nas seções 36 e 37). Não surpreende, portanto, que o casal Wagner atribuísse a "lamentável" obra do amigo à influência de Paul Rée — cuja ascendência judaica foi registrada e censurada por Cosima em seu diário.

Além de tudo, quando foi publicado, em abril de 1878, *Humano, demasiado humano* trazia na capa uma homenagem a Voltaire: era dedicado à memória do "grande liberador do espírito", na ocasião do centenário de sua morte. Nietzsche tinha 33 anos então. O novo livro era uma declaração de independência, representava a sua maioridade intelectual. Também a atitude em relação a Schopenhauer, o pensador venerado conjuntamente por ele e Wagner, experimentou mudança: em várias seções ele é explicitamente criticado.

Para o leitor que conhece as obras da última fase do autor — de *Além do bem e do mal* em diante —, a impressão inicial é de surpresa: não só o estilo é classicamente contido, como não aparecem os termos geralmente associados ao nome de Nietzsche: super-homem, eterno retorno, vontade de poder, etc. Mas o leitor também percebe que, como os livros posteriores, este é dividido em seções numeradas. Foi nele que Nietzsche utilizou pela primeira vez a forma do aforismo. Fez dela uma utilização pessoal, pois tradicionalmente o aforismo era uma sentença breve e incisiva, sintetizando um conceito ou julgamento. Assim o encontramos nos moralistas franceses mencionados e no alemão Georg Christoph Lichtenberg (também nos românticos Schlegel e Novalis, mas com outro espírito). Os "aforismos" de Nietzsche cobrem de uma ou duas linhas a várias páginas. Nisso é clara a influência do Schopenhauer de *Parerga e paralipomena*, que traz, segundo o próprio autor, "pensamentos ordenados sistematicamente, sobre temas diversos". Nietzsche reuniu as tradições francesa e alemã neste ponto.

Em *Humano, demasiado humano*, a divisão em capítulos já é temática, e no interior deles há grupos de aforismos com maior ligação entre si. Às vezes há seqüências rigorosamente encadeadas, verdadeiros ensaios incrustados no conjunto. A forma adotada permitiu — e ao mesmo tempo refletiu — uma bem maior flexibilidade do pensamento, implicou uma enorme expansão do olhar.

Mas se este livro representou uma guinada, foi uma guinada dentro de um percurso próprio. É possível destacar temas e inquietações que o ligam às primeiras obras, e é evidente a continuidade entre ele e as obras posteriores. Abrindo *Além do bem e do mal*, publicado oito anos depois, verifica-se a mesma divisão em nove capítulos, e já nos títulos se revelam as afinidades dos seus conteúdos: metafísica, moral, religião e arte são os principais objetos da crítica nietzscheana, secundados por observações sobre política, sociedade, personalidades, afetos, comportamentos, relações entre os indivíduos e entre os sexos.

No prólogo do livro seguinte, *Genealogia da moral* (1887), o autor explicita a relação com o livro de 1878, remetendo o leitor para várias seções deste: as de número 45, que trata da "dupla pré-história do bem e do mal", já contrapondo de maneira incipiente a moral escrava à moral nobre; as de números 96 e 99, sobre a "moralidade do costume"; e a 136, sobre o ascetismo cristão. Ele poderia ter citado várias outras relacionadas a estas, como as que vêm após a 136, que antecipam claramente a terceira dissertação da *Genealogia da moral*; ou as que precedem a

45, nas quais também já se evidencia a abordagem histórico-genealógica dos fenômenos. Sem dúvida, o conhecimento dessas formulações iniciais permite entender melhor a trajetória nietzscheana.

A comparação entre essas passagens dos livros mostra que Nietzsche ia refinando a análise, à medida que radicalizava a atitude. Tal radicalização abrangeria inevitavelmente o estilo: o prólogo de *Humano, demasiado humano*, acrescentado à segunda edição, em 1886, exibe a mesma prosa arrebatadora dos livros dessa época.

Não é preciso pesquisar muito para encontrar mais passagens antecipadoras de idéias e atitudes da época madura. A noção de perspectivismo, a ênfase na impossibilidade de um puro conhecer, é prenunciada nos §§ 32, 33 e 34. Indícios de uma visão da psicologia como "o caminho para os problemas fundamentais", tal como seria apresentada no § 23 de *Além do bem e do mal*, já estão nas primeiras seções do segundo capítulo (que originalmente seria o primeiro). O escrutínio psicológico da natureza artística, que culminaria no célebre § 269 de *ABM*, aparece em seções como a de número 164.

A idealização dos heróis e seres superiores transparece no § 81, no qual a distância entre um príncipe e um plebeu é considerada tão grande quanto aquela entre um ser humano e um inseto. Ele, Nietzsche, "põe-se no lugar" (os termos originais são mais expressivos: *sich in die Seele versetzen*, "pôr-se na alma") do poderoso. Deparamos com o modo de pensar antiigualitário por excelência. A glorificação da força, já presente no adolescente Nietzsche (no fascínio pelas sagas nórdicas, que o levou a esboçar um longo "poema sinfônico" sobre o rei Ermanarique), permaneceria em toda a sua obra — de modo que não foi inteiramente descabido o uso que os nazistas fizeram de suas teorias. Thomas Mann, um grande admirador e herdeiro espiritual de Nietzsche, seria um dos poucos a reconhecer isto, no ensaio "A filosofia de Nietzsche à luz da nossa experiência", de 1947.

Algumas seções ou parágrafos que podem igualmente ser mencionados, agora como exemplos da originalidade e seriedade da reflexão de Nietzsche, são: o § 13, sobre o mecanismo e o sentido dos sonhos; o 376, sobre as vicissitudes da amizade; o 379, sobre a formação do caráter na infância; o 406, sobre o requisito para um casamento; o profético § 473, sobre o socialismo e o terrorismo de Estado; e o 475, em que ele se revela um arauto da unificação européia e que inclui uma bela página sobre o povo judeu. Esses aforismos, entre muitos outros, contribuirão para um enriquecimento da imagem que o leitor tem de Nietzsche. Iluminismo e trevas, dureza e compaixão, ardor e frieza coexistem na alma do nosso filósofo.

Este livro "para espíritos livres", escrito há mais de cem anos, permanece bastante atual, portanto. Mas, afinal, diferentemente do que significaram em termos de progresso tecnológico, no último século, cem anos representam muito pouco, no âmbito das coisas que realmente interessam — que são as coisas "primeiras e últimas".

Paulo César de Souza

GLOSSÁRIO DE NOMES PRÓPRIOS

ANAXIMANDRO (c. 610-547 a.C.): filósofo pré-socrático grego.
ARISTÓFANES (444-380 a.C.): comediógrafo grego.
ARISTÓTELES (384-322 a.C.): filósofo e cientista grego.
ASPÁSIA (século V a.C.): cortesã grega.
BACH, Johann Sebastian (1685-1750): compositor barroco alemão.
BAER, Karl Ernst von (1792-1876): naturalista alemão.
BEETHOVEN, Ludwig van (1770-1827): compositor romântico alemão.
BERNINI, Lorenzo (1598-1680): arquiteto barroco italiano.
BISMARCK, Otto von (1815-98): chanceler da Prússia entre 1871 e 1890.
BUDA (século V a.C.): nome dado a Sidarta Gautama, príncipe hindu.
BYRON, lorde, George Gordon (1788-1824): poeta romântico inglês.
CALDERÓN DE LA BARCA (1600-81): dramaturgo espanhol.
CALVINO (1509-64): teólogo francês da Reforma.
CELLINI, Benvenuto (1500-71): escultor e ourives italiano.
CÉSAR, Júlio (100-44 a.C.): general e estadista romano.
DEMÓCRITO (c. 460-361 a.C.): filósofo grego.
DEMÓSTENES (c. 384-322 a.C.): orador grego.
DIÓGENES (c. 412-323 a.C.): filósofo cínico grego.
EMPÉDOCLES (c. 490-430 a.C.): filósofo e poeta grego.
EPICURO (342-270 a.C.): filósofo grego.
EPITETO (século I d.C.): filósofo estóico.
ÉSQUILO (c. 525-456 a.C.): dramaturgo grego.
EURÍPIDES (485-407 a.C.): dramaturgo grego.
FREDERICO, O GRANDE (1740-86): rei da Prússia.
GOETHE, Johann Wolfgang von (1749-1832): poeta, romancista e dramaturgo alemão.
HESÍODO (século VIII a.C.): poeta grego.
HÖLDERLIN, Friedrich (1770-1843): poeta alemão.
HOMERO (século IX ou VIII a.C.): poeta épico grego.
HORÁCIO (65-8 a.C.): poeta romano.
HUS, Jan (1369-1415): reformador e mártir tcheco.
KANT (1724-1804): filósofo alemão.
KEPLER, Johannes (1571-1630): astrônomo alemão.
LA ROCHEFOUCAULD, duque de (1613-80): filósofo moralista francês.
LESSING, Gotthold Ephraim (1729-81): dramaturgo e crítico alemão.

LICHTENBERG, Georg Christoph (1742-99): escritor satírico alemão.
LUBBOCK, John (1834-1913), naturalista inglês.
LUTERO, Martin (1483-1546): monge alemão, iniciador da Reforma.
MAQUIAVEL (1469-1527): diplomata e filósofo italiano.
MÉRIMÉE, Prosper (1803-70): escritor romântico francês.
MICHELANGELO (1475-1564): pintor, escultor e arquiteto italiano.
MIRABEAU, conde de (1749-91): estadista e escritor francês.
MONTAIGNE, Michel de (1533-92): moralista e ensaísta francês.
MURILLO (1617-82): pintor barroco espanhol.
NAPOLEÃO BONAPARTE (1769-1821): general e imperador francês.
NOVALIS: pseudônimo de Friedrich von Hardenberg (1772-1801): poeta romântico alemão.
PALESTRINA (1525-94): compositor italiano.
PARMÊNIDES (século V a.C.): filósofo pré-socrático grego.
PASCAL, Blaise (1623-62): matemático e filósofo francês.
PÉRICLES (495-429 a.C.): estadista orador grego.
PÍNDARO (c. 518-446 a.C.): poeta lírico grego.
PITÁGORAS (c. 580-500 a.C.): filósofo e matemático grego.
PLATÃO (c. 428-348 a.C.): filósofo e prosador grego.
PLUTARCO (c. 46-119): biógrafo e historiador grego.
RAFAEL (1483-1520): pintor e arquiteto italiano.
ROUSSEAU, Jean-Jacques (1712-78): escritor e filósofo francês.
SCHILLER, Friedrich von (1759-1805): poeta, dramaturgo e crítico alemão.
SCHLEIERMACHER, Friedrich (1768-1834): filósofo e teólogo alemão.
SCHOPENHAUER, Arthur (1788-1860): filósofo e prosador alemão.
SÊNECA (4 a.C.-65 d.C.): filósofo e dramaturgo romano.
SERVETO, Miguel (1511-53): médico e teólogo anticalvinista espanhol.
SHAKESPEARE, William (c. 1564-1616): poeta e dramaturgo inglês.
SIMÔNIDES (c. 556-467 a.C.): poeta lírico grego.
SÓCRATES (470-399 a.C.): filósofo grego.
SÓFOCLES (496-406 a.C.): dramaturgo grego.
SÓLON (c. 639-559 a.C.): estadista e legislador grego.
SPINOZA, Baruch de (1632-77): filósofo holandês de origem judaica.
SWIFT, Jonathan (1667-1745): escritor satírico irlandês.
TALES (c. 636-546 a.C.): filósofo pré-socrático grego.
TUCÍDIDES (c. 471-401 a.C.): historiador grego.
VOLTAIRE (1694-1778): filósofo e escritor iluminista francês.
WAGNER, Richard (1813-83): compositor de ópera alemão.
XANTIPA (século V a.C.): mulher de Sócrates.
XERXES (século V a.C.): rei da Pérsia.

ÍNDICE REMISSIVO

Os números se referem a seções, não a páginas.

abnegação, 138, 139
aborrecimento, 505
abstração, 266
absurdo, 213
adulação, 318
Afrodite, 141
Ajax, 61
alegria, 499
alemães, os, Pr1, Pr8, 203, 217, 221, 237, 408, 475
altruísmo, desinteresse, 46, 57, 92, 96, 132, 133
ambição, 78, 170, 339, 593
amigos e amizade, 296, 304, 305, 354, 368, 376, 499, 507, 559; entre homens e mulheres, 378, 390
amor, 48, 58, 69, 90, 129, 133, 392, 396, 397, 400, 413, 418, 523, 566, 601, 603, 621; entre homens e mulheres, 389, 401, 410, 415, 421; materno, 363, 392, 421, 429
Anaximandro, 261
andarilho, o, 638
antepassados, 456, 592
Antígona, 259
antítese, 187
Aquiles, 211
Aristófanes, 125
Aristóteles, 212, 261, 264
arquitetura, 215, 218, 219
arrogância. *Ver*: presunção
arte, 108, 150, 153, 158, 174, 175, 179, 205, 216, 220; formas na, 171, 221; função da, 27, 147, 151, 212, 222; futuro da, 223, 234, 236, 239; ilusão da, 145, 156, 160, 162; e conhecimento da "essência", 10, 29; e feiúra, 152, 217
artista, o, 51, 125, 145, 146-48, 159, 163, 165, 173, 209, 211, 220, 221, 223, 353, 629; imaginação do, 13, 155; e o público, 166-68, 172, 175, 185, 190, 197, 221
ascetismo e o asceta, 76, 136, 137, 139, 140-42
Aspásias, 424
autoconhecimento, 344, 491, 513
autoconservação, 92, 93, 99, 102, 104
autodesprezo, 132, 134, 140, 384
auto-ilusão, engano de si, Pr1, 4, 9, 52, 341, 415, 490, 491, 545, 563, 598, 600, 607. *Ver também*: ilusão
autores de cartas, 319
auto-suficiência, 569
Bach, Johann Sebastian, 219
Baer, Karl Ernst von, 265
barroco, 219
Beethoven, Ludwig van, 153, 155, 173
beleza, 149, 218
bem e mal, Pr3, 28, 39, 45, 56, 72, 96, 99, 102, 104, 107, 246, 528. *Ver também*: moralidade
benevolência, 49, 51, 96, 111, 312, 337, 509
Bernini, Lorenzo, 161
Bismarck, Otto von, 450
Buda, o, 607
budistas, 144
Byron, lorde, George Gordon, 109, 221, 422

Calderón de la Barca, Pedro, 141
Calvino, 101
caráter, 41, 73, 228, 485, 486, 493, 497, 608, 614, 623
casamento, 378, 388, 389, 393, 394, 396, 399, 402, 406, 418, 421, 424, 426, 427, 430, 434-36
casta e classe, 45, 439, 440, 451, 480
causalidade, 18, 39, 111
Cellini, Benvenuto, 258
certeza, 635, 637
César, Júlio, 164
ceticismo, 21, 22, 244, 261, 631
ciência, científico, 6, 7, 16, 17, 19, 22, 38, 68, 110, 128, 131, 182, 222, 237, 244, 251, 256, 257, 264, 265, 281, 631, 635
cínico, o, 275, 457
ciúme, 385, 503, 615
classicismo, 221
"coisa em si", 1, 10, 16, 215
comédia, 345
comércio, 267, 475, 481
cômico, o, 169
compaixão, 46, 47, 50, 59, 103, 157, 346, 358, 363
compensação, 312
comunidade, 96, 98, 224, 473
conceitos, química dos, 1
conciliação, 357
Concílio de Trento, 219
confiança, 304, 311, 604
conformidade, 371, 495
conhecimento, cognição, compreensão, 2, 3, 6, 9, 11, 15, 29, 34, 56, 94, 107, 109, 110, 122, 195, 222, 225, 251, 252, 254, 261, 264, 288, 291, 292, 361, 500, 513, 532, 554, 578, 618, 621, 631
consciência, 39, 522, 556
conselhos, 299
contemplação, vida contemplativa, 282, 284-86, 289, 290

contradição, 484, 525
Contra-Reforma, 219, 237
conversa, 333, 334, 345, 350, 355, 369, 374, 406
convicção(ões), 483, 489, 511, 518, 527, 571, 629, 630, 632, 634-37. *Ver também*: crença, fé; opinião
cópias, 294
coragem, 248, 308, 325, 572
corpo e alma, crença na separação de, 5
cortesia, 48, 129, 235, 309, 558
costume, 96, 97, 224; mulheres e, 425
crença, fé, 15, 18, 36, 52, 53, 55, 116, 120, 133, 143, 226, 227, 449, 466, 630
crianças. *Ver*: infância
criminosos, 66, 70
cristão(s), cristianismo, 26, 47, 68, 109, 110, 113-17, 119, 132, 134, 135, 141, 227, 237, 244, 396, 475, 555
Cristo, 235, 475
crueldade, 43, 81, 88, 101, 104, 142
culpa e inocência, 39, 70, 81, 124, 132, 133, 568, 569
culto, 130; aos gênios, 162, 164, 461
cultura, 3, 12, 24, 25, 236, 238, 240, 245, 249, 272, 276, 277, 278, 281, 292, 439, 465, 477, 520, 632; futuro da, 234, 239, 246-48, 251, 520
curiosidade, 363
degeneração, 224
democracia, 438, 450, 472
Demócrito, 15, 261
demônios, 141
Demóstenes, 195, 261
dependência, 356
desespero, 34
desprezo, 524, 549, 619
Deus, deuses, 5, 25, 28, 109, 111, 114, 132, 133, 238, 242, 245, 461
dever, 34, 363, 446
diálogo, 374

diligência. *Ver*: laboriosidade
Diógenes, 457
discípulos e herdeiros, 122, 525, 577, 582
discussão e argumentos, 315, 326, 328, 340, 349; entre homens e mulheres, 417, 420
dissimulação, 293
Divina comédia, 220
Dom Quixote, 133
dramaturgos, 160, 176, 221
duelos, 365
educação, 20, 242, 254, 259, 265, 266, 409, 467; artística, 167, 203; ironia na, 372
egoísmo, 57, 96, 101, 104, 133, 555
Electra, 259
elogio, 86, 105, 301, 360
embaraço, 301
embuste. *Ver*: ilusão
emoção, 138, 142, 244, 254. *Ver também*: paixão
empatia, 98
Empédocles, 141, 261
engano de si. *Ver*: auto-ilusão
epicúrios, os, 275
Epicuro, 68
Epiteto, 282
era da comparação, 23
Erasmo, 26
Éris, 170
erro, 4, 9, 16, 18, 19, 29, 33, 34, 36, 40, 53, 109, 133, 187, 257, 518, 519, 629
eruditos, 215, 250, 252, 284, 469
escravidão, 40, 101, 457
escritor(es), autor(es), 180, 181, 185, 186, 188-96, 200-204, 206, 208, 211, 319, 343
escultor, 160
esperança, 71, 443
espírito(s) livre(s) *Pr*2-*Pr*7, 30, 34, 225, 227, 229-32, 282, 291, 595, 638; e a arte, 153; e as mulheres, 426, 427, 429, 431, 432, 437
espírito, espirituosidade, 186, 264, 324, 543, 547; tiranos e oligarcas do, 261
esquecimento, 92, 526
Ésquilo, 125, 159, 170, 261
essência, essencial, 2, 4, 10, 16, 18, 29
Estado, estadista(s), 353, 445, 449, 453, 458, 472, 615
Estado, o, 227, 234, 235, 450, 472, 473, 476
estilo, 203
estupidez, 224, 235, 362
eu superior, 624, 629
Eurípides, 170
Europa e europeus, 265, 285, 475, 477
evolução, 2, 16, 107; deificação da, 238
exagero(s), 415, 448, 565
execução, 70
exércitos nacionais, 442
explicação(ões), 17, 37, 196, 270, 635
fala. *Ver*: língua
fama, 328, 375
família, 49, 472
Fausto, 408
fé e crença. *Ver*: crença e fé
feiúra, 3, 152, 216, 320
felicidade, 7, 49, 128, 277, 290, 438, 471, 534, 591, 611
filologia, 270
filosofia e cultura grega, 7, 68, 170, 221, 223, 259, 261, 262, 474, 475
filósofos e filosofia, *Pr*8, 1, 2, 6, 7, 15, 16, 27, 34, 37, 68, 80, 108-110, 131, 137, 161, 188, 244, 253, 261, 436, 618, 638
força, 50, 63, 93, 99, 252, 260, 317, 329, 348, 446, 465, 473, 509, 595, 603
franceses, os, *Pr*8, 221, 267
Frederico, o Grande, 248
gargalhada, 553; homérica, 16

309

gênio, o, 126, 157, 158, 162-65, 231, 233-35, 241, 258, 635; da justiça, 636
gesto, 216
Goethe, Johann Wolfgang von, 110, 111, 125, 162, 221, 265, 272, 279, 626, 631
governo. *Ver*: Estado, o
grande homem, o, 158, 163, 460, 521, 588
gratidão, 44, 92, 323, 330, 366, 550
grego(s), *Pr*1, 111, 114, 154, 195, 214, 259, 261, 265, 267, 354
guerra, 442, 444, 447, 481, 596
hábito(s), *Pr*1, 16, 34, 74, 97, 226, 228, 265, 427, 602
heroísmo, 291, 498, 572
Hesíodo, 170, 412
hierarquia, de ações, 132; dos bens, 42, 107; problema da, *Pr*6, *Pr*7
hipocrisia, 51, 55, 504, 540
história, 1, 2, 17, 26, 101, 233, 274, 616
Hölderlin, Friedrich, 259
homens apolíticos, 438
homens ativos, 283-86, 488, 529
homens, 356, 377, 384, 435, 492
Homero, 45, 125, 159, 211, 262
honestidade, 65, 191, 355
honra, 77, 94, 341, 365, 442
Horácio, 109
humano, demasiado humano, *Pr*1, *Pr*2, *Pr*8, 35, 37
humildade, 87, 137
Hus, Jan, 237
Idade Média, 265, 270, 476, 626
idealistas, 490
idealização, 279, 411
Igreja Católica e catolicismo, 130, 219, 237, 476
igualdade, 300, 451, 457
Iluminismo, 26, 110, 237; espírito do, 150, 463

ilusão, embuste, engano, *Pr*1, 52, 164, 306, 341, 376. *Ver também*: autoilusão
imortalidade, 208
imprensa, a, 447
incompletude, 178, 199, 207
indivíduo, desenvolvimento do, 242, 268, 272-74, 278, 280, 292, 513, 602, 609, 610, 612, 613; e o Estado, 472, 473
infância, crianças, 395, 422. *Ver também*: pais
infelicidade, 534
ingleses, os, 477, 478
inimigos, 357, 376, 531, 536, 567, 576, 577
Inquisição, a, 101, 633
inspiração, 3, 145, 155, 156
instituições sociais, 227, 463, 468, 472, 476
insucesso, 370
interpretação, 8, 16, 126, 143, 207, 215, 270, 621
intimidade, 296, 304, 428
"intuição", 10, 131, 162
ira, 64, 358, 425
ironia, 252, 331, 372
irracional, o, 283, 515, 574
Ísis, 637
jesuítas, 55, 441
jogo, 154, 611, 628
judeus, 114, 475
julgar, juízo(s), julgamento(s), 18, 32, 33, 39, 42, 77, 86, 155, 161, 170, 183, 282, 287, 352, 371, 416, 417, 419, 533, 594, 608, 624, 625, 636
justiça e injustiça, *Pr*3, *Pr*6, 32, 53, 66, 69, 92, 93, 99, 101, 105, 446, 451, 452, 459, 473, 597, 629, 636, 637
juventude, 17, 316, 339, 539, 585, 600, 609, 612, 613
Kant, Immanuel, 19, 21, 25
Kepler, Johannes, 157

La Rochefoucauld, duque de, 35, 36, 50, 133
laboriosidade, diligência, 478, 556
Laocoonte, 174
lei, 459
ler, 197, 198, 270, 621, 344
Lessing, Gotthold Ephraim, 221
liberação do espírito, 542
liberdade, *Pr*4, 34, 39, 107, 111, 283, 286, 288, 291, 441, 619, 637, 638
"liberdade inteligível", 39
Lichtenberg, Georg Christoph, 133
liderança, 460, 521, 541, 561
língua(s), linguagem, fala, 11, 216, 295, 342, 344, 367, 374, 565; aprendizado das, 267, 554
lógico e ilógico, 6, 11, 16, 18, 30-32, 271, 515. *Ver também*: razão
loucura, 127, 164, 244
Lubbock, John, 111
Lutero, Martin, 26, 237
mães, 363, 380, 385, 387
mágica e mágico, 111, 574
maldade, 50, 85, 103, 104, 347
maledicência, 562
maneiras, 250, 309, 339, 346, 364, 507
Maquiavel, Nicolau, 224
máquinas, a humanidade e as, 585
mártir, o, 73, 582
massas, as, 438, 460, 473
matemática, 11, 19
mau humor, 562, 607
médicos, 243, 306, 573
medo, 64, 74, 169, 314, 346, 535
Mefistófeles, 408
memória, 12, 14, 59, 526, 580
mentiras e mentir, 54, 154, 234, 483
Merimée, Prosper, 50, 453
metafísica, 1, 5, 6, 8-10, 15-18, 20-22, 27, 109, 131, 141, 222, 236; "necessidade metafísica" 26, 37, 110, 153; "mundo metafísico" 9, 16, 21

métrica, 151
Michelangelo, 220
milagres, crença nos, 136, 162, 164, 242
Mirabeau, conde de, 453
moderação, 114, 221, 260, 464, 631
modéstia, 2, 398, 502, 588
Montaigne, Michel de, 176
moralidade, *Pr*1, *Pr*6, 10, 23, 25, 34, 39, 40, 42, 53, 56, 57, 59, 60, 68, 78, 91, 92, 94, 95, 99, 101-103, 107, 138, 455, 512; e costumes, 96, 97. *Ver também*: bem e mal; justiça
morte, 292, 510. *Ver também*: suicídio
mulheres, 64, 259, 342, 356, 377, 380, 383, 384, 388, 390-92, 398, 400, 401, 403, 405, 407, 409-11, 414, 415, 417, 419, 420, 430, 432, 434, 435, 437, 492, 635; futuro das, 416, 425; perspicácia das, 404, 412
Murillo, 219
música, 177, 215-17, 219
nacionalismo, 475, 480, 481
Napoleão Bonaparte, 164, 472
narrador, o, 343
nascimento da tragédia, O, *Pr*1
naturalismo, 221
natureza, 8, 19, 34, 38, 111, 141, 508
necessidade(s), necessário, 25-27, 39, 95, 102, 106, 107, 160, 171, 514, 611
Novalis, 142
obscuridade, 532
Observações psicológicas (Paul Rée), 36
obstinação, 494
ócio, 284, 289; classe do, 439
ódio, 337, 566, 601
ópera, 219
opinião(ões), 286, 303, 371, 376, 482, 511, 527, 571, 605, 619, 622, 625, 629, 630, 633, 634, 637. *Ver também*: crença e fé; convicção(ões)

311

opinião pública, 269, 447, 448, 453, 460, 482
oração, 589. *Ver também*: culto
Otelo, 61
otimismo, 6, 28
paciência, 61, 310, 623
padres, 51, 108, 109, 126, 472
Paestum, 145
pais e filhos, 381, 382, 386, 455
pais, 379, 423. *Ver também*: infância
paixão, 9, 61, 72, 176, 211, 235, 236, 251, 453, 487, 542, 584, 597, 604, 606, 612, 621, 629, 637. *Ver também*: emoção
Palestrina, 219
Pandora, 71
parentes, 354
Parmênides, 261
partidos, partidarismo, 298, 438, 525, 536, 579
Pascal, Blaise, 282
patriotismo, 442
pecado original, 141
pecado, 56, 124, 133, 141, 190, 590
Penélope, 251
perdão, 348
perfeição e imperfeição, 145, 162, 258, 411, 587, 592
Péricles, 259, 424, 474
perigo, 564
perspicácia, 472, 543, 588, 635; das mulheres, 404, 412
persuasão, 307, 350, 359, 403, 541, 548, 576, 578
pessimismo, *Pr*5, 28
Petrarca, 26
pianista, o, 172, 196
Pietistas, 219
Píndaro, 261
pintores e pintura, 160, 205
Pitágoras, 261
Platão, 50, 102, 164, 212, 261, 473, 474, 628

Plutarco, 36, 282
poetas e poesia, 13, 33, 51, 61, 148, 160, 189, 207, 221
Polímnia, 219
pólis, 474
política e políticos, 68, 224, 438, 449, 469, 470, 472, 481
prazer e dor, 39, 75, 97-99, 103, 104, 120, 252, 501, 589, 606
prazer, 98, 217, 292, 501, 528
preguiça, 283, 286, 482, 551, 608
*Prelúdio a uma filosofia do futuro, Pr*1
presentes, dádivas, 297, 311, 323, 496
pré-socráticos, 261
presunção, arrogância, pretensão, 316, 332, 339, 358, 373, 443, 502, 523, 590, 599
pretensão. *Ver*: presunção
procriação, 141, 259, 424
profecias e profetas, 126, 449, 551, 574
professor, o, 200
profissões, 492, 537, 575
progresso espiritual, 3, 111, 224, 234
progresso, 24, 26, 224, 236, 239, 248, 273
promessas, 58, 59, 522
Protestantismo, 219
psicologia, psicológico(a), *Pr*8, 35-38, 132, 141, 196
pudor, vergonha, 84, 100
punição, 70, 104, 105, 132, 459, 528
Rafael, 131, 162, 220
razão, 11, 13, 19, 265, 271. *Ver também*: julgar, julgamento(s); lógico e ilógico
"razão suficiente", 16
Realismo, 221
redenção, necessidade da, 132-35, 141, 476
Rée, Paul. *Ver*: *Sobre a origem dos sentimentos morais* e *Observações psicológicas*
Reforma, 26, 237, 633

religião, 10, 26, 29, 52, 56, 80, 100,109, 110, 111, 118, 120, 123, 125, 132, 142, 161, 236, 239, 265, 280; e o Estado, 461, 472
Renascença, 26, 125, 219, 237
repreensão, 336
respeito, 603, 608
responsabilidade e irresponsabilidade, 39, 91, 105, 107, 133, 588
reuniões sociais, 351
Revolução, 463
riqueza, 452, 479
ritmo, 198
romanos, 80, 477
Romantismo, Pr1, 24, 110
rosto humano, o, 320
Rousseau, Jean-Jacques, 463, 617
Rússia, Pr8
sabedoria, 56, 235, 292, 570, 594, 609
sacrifício, 133, 138, 229, 620, 630
santo, o, 126, 136, 139-44, 234, 607
saúde e doença, Pr3-Pr5, 47, 214, 244, 251, 286, 289, 299, 615
Schiller, Friedrich von, 176, 221
Schleiermacher, Friedrich, 132
Schopenhauer, Arthur, Pr1, 21, 26, 39, 57, 103, 110, 236, 238, 252, 271
segredos, 327, 335, 352
Sêneca, 282
sensualidade, 141, 175, 217, 424
sentenças, 35-37, 176
sentimento(s), 14, 15, 18, 19, 23, 37, 39, 58, 133, 161, 195; química dos, 1
sentimentos religiosos, 20, 27, 112, 114, 115, 121, 130, 131, 141, 150, 219, 234, 281
seriedade, 154, 240, 628; no ofício, 163
Sermão da Montanha, 137
Serveto, Miguel, 101
Shakespeare, William, 61, 125, 162, 176, 221
significado, 215-18
simbolismo, símbolos, 3, 215, 216, 218

Simônides, 154
simpatia, 321
Sobre a origem dos sentimentos morais (Paul Rée), 37, 133
Socialismo, 235, 446, 451, 452, 473, 480
Sócrates, 102, 126, 261, 361, 433, 437
Sófocles, 61
sofrimento, 46, 81, 101, 108, 157, 249, 462, 581, 591
solidão, 316, 625, 638
Sólon, 261
sonhos e sonhar, 5, 12, 13
Spinoza, Baruch de, 157, 475
subordinação, 441
substância, crença na, 18
subversão, 454, 463
suicídio, 80, 88, 322
superstição, 255, 449, 635
suspeitas, 557
Swift, Jonathan, 44, 54
talento, 165, 260, 263, 530, 538, 560, 619
Tales, 261
Tasso (Goethe), 631
tédio, 139, 140, 175, 254, 264, 391, 611
teólogos e teologia, 28, 110, 132
trabalho, 391, 611
tradição, 23, 96, 111, 221, 225, 459, 552
tradução, 184
tragédia, 61, 108, 166, 212, 221
trágico, o, 169
traição, 347, 629, 637
Tucídides, 92, 261,474
utopia, 462
vaidade, 74, 79, 82, 89, 90, 105, 137, 162, 170, 190, 313, 325, 338, 346, 364, 371, 401, 407, 457, 527, 545, 546, 574, 583, 593, 620
valor(es), valorizar, valoração, Pr1, Pr3, Pr6, 16, 32, 33, 34, 42, 63, 77, 81, 92, 94, 107, 110, 143, 157, 183, 207, 222, 234, 256, 266, 289, 302, 373, 401, 455, 457, 533, 536, 537. *Ver também*: julgar, julgamento(s)

ver e ouvir, 3, 216, 217, 282, 544
verdade, 2, 3, 11, 34, 53, 54, 109, 110, 187, 244, 257, 261, 441, 483, 506, 516, 517, 519, 609, 630, 631, 633, 634
vida moderna, 22, 23, 221, 237, 240, 282, 285, 626
vida, 586, 627; prolongamento da, 80; valor da, 33, 34, 628

vingança, 44, 60, 62, 92, 96, 370
virtude, *Pr*6, 36, 56, 67, 75, 83, 99, 156, 302, 561
Voltaire, 26, 221, 240, 438, 463
vontade livre, *Pr*3, 18, 39, 99, 102, 106
Wagner, Richard, *Pr*1
Xantipa, 433
Xerxes, 81
Zeus, 71

FRIEDRICH WILHELM NIETZSCHE nasceu no vilarejo de Roecken, perto de Leipzig, na Alemanha, em 15 de outubro de 1844. Perdeu o pai, um pastor luterano, aos cinco anos de idade. Estudou letras clássicas na célebre Escola de Pforta e naUniversidade de Leipzig. Com 24 anos foi convidado a lecionar filologia clássica na Universidade da Basileia (Suíça). Em 1870 participou da Guerra Franco-Prussiana como enfermeiro. No período em que viveu na Basileia foi amigo de Richard Wagner e escreveu *O nascimento da tragédia* (1872), *Considerações extemporâneas* (1873-6) e parte de *Humano, demasiado humano*. Em 1879 aposentou-se da universidade, devido à saúde frágil. A partir de então levou uma vida errante, em pequenas localidades da Suíça, Itália e França. Dessa época são *Aurora*, *A gaia ciência*, *Assim falou Zaratustra*, *Além do bem e do mal*, *Genealogia da moral*, *O caso Wagner*, *Crepúsculo dos ídolos*, *O Anticristo* e *Ecce homo*, sua autobiografia. Nietzsche perdeu a razão no início de 1889 e viveu em estado de demência por mais onze anos, sob os cuidados da mãe e da irmã. Nessa última década suas obras começaram a ser lidas e ele se tornou famoso. Morreu em Weimar, em 25 de agosto de 1900, de uma infecção pulmonar. Além das obras que publicou, deixou milhares de páginas de esboços e anotações, conhecidos como "fragmentos póstumos".

PAULO CÉSAR DE SOUZA fez licenciatura e mestrado em história na Universidade Federal da Bahia e doutorado em literatura alemã na Universidade de São Paulo. Além de muitas obras de Nietzsche e de Freud, traduziu *O diabo no corpo*, de Raymond Radiguet, *Poemas* (1913-1956) e *Histórias do sr. Keuner*, de Bertolt Brecht. É autor de *A Sabinada — A revolta separatista da Bahia* e *As palavras de Freud — O vocabulário freudiano e suas versões*, entre outros livros. Coordena as coleções de obras de Nietzsche e Freud publicadas pela Companhia das Letras.

COMPANHIA DE BOLSO

Jorge AMADO
Capitães da Areia
Mar morto

Carlos Drummond de ANDRADE
Sentimento do mundo

Hannah ARENDT
Homens em tempos sombrios

Philippe ARIÈS, Roger CHARTIER (Orgs.)
História da vida privada 3 — Da Renascença ao Século das Luzes

Karen ARMSTRONG
Em nome de Deus
Uma história de Deus
Jerusalém

Paul AUSTER
O caderno vermelho

Jurek BECKER
Jakob, o mentiroso

Marshall BERMAN
Tudo que é sólido desmancha no ar

Jean-Claude BERNARDET
Cinema brasileiro: propostas para uma história

Harold BLOOM
Abaixo as verdades sagradas

David Eliot BRODY, Arnold R. BRODY
As sete maiores descobertas científicas da história

Bill BUFORD
Entre os vândalos

Jacob BURCKHARDT
A cultura do Renascimento na Itália

Peter BURKE
Cultura popular na Idade Moderna

Italo CALVINO
O barão nas árvores
O cavaleiro inexistente
Fábulas italianas
Um general na biblioteca
Por que ler os clássicos
O visconde partido ao meio

Elias CANETTI
A consciência das palavras
O jogo dos olhos
A língua absolvida
Uma luz em meu ouvido

Bernardo CARVALHO
Nove noites

Jorge G. CASTAÑEDA
Che Guevara: a vida em vermelho

Ruy CASTRO
Chega de saudade
Mau humor

Louis-Ferdinand CÉLINE
Viagem ao fim da noite

Sidney CHALHOUB
Visões da liberdade

Jung CHANG
Cisnes selvagens

John CHEEVER
A crônica dos Wapshot

Catherine CLÉMENT
A viagem de Théo

J. M. COETZEE
Infância

Joseph CONRAD
Coração das trevas
Nostromo

Alfred W. CROSBY
Imperialismo ecológico

Robert DARNTON
O beijo de Lamourette

Charles DARWIN
A expressão das emoções no homem e nos animais

Jean DELUMEAU
História do medo no Ocidente

Georges DUBY
História da vida privada 2 — Da Europa feudal à Renascença (Org.)
Idade Média, idade dos homens

Mário FAUSTINO
O homem e sua hora

Meyer FRIEDMAN,
Gerald W. FRIEDLAND
As dez maiores descobertas da medicina

Jostein GAARDER
O dia do Curinga
Maya
Vita brevis

Jostein GAARDER, Victor HELLERN,
Henry NOTAKER
O livro das religiões

Fernando GABEIRA
O que é isso, companheiro?

Luiz Alfredo GARCIA-ROZA
O silêncio da chuva

Eduardo GIANNETTI
Autoengano
Vícios privados, benefícios públicos?

Edward GIBBON
  Declínio e queda do Império Romano
Carlo GINZBURG
  Os andarilhos do bem
  História noturna
  O queijo e os vermes
Marcelo GLEISER
  A dança do Universo
  O fim da Terra e do Céu
Tomás Antônio GONZAGA
  Cartas chilenas
Phi lip GOU RE VITCH
  Gostaríamos de informá-lo de que amanhã seremos mortos com nossas famílias
Milton HATOUM
  Cinzas do Norte
  Dois irmãos
  Relato de um certo Oriente
Patricia HIGHSMITH
  O talentoso Ripley
Eric HOBSBAWM
  O novo século
Albert HOURANI
  Uma história dos povos árabes
Henry JAMES
  Os espólios de Poynton
  Retrato de uma senhora
Ismail KADARÉ
  Abril despedaçado
Franz KAFKA
  O castelo
  O processo
John KEEGAN
  Uma história da guerra
Amyr KLINK
  Cem dias entre céu e mar
Jon KRAKAUER
  No ar rarefeito
Milan KUNDERA
  A arte do romance
  A identidade
  A insustentável leveza do ser
  A lentidão
  O livro do riso e do esquecimento
  A valsa dos adeuses
  A vida está em outro lugar
Danuza LEÃO
  Na sala com Danuza
Primo LEVI
  A trégua
Paulo LINS
  Cidade de Deus
Gilles LIPOVETSKY
  O império do efêmero
Claudio MAGRIS
  Danúbio
Naguib MAHFOUZ
  Noites das mil e uma noites
Norman MAILER (JORNALISMO LITERÁRIO)
  A luta
Janet MALCOLM (JORNALISMO LITERÁRIO)
  O jornalista e o assassino
  A mulher calada
Javier MARÍAS
  Coração tão branco
Ian MCEWAN
  O jardim de cimento
Heitor MEGALE (Org.)
  A demanda do Santo Graal
Evaldo Cabral de MELLO
  O negócio do Brasil
  O nome e o sangue
Luiz Alberto MENDES
  Memórias de um sobrevivente
Jack MILES
  Deus: uma biografia
Ana MIRANDA
  Boca do Inferno
Vinicius de MORAES
  Antologia poética
  Livro de sonetos
  Nova antologia poética
Fernando MORAIS
  Olga
Toni MORRISON
  Jazz
V. S. NAIPAUL
  Uma casa para o sr. Biswas
Friedrich NIETZSCHE
  Além do bem e do mal
  Ecce homo
  A gaia ciência
  Genealogia da moral
  Humano, demasiado humano
  O nascimento da tragédia
Adauto NOVAES (Org.)
  Ética
  Os sentidos da paixão
Michael ONDAATJE
  O paciente inglês
Malika OUFKIR, Michèle FITOUSSI
  Eu, Malika Oufkir, prisioneira do rei
Amós OZ
  A caixa-preta

José Paulo PAES (Org.)
  Poesia erótica em tradução
Georges PEREC
  A vida: modo de usar
Michelle PERROT (Org.)
  História da vida privada 4 — Da Revolução Francesa à Primeira Guerra
Fernando PESSOA
  Livro do desassossego
  Poesia completa de Alberto Caeiro
  Poesia completa de Álvaro de Campos
  Poesia completa de Ricardo Reis
Ricardo PIGLIA
  Respiração artificial
Décio PIGNATARI (Org.)
  Retrato do amor quando jovem
Edgar Allan POE
  Histórias extraordinárias
Antoine PROST, Gérard VINCENT (Orgs.)
  História da vida privada 5 — Da Primeira Guerra a nossos dias
David REMNICK (JORNALISMO LITERÁRIO)
  O rei do mundo
Darcy RIBEIRO
  O povo brasileiro
Edward RICE
  Sir Richard Francis Burton
João do RIO
  A alma encantadora das ruas
Philip ROTH
  Adeus, Columbus
  O avesso da vida
Elizabeth ROUDINESCO
  Jacques Lacan
Arundhati ROY
  O deus das pequenas coisas
Murilo RUBIÃO
  Murilo Rubião — Obra completa
Salman RUSHDIE
  Haroun e o Mar de Histórias
  Oriente, Ocidente
  O último suspiro do mouro
  Os versos satânicos
Oliver SACKS
  Um antropólogo em Marte
  Tio Tungstênio
  Vendo vozes
Carl SAGAN
  Bilhões e bilhões
  Contato
  O mundo assombrado pelos demônios

Edward W. SAID
  Cultura e imperialismo
  Orientalismo
José SARAMAGO
  O Evangelho segundo Jesus Cristo
  História do cerco de Lisboa
  O homem duplicado
  A jangada de pedra
Arthur SCHNITZLER
  Breve romance de sonho
Moacyr SCLIAR
  O centauro no jardim
  A majestade do Xingu
  A mulher que escreveu a Bíblia
Amartya SEN
  Desenvolvimento como liberdade
Dava SOBEL
  Longitude
Susan SONTAG
  Doença como metáfora / AIDS e suas metáforas
Jean STAROBINSKI
  Jean-Jacques Rousseau
I. F. STONE
  O julgamento de Sócrates
Keith THOMAS
  O homem e o mundo natural
Drauzio VARELLA
  Estação Carandiru
John UPDIKE
  As bruxas de Eastwick
Caetano VELOSO
  Verdade tropical
Erico VERISSIMO
  Clarissa
  Incidente em Antares
Paul VEYNE (Org.)
  História da vida privada 1 — Do Império Romano ao ano mil
XINRAN
  As boas mulheres da China
Ian WATT
  A ascensão do romance
Raymond WILLIAMS
  O campo e a cidade
Edmund WILSON
  Os manuscritos do mar Morto
  Rumo à estação Finlândia
Simon WINCHESTER
  O professor e o louco

1ª edição Companhia das Letras [2000] 7 reimpressões
1ª edição Companhia de Bolso [2005] 18 reimpressões

Esta obra foi composta pela Verba Editorial
em Janson Text e impressa pela Gráfica Bartira em
ofsete sobre papel Pólen da Suzano S.A. para
a Editora Schwarcz em março de 2025

A marca FSC® é a garantia de que a madeira utilizada na fabricação do papel deste livro provém de florestas que foram gerenciadas de maneira ambientalmente correta, socialmente justa e economicamente viável, além de outras fontes de origem controlada.